한국의 대규모기업집단

1987 – 2016

②

한국의 대규모기업집단

1987–2016

②

· 김동운 지음 ·

머리말

이 책은 대규모기업집단의 '이력서(履歷書)'이다. 1987년부터 2016년까지 30년 동안 공정거래법에 따라 지정된 161개 집단의 기본적인 신상명세(身上明細)를 정리하고 분석한다.

대규모기업집단지정제도는 1987년부터 시행되었다. 규모가 큰 기업집단들에 의한 과도한 경제력 집중 현상을 억제하기 위해서였다. 한국경제에서 큰 비중을 차지하는 대규모기업집단들이 가질 수 있는 부정적인 영향을 최소화함으로써 경제에 최대한 긍정적으로 기여할 수 있도록 관리·조정하는 장치인 셈이다.

자산총액을 기준으로 매년 30-79개씩의 집단이 지정되었다. 1987-2016년의 30년 동안에는 사기업집단이, 2002-2016년의 15년 동안에는 공기업집단도 함께 지정되었다. 지정된 전체 집단은 사기업집단 140개, 공기업집단 21개, 합계 161개이다. 사기업집단의 대다수는 동일인(同一人) 또는 오너(owner)로 불리는 개인에 의해 지배되는 재벌(財閥)들이다.

이들 161개 집단의 면면을 알게 되면 어떤 집단이 한국경제의 중추 역할을 담당해 왔는지를 가늠해 볼 수 있을 것이다. 이를 위해 공정거래위원회 자료를 바탕으로 '6가지 기본사항'

을 체계적으로 분류하고 함의를 제시하며, 이를 통해 '한국의 대규모기업집단 30년 역사의 기초 자료'를 구축하고자 하였다.

분석 대상인 '6가지 기본사항'은 집단 이름, 지정 연도, 지정 연도 수, 집단 순위, 자산총액, 그리고 계열회사 수이다. '집단 이름'은 가장 기본적인 정보이다. '지정 연도'는 해당 집단의 영향력의 시기를, '지정 연도 수'는 영향력의 지속성을 반영한다. 또 자산총액 즉 계열회사 자산총액의 합을 기준으로 결정되는 '집단 순위'는 해당 집단의 영향력의 강도를 반영한다. '자산총액'은 사업을 수행할 수 있는 집단의 능력 또는 잠재력을, '계열회사 수'는 사업의 범위 또는 다양성을 말해 준다.

책은 1·2권으로 구성되어 있다. 1권은 '6가지 기본사항'을 여러 각도에서 분석하였으며, 2권은 분석을 뒷받침하는 자료를 연도별·집단별로 재구성하여 일목요연하게 제시하였다. 특히 두 권의 책에는 쉽게 접할 수 없는 1987년 이후의 초기 10여 년의 자료와 그에 대한 분석이 포함되어 있다. 대규모기업집단 연구의 참고문헌으로 활용될 수 있기를 기대해 본다.

보다 다양한 자료를 보다 짜임새 있게 담아내지 못한 아쉬움이 강하게 남아 있다. 애정 어린 질책을 부탁드린다. 이 조그마한 결실을 아내에게 전하고 싶다. 새 직장에 둥지를 튼 딸, 그리고 이역만리에서 새로운 도전을 하고 있는 아들에게도 책 소식을 전하려고 한다.

2019년 2월 19일

김 동 운

목차

표 · 그림 목차

제1부
대규모기업집단: 개관

1. 연구의 의의와 범위

1.1 연구의 의의

이 책은 대규모기업집단의 '이력서(履歷書)'이다. 1987년부터 2016년까지 30년 동안 지정된 161개 공정거래법상 대규모기업집단의 기본적인 신상명세(身上明細)를 정리하고 분석한다.

"대규모기업집단에의 과도한 경제력 집중 현상을 억제함으로써 국민경제의 활력 제고 및 균형 발전을 도모한다."

1986년 12월 31일 <독점규제 및 공정거래에 관한 법률>(공정거래법)이 대규모기업집단지정제도를 새로 도입하여 규제를 강화하게 된 이유이다. 1980년 12월 31일 '독과점의 폐단은 적절히 규제한다'는 헌법 정신에 따라 공정거래법이 제정된 지 6년만이었다. 기업집단의 정의, 대규모기업집단의 지정, 그리고 '상호출자 금지, 출자총액 제한, 금융·보험회사의 의결권 제한, 지주회사의 설립 금지 등의 규제' 관련 조항이 신설되었으며, 1987년 4월 1일 <독점규제 및 공정거래에 관한 법률시행령>(공정거래법 시행령)에 새로운 시행 기준이 마련되었다.

자산총액을 기준으로 매년 4월 30-79개씩의 집단이 지정되었으며, 지정된 집단은 모두 161개이다. 1987-2016년의 30년 동안에는 140개 사기업집단이, 2002-2016년의 15년 동안에는 21개 공기업집단도 함께 지정되었다. 사기업집단의 대다수는 동일인(同一人) 또는 오너(owner)로 불리는 개인에 의해 지배되는 재벌(財閥)들이다.

대규모기업집단을 지정하고 특별한 규제를 하게 된 것은 이들 집단이 경제에 미치는 부정적인 영향이 현실적으로나 잠재적으로 매우 크기 때문이다. 이는 이들 집단이 경제에서 차지하는 비중 그리고 경제에 미치는 긍정적인 영향 또한 매우 크다는 반증이기도 하다. 즉 대규모기업집단지정제도는 한국경제에서 중요한 위치를 차지하고 있는 대규모기업집단이 경제에 최대한 긍정적으로 기여할 수 있도록 관리하고 조정하는 제도라고 할 수 있다.

본 연구가 공정거래법상 대규모기업집단에 주목하는 것은 바로 이 점 즉 이들 집단이 한국경제의 중심축을 담당해 오고 있다는 점 때문이다. 1987년 이후 2016년까지 30년 동안 지정된 161개 집단의 면면을 알게 되면 어떤 집단이 어느 시기에 한국경제의 중추 역할을 담당해 왔는지를 가늠해 볼 수 있을 것이다.

이를 위해 공정거래위원회 자료를 바탕으로 '6가지 기본 사항'을 체계적으로 분류하고 함의를 제시한다. 대규모기업집단이 한국경제에서 차지하는 위상과 영향력을 본격적으로 규명하기 위해서는 다양한 측면에서의 정치한 분석이 필요하다. 본 연구의 목적은 '한국의 대규모기업집단 30년 역사의 기초 자료'를 구축하는 것이며, 이를 계기로 심층적인 후속연구가 진행될 수 있을 것으로 기대된다.

1.2 연구의 범위

본 연구의 분석 기간은 1987-2016년의 30년이고, 분석 대상은 161개 집단이며, 분석 항목은 집단의 '6가지 기본사항'이다.

다만 논의는 140개 사기업집단을 중심으로 진행하며, 21개 공기업집단에 대해서는 제한된 범위 내에서만 서술한다. 또 2017-2018년의 최근 2년 동안에 일어난 변화에 대해서는, 그 이전 기간과의 연속성을 고려하여, 그 내용을 함께 소개한다. 이 2년 동안 140개 사기업집단 중 54개 그리고 6개의 신규 사기업집단이 지정되었다. 한편 집단의 두 가지 다른 주요 사항인 매출액과 당기순이익 관련 자료는 별도로 소개한다.

분석 항목인 집단의 '6가지 기본사항'은 ① 집단 이름, ② 대규모기업집단으로 지정된 연도, ③ 지정 연도 수, ④ 집단 순위, ⑤ 자산총액, 그리고 ⑥ 계열회사 수이다.

(1) '① 집단 이름'은 가장 기본적이면서도 가장 중요한 정보이다. 정확한 이름을 확인하고 기록으로 남겨두는 것은 추후의 연구를 위해 꼭 필요한 작업이다. 특히, 지정 초기인 1980년대와 1990년대의 일정 연도에만 지정된 집단들, 5년 내외의 짧은 기간에만 지정된 집단들, 해체된 집단들, 그리고 이름이 변경된 집단들의 이름은 보다 주의 깊게 살펴볼 필요가 있다.

(2) '② 대규모집단기업으로 지정된 연도'는 해당 집단이 지정 연도의 경제에 대해 지정되지 않은 집단들보다 상대적으로 더 큰 영향력을 행사했다는 것을 암시한다. 지정된 집단의 경제적 위상과 비중이 큰 만큼 부정적인 측면을 사전에 방지하고 최소화하려는 것이 대규모기업집단지정제도의 취지이기 때문이다. 지정된 연도는 140개 사기업집단이 1987-2016년 사이, 그리고 21개 공기업집단이 2002-2016년 사이이다.

(3) '③ 지정 연도 수'는 해당 집단의 경제에 대한 영향력의 지속성을 말해 준다. 해당 집단이 얼마나 오랜 기간 동안 한국경제의 중심축 대열에 있었는지를 가늠해 볼 수 있는 항목이다. 사기업집단은 1987-2016년의 30년 동안 30-1개 연도에, 그리고 공기업집단은 2002-2016년의 15년 동안 15-1개 연도에 연속적으로 또는 비연속적으로 지정되었다.

(4) '④ 집단 순위'는 해당 집단의 경제에 대한 영향력의 강

도를 말해 준다. 순위는 자산총액 즉 집단 소속 계열회사들 전체 자산총액이 큰 순서로 매겨지며, 계열회사 수가 많고 개개 계열회사의 자산총액이 클수록 순위가 높아지게 된다. 계열회사 수는 집단이 영위하는 사업의 범위를, 그리고 자산총액은 사업을 수행하는 능력 또는 잠재력을 각각 반영한다. 따라서 집단 순위는 해당 집단의 경제에 대한 연관성이 어느 정도로 밀접한지 그리고 영향력이 어느 정도로 강한지를 가늠하게 해 준다.

1987-2001년에는 사기업집단만 지정되었고, 2002-2016년에는 사기업집단과 공기업집단이 함께 지정되었다. 후자의 경우 공정거래위원회 자료에는 두 집단 전체를 기준으로 순위가 매겨져 있다. 하지만 여기서는 두 집단을 분리해서 각각의 순위를 분석한다. 지정된 사기업집단(매년 30-78개, 합 140개)이 공기업집단(6-13개, 21개)보다 월등하게 많으며, 사기업집단이 보다 오랜 기간 지정되어 사기업집단만의 순위를 연속적으로 고려하는 것이 중요하기 때문이다. 흔히 말해지는 '재계 순위' 또는 '재벌 순위'는 사기업집단 중에서의 순위이다. 사기업집단 순위는 1위에서 78위까지, 그리고 공기업집단 순위는 1위에서 13위까지이다.

(5) '⑤ 자산총액'은 대규모기업집단의 지정 기준이며 집단 순위를 결정한다. 지정 연도 직전의 사업연도 현재 집단 소속 계열회사들의 대차대조표상 자산총액을 합한 금액이다. 자산총액은 사업을 수행할 수 있는 집단의 능력 또는 잠재력을, 그리

고 계열회사 수는 사업의 범위 또는 다양성을 반영한다. 자산총액이 클수록, 따라서 집단 순위가 높을수록, 보다 큰 정도로 경제와 밀접하게 연관되고 경제에서의 비중과 영향력 또한 늘어나는 것으로 볼 수 있다. 대규모기업집단 지정을 위한 자산총액 기준은 '4,000억 원 이상 → 1-30위 → 2조 원 이상 → 5조 원 이상' 등 4차례 변하였다. 이에 따라, 사기업집단은 351.5조 원에서 0.4조 원 사이의 금액을, 그리고 공기업집단은 208.3조 원에서 2.1조 원 사이의 금액을 가졌다.

(6) '⑥ 계열회사 수'는 집단이 영위하는 사업의 범위 즉 생산하는 재화와 서비스의 다양성 그리고 관련 시장, 업종 및 산업의 다양성을 반영한다. 계열회사가 많을수록 보다 광범위하게 경제와 연관을 맺게 되고 경제에 대한 파급효과 또한 보다 커지게 된다. 계열회사의 증가는 효율적인 '사업다각화'를 달성할 수 있는 정상적인 수단인 반면, 무분별한 '문어발식 확장'으로 이어져 해당 회사 뿐 아니라 해당 집단 나아가 전체 경제에 악영향을 미치기도 한다. 사기업집단이 보유한 계열회사 수는 94개에서 2개 사이, 그리고 공기업집단이 보유한 계열회사 수는 27개에서 2개 사이이다.

2. 대규모기업집단 지정 기준

기업집단은 '동일인(同一人)이 사실상 그 사업내용을 지배하는 회사의 집단'이다. 동일인은 대표주주이며, 대다수는 자연인이고 일부는 회사 또는 단체이다. 동일인이 자연인인 경우는 2개 이상의 회사가, 그리고 동일인이 회사인 경우는 그 동일인과 다른 1개 이상의 회사가 기업집단을 구성한다. 기업집단에 속하는 회사가 계열회사이다.

대규모기업집단은 기업집단 중 규모가 큰 집단을 말한다. 규모의 기준은 자산총액이며, '계열회사들의 직전 사업연도 대차대조표상 자산총액의 합계 금액'이다. '대규모기업집단'은 1987-2001년에는 법률상 공식 용어였으며 2002년부터는 2-3종류의 다른 용어로 변경되었다. 후자의 용어는 다소 길고 낯설기도 하며, 보통은 대규모기업집단으로 불린다.

대규모기업집단 지정을 위한 자산총액 기준은 1987년부터 2016년까지 30년 동안 6-9년의 간격을 두고 네 차례 변하였으며, 매년 4월 지정되었다. 사기업집단은 1987-2016년의 30년 동안, 공기업집단은 2002-2016년의 15년 동안 지정 대상이었다 (<표 1.1>, < 표 1.2>).

첫째, 대규모기업집단이 처음 지정된 1987년부터 1992년까지 6년 동안에는 지정 기준이 '자산총액 4,000억 원 이상'이었다. '대규모기업집단'은 공정거래법상의 공식 용어였다. 지정 주체는 1987-1989년에는 경제기획원장관이었다가 1990년부터 공정거래위원회로 변경되었다.

둘째, 1993년부터 2001년까지 9년 동안에는 지정 기준이 '자산총액 1-30위'였다. 이 기간 동안 30위 집단의 자산총액은

1.4조 원에서 2.7조 원 사이에서 증가 추세를 보였다. 1.4조 원 (1993년), 1.6조 원 (1994-95년), 1.9조 원 (1996년), 2.2조 원 (1997년), 2.7조 원 (1998년), 2.3조 원 (1999년), 2.6조 원 (2000년), 2.5조 원 (2001년) 등이다.

'대규모기업집단' 명칭은 유지되는 가운데, 계열회사들 간의 채무보증 제한 규정이 생기면서 1-30위 집단이 '채무보증제한 대규모기업집단'으로 재차 규정되었다. 또 1995-1998년에는 '소유분산우량기업집단'이라는 용어가 일시적으로 사용되었다. 자산총액 순위가 1-30위에 속하더라도 주식 소유의 분산 및 재무구조가 우량한 집단은 대규모기업집단 지정에서 제외되었다. 한편, 1997년부터는 계열회사의 범위가 '국내 회사'로 명시적으로 규정되었다.

셋째, 2002년부터 2008년까지 7년 동안에는 지정 기준이 '자산총액 2조 원 이상'으로 변경되었다. 30위 집단의 자산총액은 1997-2001년 사이 2.2-2.7조 원으로 증가한 상태였다.

2002년부터는 대규모기업집단이라는 용어가 법률 조항에서 없어졌으며, 대신 규제 내용을 반영하는 3가지 용어가 새로 생겼다. '상호출자제한기업집단', '채무보증제한기업집단', 그리고 '출자총액제한기업집단'이다. 두 번째 용어는 이전에 사용되던 '채무보증제한대규모기업집단'이 변경된 것이다.

3개 집단 중 첫 2개의 지정 기준은 '자산총액 2조 원 이상'으로 서로 동일한 집단이며, 따라서 '상호출자·채무보증제한기업집단'의 한 가지 유형의 집단인 셈이다. 이들 중 자산총액이

〈표 1.1〉 대규모기업집단 지정 기준, 1987-2018년

연도	기간 (년)	기준 (1)	기준 (2)	대상
1987-1992	6	자산총액	4,000억 원 이상	사기업집단
1993-2001	9	자산총액	1-30위	사기업집단
2002-2008	7	자산총액	2조 원 이상	사기업집단 공기업집단
2009-2016	8	자산총액	5조 원 이상	사기업집단 공기업집단
2017-2018	2	자산총액	5조 원 이상	사기업집단
1987-2018	32			사기업집단
2002-2016	15			공기업집단

주: 1993-2001년 30위 집단의 자산총액: (1993년) 1조 3,590억 원, (1994년) 1조 5,630억 원, (1995년) 1조 6,130억 원, (1996년) 1조 8,530억 원, (1997년) 2조 1,580억 원, (1998년) 2조 6,590억 원, (1999년) 2조 3,420억 원, (2000년) 2조 6,200억 원, (2001년) 2조 5,010억 원.

〈표 1.2〉 대규모기업집단의 명칭, 1987-2018년

연도	명칭	기준 (자산총액)
1987-1992	대규모기업집단	4,000억 원 이상
1993-2001	대규모기업집단	1-30위
	채무보증제한대규모기업집단	1-30위
(1995-1998)	소유분산우량기업집단	주식 소유 및 재무구조 우량 집단, 대규모기업집단 지정에서 제외
2002-2008	상호출자제한기업집단	2조 원 이상
	채무보증제한기업집단	2조 원 이상
	출자총액제한기업집단	5조 원 이상 (2002-04년)
		6조 원 이상 (2005-06년)
		10조 원 이상 (2007-08년)
2009-2016	상호출자제한기업집단	5조 원 이상
	채무보증제한기업집단	5조 원 이상
2017-2018	공시대상기업집단	5조 원 이상
	상호출자제한기업집단	10조 원 이상
	채무보증제한기업집단	10조 원 이상

월등하게 큰 집단이 세 번째 유형의 집단 즉 '출자총액제한기업집단'이다. 기준은 5조 원 이상 (2002-04년), 6조 원 이상 (2005-06년), 10조 원 이상 (2007-08년) 등 세 차례 변하였다.

한편, 2002년부터는, 사기업집단과 함께, 지정 기준을 충족하는 공기업집단 즉 '정부투자기관이 동일인인 경우의 기업집단'도 대규모기업집단으로 지정되었다.

넷째, 2009년부터 2016년까지 8년 동안에는 지정 기준이 '자산총액 5조 원 이상'으로 이전보다 2.5배 증가하였다. 모두 상호출자제한기업집단과 채무보증제한기업집단으로 동시에 규정되었으며, 출자총액제한기업집단은 없어졌다. 사기업집단과 공기업집단 모두 지정 대상이었다.

마지막으로 다섯째, 2017-2018년의 2년 동안에는 지정 기준이 '자산총액 5조 원 이상'으로 유지되는 가운데, '공시대상기업집단'이라는 새로운 명칭이 부여되었다. 그런 한편으로, 이들 중 '10조 원 이상'의 집단은 '상호출자제한기업집단'과 '채무보증제한기업집단'으로 별도로 규정되었다. 이 두 집단의 기준 금액은 이전에 비해 2배 증가하였다. 한편 공기업집단은 지정 대상에서 제외되었다.

3. 대규모기업집단 수

1987년부터 2016년까지 30년 동안 대규모기업집단으로 지정된 집단은 매년 30-79개이며, 1회 이상 지정된 집단은 모두 161개이다. 161개 집단 중 대다수인 140개(87%)는 사기업집단이고 나머지 21개(13%)는 공기업집단이다. 매년 지정된 집단 수는 사기업집단이 1987-2016년 사이 30-78개 그리고 공기업집단이 2002-2016년 사이 6-13개이다 (<표 1.3>).

첫째, '자산총액 4,000억 원 이상'이 기준이었던 1987-1992년에는 32-78개 사기업집단이 지정되었다. 첫 해인 1987년에는 32개였으며, 매년 조금씩 늘어나 1991년에는 61개로 거의 2배 수준이 되었고 1992년에는 78개로 최고치를 기록하였다. '78개'는, 30년 동안 지정된 집단 수 중, 전체 집단 기준으로는 2008년의 '79개'에 이어 두 번째로 큰 수치이고, 사기업집단 기준으로는 2008년의 2위 '68개'보다 많은 가장 큰 수치이다.

둘째, 1993-2001년에는 '자산총액 1-30위' 사기업집단이 지정되었다. '30개'는 30년 동안 지정된 집단 수 중 가장 작은 수치이다.

셋째, '자산총액 2조 원 이상'이 기준이었던 2002-2008년에는 매년 43-79개 집단이 지정되었다. 사기업집단이 34-68개, 공기업집단이 6-11개이다. 2002년 43개(사기업집단 34개 + 공기업집단 9개)이던 것이 매년 조금씩 늘어나 2004년에는 51개(45개+6개) 그리고 2007년에는 62개(55개+7개)였으며, 2008년에는 79개(68개+11개)로 최고치를 기록하였다.

2008년의 '79개'는 30년 동안 지정된 집단 수 중 가장 큰 수치이며, 두 번째는 1992년의 '78개'이다. 사기업집단만 고려하

〈표 1.3〉 대규모기업집단 수, 1987-2018년

	전체 (개)			상위 집단 (개)		
	사기업집단	공기업집단	합	사기업집단	공기업집단	합
1987	32		32			
1988	40		40			
1989	43		43			
1990	53		53			
1991	61		61			
1992	78		78			
1993	30		30			
1994	30		30			
1995	30		30			
1996	30		30			
1997	30		30			
1998	30		30			
1999	30		30			
2000	30		30			
2001	30		30			
2002	34	9	43	12	7	19
2003	42	7	49	12	5	17
2004	45	6	51	15	3	18
2005	48	7	55	10	1	11
2006	52	7	59	14		14
2007	55	7	62	11		11
2008	68	11	79	14		14
2009	40	8	48			
2010	45	8	53			
2011	47	8	55			
2012	52	11	63			
2013	52	10	62			
2014	50	13	63			
2015	50	11	61			
2016	53	12	65			
2017	57		57	31		31
2018	60		60	32		32

(1987-2016년)

	합	매년 지정 집단		
전체	161개	30-79개 (30년)	30-49개 (15년)	51-79개 (15년)
사기업집단	140개	30-78개 (30년)	30-48개 (19년)	50-78개 (11년)
공기업집단	21개	6-13개 (15년)	6-9개 (9년)	10-13개 (6년)

주: 1) 1987-2016년 4월, 2017년 5월(상위 집단)·9월(전체), 2018년 5월 지정.
2) 상위 집단: (2002-08년) 출자총액제한기업집단, (2017-18년) 상호출자제한기업집단.
3) 2016년 9월: 새 기준에 따라(5조 원 이상 → 10조 원 이상) 4월 지정 65개 집단 중 37개(사기업집단 25개, 공기업집단 12개)가 제외되고 28개(사기업집단)만 지정이 유지됨.

면, 1992년의 '78개'가 가장 큰 수치이고 2008년의 '68개'가 그 다음이다. 사기업집단은 2002년 34개에서 매년 늘어나 2008년에는 2배인 68개였다.

한편, 43-79개 집단 중 11-19개는 상위 집단인 '출자총액제한기업집단'으로 재차 지정되었다. 5조 원 이상 (2002-04년), 6조 원 이상 (2005-06년), 그리고 10조 원 이상 (2007-08년) 집단이다. 10-15개는 사기업집단이고 나머지 1-7개는 공기업집단이다. 공기업집단은 2002-2005년에만 지정되었다.

넷째, '자산총액 5조 원 이상'이 기준이었던 2009-2016년에는 매년 48-65개 집단이 지정되었다. 사기업집단이 40-53개, 공기업집단이 8-13개이다. 2008년 79개(사기업집단 68개 + 공기업집단 11개)이던 집단 수는 2009년에는 1/3이상 줄어든 48개(40개+8개)였으며, 이후 완만하게 증가하여 2016년에는 1.4배인 65개(53개+12개)가 되었다. 2012년 이후 전체 집단은 61-65개, 사기업집단은 50-53개, 그리고 공기업집단은 10-13개 수준이었다. 2014년의 공기업집단 '13개'는 2002-2016년의 15

년 동안 지정된 공기업집단 중에서는 가장 큰 수치이다. 한편 이전 기간에 지정되었던 '출자총액제한기업집단'은 없어졌다.

그리고 다섯째, 2017-2018년에는 '자산총액 5조 원 이상' 기준이 그대로 적용되어 57-60개 사기업집단이 지정되었다. 공기업집단은 제외되었다. 57-60개 중 절반 이상인 31-32개는 '10조 원 이상'의 '상호출자제한기업집단'으로 재차 지정되었다.

전체적인 특징을 다시 요약하면 다음과 같다.

(1) 사기업집단은 1987-2016년의 30년 동안, 공기업은 2002-2016년의 15년 동안 지정되었다.

(2) 지정된 집단의 총수는 161개(사기업집단 140개 + 공기업집단 21개)이며, 이 중 2016년에 지정된 집단이 65개(53개 + 12개) 그리고 2016년 이전에 지정된 집단이 96개(87개 + 9개)이다.

(3) 1993-2001년의 9년 동안에는 가장 적은 30개 집단이 지정되었고 나머지 21년 동안에는 매년 32개(1987년)에서 79개(2008년) 사이의 집단이 지정되었다. 30-32개(10년), 40-49개(5년), 51-59개(6년), 61-65개(7년), 78-79개(2년) 등이다.

(4) 사기업집단은 30개(1993-2001년)에서 78개(1992년) 사이의 집단이, 그리고 공기업집단은 6개(2004년)에서 13개(2014년) 사이의 집단이 지정되었다. 사기업집단 수는 30-34개(11년)가 가장 빈번하였고, 그 다음이 40-48개(8년), 50-55개(8년), 61-68개(2년), 78개(1년) 등의 순이다. 공기업집단 수는 6-9개(9년)와 10-13개(6년)이다.

제2부
기업집단의 이름

1. 기업집단 이름

1987년부터 2016년까지 30년 동안 지정된 대규모기업집단은 모두 161개이다 (<표 2.1>, <표 2.2>).

사기업집단은 1987-2016년의 30년 동안 140개가 지정되었고, 공기업집단은 2002-2016년의 15년 동안 21개가 지정되었다. 2017-2018년에는, 140개 사기업집단 중 54개 그리고 6개의 신규 사기업집단이 지정되었으며, 공기업집단은 제외되었다.

140개 사기업집단은 '30-1개 연도'의 기간에 28-1개 집단이 지정되었고, 21개 공기업집단은 '15-1개 연도'의 기간에 5-1개 집단이 지정되었다.

〈표 2.1〉 167개 기업집단의 이름, 1987-2018년: (1) '가나다' 순

(1) 140개 사기업집단: 1987-2016년

ㄱ	갑을	강원산업	거평	고려통상
	고합	교보생명보험	극동건설	극동정유
	금강	금호석유화학	금호아시아나	기아
	계성제지			
ㄴ	논노	농심	농협	뉴코아
ㄷ	동국무역	동국제강	동부	동아
	동아제약	동양	동원	두산
	대교	대농	대림	대상
	대성	대신	대우	㈜대우
	대우건설	대우자동차	대우자동차판매	대우전자
	대우조선해양	대전피혁	대주건설	대한유화
	대한전선	대한조선공사	대한해운	
ㄹ	라이프	롯데		
ㅁ	문화방송	미래에셋		
ㅂ	범양상선	벽산	보광	봉명
	부영			
ㅅ	삼립식품	삼미	삼보컴퓨터	삼성
	삼양	삼천리	삼환기업	쌍방울
	쌍용	쌍용양회	서통	선명
	성신양회	성우	씨앤	CJ
	신동아	신세계	신아	신호
	새한	세아	셀트리온	
ㅇ	아남	아모레퍼시픽	영풍	오리온
	OCI	우방	우성건설	웅진
	유원건설	유진	이랜드	애경
	S-Oil	SK	STX	LS
	LG			
ㅈ	조양상선	중앙일보	중흥건설	GS
	진로			
ㅊ	청구	충남방적		
ㅋ	카카오	코닝정밀소재	코오롱	KCC
	KT	KT&G		

ㅌ	통일	태광	태영	
ㅍ	POSCO	풍산	프라임	
ㅎ	하나로텔레콤	하림	하이닉스	하이트진로
	한국유리	한국GM	한국타이어	한국투자금융
	한라	한보	한솔	한신공영
	한양	한일	한진	한진중공업
	한화	현대	현대건설	현대백화점
	현대산업개발	현대오일뱅크	현대자동차	현대중공업
	홈플러스	효성	해태	화승

(2) 6개 사기업집단: 2017-2018년 처음 지정

ㄴ	네이버	넥슨	넷마블	
ㅁ	메리츠금융			
ㅇ	SM			
ㅎ	호반건설			

(3) 21개 공기업집단: 2002-2016년

ㄱ	광해방지사업단			
ㄷ	담배인삼공사	대한주택공사		
ㅂ	부산항만공사			
ㅅ	서울메트로	서울특별시 도시철도공사		
ㅇ	인천 국제공항공사	인천도시공사	인천항만공사	SH공사
ㅋ	KT			
ㅎ	한국가스공사	한국농어촌공사	한국도로공사	한국석유공사
	한국수자원공사	한국전력공사	한국 지역난방공사	한국철도공사
	한국토지공사	한국 토지주택공사		

주: 1) 1987-2016년 4월, 2017년 5·9월, 2018년 5월 지정.
2) 사기업집단: 2017-18년에 새로 지정된 6개 집단은 분리 표시함.
3) 공기업집단: 2002-16년에만 지정됨; 한국토지주택공사는 대한주택공사와 한국토지공사가 통합되어 출범하였으며, 각각 별개의 집단으로 간주함.
4) KT, KT&G: 2002년에는 공기업집단(KT, 담배인삼공사), 2003년부터는 사기업집단(KT, KT&G)으로 지정되었으며, 각각 별개의 집단으로 간주함.
5) 사기업집단 24개와 공기업집단 2개는 이름이 변경됨 (<표 2.3> 참조).

〈표 2.2〉 167개 기업집단의 이름, 1987-2018년: (2) '지정 연도 수' 순

(1) 140개 사기업집단: 1987-2016년

지정 연도 수 (년)	집단 수 (개)	집단			
30	14	금호아시아나	동국제강	동부	두산
		대림	롯데	삼성	SK
		LG	코오롱	한진	한화
		현대	효성		
25	1	동양			
19	4	영풍	OCI	태광	한라
18	1	CJ			
17	4	신세계	POSCO	한솔	현대산업개발
16	3	쌍용	현대백화점	현대자동차	
15	4	고합	대성	KCC	현대중공업
14	7	동아	대상	대우조선해양	부영
		KT	KT&G	하이트진로	
13	6	대우	세아	LS	한국GM
		한국타이어	해태		
12	1	GS			
11	6	기아	대한전선	아모레퍼시픽	진로
		한일	한진중공업		
10	3	극동건설	삼미	삼양	
9	7	대우건설	벽산	이랜드	S-Oil
		STX	태영	한보	
8	5	미래에셋	아남	우성건설	하나로텔레콤
		홈플러스			
7	5	강원산업	교보생명보험	농심	한양
		현대오일뱅크			
6	8	농협	동원	문화방송	범양상선
		삼환기업	웅진	하이닉스	한국투자금융
5	4	극동정유	봉명	통일	풍산

지정 연도 수 (년)	집단 수 (개)	집단			
4	3	동국무역	삼천리	현대건설	
3	13	금강	뉴코아	대농	대신
		대우자동차	대한해운	성신양회	신동아
		신호	새한	유진	한국유리
		한신공영			
2	13	갑을	거평	고려통상	대우 자동차판매
		대우전자	대전피혁	대한유화	대한조선공사
		쌍용양회	오리온	조양상선	중흥건설
		화승			
1	28	금호석유화학	계성제지	논노	동아제약
		대교	㈜대우	대주건설	라이프
		보광	삼립식품	삼보컴퓨터	쌍방울
		서통	선명	성우	씨앤
		신아	셀트리온	우방	유원건설
		애경	중앙일보	청구	충남방적
		카카오	코닝정밀소재	프라임	하림

(2) 6개 사기업집단: 2017-2018년 처음 지정

2	4	네이버	넥슨	SM	호반건설
1	2	넷마블	메리츠금융		

(3) 21개 공기업집단: 2002-2016년

지정 연도 수 (년)	집단 수 (개)	집단			
15	3	한국가스공사	한국도로공사	한국전력공사	
12	1	한국철도공사			
8	3	대한주택공사	한국 농어촌공사	한국토지공사	
7	3	서울특별시 도시철도공사	한국 수자원공사	한국 토지주택공사	
6	3	부산항만공사	인천도시공사	한국석유공사	
5	1	인천 국제공항공사			
3	1	서울메트로			
2	1	한국 지역난방공사			
1	5	광해 방지사업단	담배인삼공사	인천항만공사	SH공사
		KT			

주: 1) 1987-2016년 4월, 2017년 5·9월, 2018년 5월 지정.
2) 사기업집단: 2017-18년에 새로 지정된 6개 집단은 분리 표시함.
3) 공기업집단: 2002-16년에만 지정됨; 한국토지주택공사는 대한주택공사와 한국토지공사가 통합되어 출범하였으며, 각각 별개의 집단으로 간주함.
4) KT, KT&G: 2002년에는 공기업집단(KT, 담배인삼공사), 2003년부터는 사기업집단(KT, KT&G)으로 지정되었으며, 각각 별개의 집단으로 간주함.
5) 사기업집단 24개와 공기업집단 2개는 이름이 변경됨 (<표 2.3> 참조).

2. 기업집단 이름의 변경

1987-2016년의 161개 집단 중 26개는 이름이 변경되었다. 유사하게 또는 전혀 다르게 새로운 이름이 붙여졌다 (<표 2.3>).

24개 사기업집단과 2개 공기업집단이 이에 해당한다. 1개 사기업집단은 2018년에 이름이 변경되었다 (동부 → DB). 또 2

개 사기업집단과 1개 공기업집단은 이름이 두 차례 변경되었다 (아모레퍼시픽, 하이트진로; 한국농어촌공사).

KT&G의 경우 2003년부터 사기업집단으로 지정되었는데, 2002년에는 '담배인삼공사'의 이름으로 공기업집단에 지정되었다. 사기업집단 및 공기업집단 각각의 기준에서는 이름 변경이 없는 것으로 간주하였다. 한편, KT는 같은 이름으로 2002년에 공기업집단, 2003년부터는 사기업집단으로 지정되었다.

〈표 2.3〉 이름이 변경된 26개 기업집단

(1) 24개 사기업집단: 1987-2018년

	이름	연도	이름	연도	이름	연도
고합	고려합섬	1987-92	고합	1993-2001		
금호아시아나	금호	1987-2003	금호아시아나	2004-18		
동부	동부	1987-2017	DB	2018		
동아	동아건설	1987-96	동아	1997-2000		
대상	미원	1987-95	대상	1997-99 2002-03		
대성	대성산업	1990-92	대성	2002-08 2011-15		
삼양	삼양사	1989-92	삼양	1999 2004-08		
CJ	제일제당	1999-2002	CJ	2003-18		
아남	아남산업	1989-92	아남	1997-2000		
아모레퍼시픽	태평양화학	1988-92	태평양	2007-08	아모레퍼시픽	2013-18

	이름	연도	이름	연도	이름	연도
OCI	동양화학	1990-92 2001-08	OCI	2009-18		
SK	선경	1987-97	SK	1998- 2018		
LS	LG전선	2004	LS	2005-18		
LG	럭키금성	1987-94	LG	1995- 2018		
태광	태광산업	1988-92 2001-08	태광	2011-18		
POSCO	포항제철	1989 2001-02	POSCO	2003-18		
풍산	풍산금속	1988-91	풍산	1992		
하나로 텔레콤	하나로 통신	2001-04	하나로 텔레콤	2005-08		
하이트 진로	조선맥주	1992	하이트 맥주	2003-08 2010	하이트 진로	2011- 18
한국GM	GM대우	2004-10	한국GM	2011-18		
한일	한일합섬	1987	한일	1988-97		
한화	한국화약	1987-92	한화	1993- 2018		
현대 오일뱅크	현대정유	2000-02	현대 오일뱅크	2005-07 2010		
홈플러스	삼성 테스코	2008-10	홈플러스	2011-15		

(2) 2개 공기업집단: 2002-2016년

인천 도시공사	인천 광역시 도시 개발공사	2010	인천 도시공사	2012-16		
한국 농어촌 공사	농업 기반공사	2002-05	한국 농촌공사	2006-08	한국 농어촌 공사	2009

주: 1) 한일 1987년 - 일부 문헌에는 '한일'로 되어 있음.
2) 공기업집단: 2002-16년에만 지정됨.
3) 담배인삼공사 (2002년 공기업집단) → KT&G (2003년부터 사기업집단): 각각 별개의 집단으로 간주함.

제3부
연도별 변화: (1) 순위

1. 사기업집단, 1987-2018년

(1) 1987-1992년

순위	1987년	1988년	1989년	1990년	1991년	1992년
1	현대	현대	현대	현대	현대	현대
2	대우	대우	대우	대우	럭키금성	삼성
3	삼성	럭키금성	럭키금성	럭키금성	대우	대우
4	럭키금성	삼성	삼성	삼성	삼성	럭키금성
5	쌍용	한진	포항제철	한진	선경	선경
6	한진	쌍용	한진	선경	한진	한진
7	선경	선경	선경	쌍용	쌍용	쌍용
8	한국화약	한국화약	쌍용	롯데	한국화약	기아
9	대림	롯데	롯데	기아	기아	한국화약
10	롯데	기아	한국화약	한국화약	롯데	롯데
11	동아건설	대림	기아	대림	대림	금호
12	한일합섬	동아건설	대림	한일	금호	대림
13	기아	한일	한일	동아건설	동아건설	두산
14	두산	효성	동아건설	두산	두산	동아건설
15	범양상선	두산	두산	효성	한일	한일
16	효성	삼미	효성	금호	효성	효성
17	동국제강	동국제강	금호	삼미	삼미	삼미
18	삼미	범양상선	동국제강	동국제강	동국제강	동국제강
19	한양	코오롱	삼미	극동정유	극동정유	한라
20	극동건설	금호	코오롱	코오롱	극동건설	코오롱
21	코오롱	한양	극동정유	극동건설	동양	동양
22	금호	극동건설	범양상선	동부	코오롱	극동정유
23	동부	동부	동부	한라	한라	동부
24	고려합섬	우성건설	극동건설	우성건설	동부	극동건설
25	한보	고려합섬	통일	통일	우성건설	우성건설

(계속)

순위	1987년	1988년	1989년	1990년	1991년	1992년
26	해태	극동정유	해태	범양상선	한양	한양
27	미원	해태	우성건설	고려합섬	통일	고려합섬
28	대한 조선공사	통일	고려합섬	미원	고려합섬	진로
29	라이프	미원	미원	태평양 화학	해태	해태
30	삼환기업	한라	한양	한양	동원	벽산
(31)	신동아	강원산업	강원산업	강원산업	갑을	갑을
(32)	한라	대한 조선공사	동국무역	금강	강원산업	강원산업
(33)		벽산	동양	동국무역	고려통상	고려통상
(34)		봉명	벽산	동양	금강	금강
(35)		삼환기업	봉명	동양화학	계성제지	논노
(36)		신동아	삼양사	동원	동국무역	농심
(37)		태광산업	삼환기업	대농	동양화학	동국무역
(38)		태평양 화학	아남산업	대성산업	대농	동아제약
(39)		풍산금속	태광산업	대신	대성산업	동양화학
(40)		한보	태평양 화학	벽산	대신	동원
(41)			풍산금속	봉명	대전피혁	대농
(42)			한라	삼양사	대한유화	대성산업
(43)			한보	삼환기업	대한해운	대신
(44)				성신양회	미원	대전피혁
(45)				아남산업	범양상선	대한유화
(46)				영풍	벽산	대한전선
(47)				진로	봉명	대한해운
(48)				태광산업	삼양사	미원
(49)				풍산금속	삼환기업	범양상선
(50)				한국유리	성신양회	봉명

(계속)

순위	1987년	1988년	1989년	1990년	1991년	1992년
(51)				한보	아남산업	삼립식품
(52)				한신공영	영풍	삼양사
(53)				해태	조양상선	삼천리
(54)					진로	삼환기업
(55)					태광산업	쌍방울
(56)					태평양 화학	서통
(57)					풍산금속	성신양회
(58)					한국유리	성우
(59)					한보	신동아
(60)					한신공영	신아
(61)					화승	아남산업
(62)						영풍
(63)						우방
(64)						유원건설
(65)						조선맥주
(66)						조양상선
(67)						청구
(68)						충남방적
(69)						통일
(70)						태광산업
(71)						태영
(72)						태평양 화학
(73)						풍산
(74)						한국유리
(75)						한국 타이어
(76)						한보
(77)						한신공영
(78)						화승

주: 1987-1992년: 4월 지정; 31위 이하 순위 정보 없음, '가나다' 순 - 1987년 (31-32위, 2개 집단), 1988년 (31-40위, 10개), 1989년 (31-43위, 13개), 1990년 (31-53위, 23개), 1991년 (31-61위, 31개), 1992년 (31-78위, 48개).

(2) 1993-1998년

순위	1993년	1994년	1995년	1996년	1997년	1998년
1	현대	현대	현대	현대	현대	현대
2	삼성	대우	삼성	삼성	삼성	삼성
3	대우	삼성	대우	LG	LG	대우
4	럭키금성	럭키금성	LG	대우	대우	LG
5	선경	선경	선경	선경	선경	SK
6	한진	한진	쌍용	쌍용	쌍용	한진
7	쌍용	쌍용	한진	한진	한진	쌍용
8	기아	기아	기아	기아	기아	한화
9	한화	한화	한화	한화	한화	금호
10	롯데	롯데	롯데	롯데	롯데	동아
11	금호	금호	금호	금호	금호	롯데
12	대림	대림	두산	두산	한라	한라
13	두산	두산	대림	대림	동아	대림
14	동아건설	동아건설	동아건설	한보	두산	두산
15	한일	효성	한라	동아건설	대림	한솔
16	효성	한일	동국제강	한라	한솔	효성
17	동국제강	한라	효성	효성	효성	고합
18	삼미	동국제강	한보	동국제강	동국제강	코오롱
19	한라	삼미	동양	진로	진로	동국제강
20	한양	동양	한일	코오롱	코오롱	동부
21	동양	코오롱	코오롱	동양	고합	아남
22	코오롱	진로	고합	한솔	동부	진로
23	진로	고합	진로	동부	동양	동양
24	동부	우성건설	해태	고합	해태	해태
25	고합	동부	삼미	해태	뉴코아	신호
26	극동건설	해태	동부	삼미	아남	대상
27	우성건설	극동건설	우성건설	한일	한일	뉴코아
28	해태	한보	극동건설	극동건설	거평	거평
29	벽산	미원	벽산	뉴코아	대상	강원산업
30	미원	벽산	미원	벽산	신호	새한

주: 1993-2001년: 4월 지정, 1-30위만 지정됨.

(3) 1999-2004년

순위	1999년	2000년	2001년	2002년	2003년	2004년
1	현대	현대	삼성	삼성	삼성	삼성
2	대우	삼성	현대	LG	LG	LG
3	삼성	LG	LG	SK	SK	현대 자동차
4	LG	SK	SK	현대 자동차	현대 자동차	SK
5	SK	한진	현대 자동차	한진	KT	KT
6	한진	롯데	한진	포항제철	한진	한진
7	쌍용	㈜대우	포항제철	롯데	롯데	롯데
8	한화	금호	롯데	현대	POSCO	POSCO
9	금호	한화	금호	금호	한화	한화
10	롯데	쌍용	한화	현대 중공업	현대 중공업	현대 중공업
11	동아	한솔	두산	한화	현대	금호 아시아나
12	한솔	두산	쌍용	두산	금호	두산
13	두산	현대정유	현대정유	동부	두산	동부
14	대림	동아	한솔	현대정유	동부	현대
15	동국제강	동국제강	동부	효성	효성	대우건설
16	동부	효성	대림	대림	신세계	신세계
17	한라	대림	동양	코오롱	대림	LG전선
18	고합	S-Oil	효성	제일제당	CJ	CJ
19	효성	동부	제일제당	동국제강	동양	동양
20	코오롱	코오롱	코오롱	하나로 통신	코오롱	대림
21	동양	동양	동국제강	한솔	KT&G	효성
22	진로	고합	현대 산업개발	신세계	하나로 통신	동국제강
23	아남	제일제당	하나로 통신	동양	동국제강	GM대우
24	해태	대우전자	신세계	현대 백화점	현대 백화점	코오롱

(계속)

순위	1999년	2000년	2001년	2002년	2003년	2004년
25	새한	현대 산업개발	영풍	현대 산업개발	한솔	KT&G
26	강원산업	아남	현대 백화점	영풍	대우 조선해양	대우 조선해양
27	대상	새한	동양화학	대상	대우 자동차	현대 백화점
28	제일제당	진로	대우전자	동원	현대 산업개발	KCC
29	신호	신세계	태광산업	태광산업	영풍	하나로 통신
30	삼양	영풍	고합	KCC	KCC	한솔
31				동양화학	대한전선	동원
32				대성	동원	대한전선
33				한국 타이어	부영	세아
34				부영	태광산업	영풍
35					동양화학	현대 산업개발
36					삼보 컴퓨터	태광산업
37					하이트 맥주	대우 자동차
38					대성	부영
39					문화방송	농심
40					한국 타이어	하이트 맥주
41					대상	대성
42					농심	동양화학
43						문화방송
44						한국 타이어
45						삼양

주: 1) 1993-2001년: 4월 지정, 1-30위만 지정됨.
2) 2002-2016년: 4월 지정, 공기업집단도 대규모기업집단으로 지정됨, 공기업집단을 제외한 순위임.

(4) 2005-2010년

순위	2005년	2006년	2007년	2008년	2009년	2010년
1	삼성	삼성	삼성	삼성	삼성	삼성
2	현대 자동차	현대 자동차	현대 자동차	현대 자동차	현대 자동차	현대 자동차
3	LG	SK	SK	SK	SK	SK
4	SK	LG	LG	LG	LG	LG
5	롯데	롯데	롯데	롯데	POSCO	롯데
6	KT	POSCO	POSCO	POSCO	롯데	POSCO
7	POSCO	KT	KT	GS	현대 중공업	GS
8	한진	GS	GS	현대 중공업	GS	현대 중공업
9	GS	한진	금호 아시아나	KT	금호 아시아나	금호 아시아나
10	한화	현대 중공업	한진	금호 아시아나	한진	한진
11	현대 중공업	한화	현대 중공업	한진	KT	KT
12	금호 아시아나	두산	한화	한화	두산	두산
13	두산	금호 아시아나	두산	두산	한화	한화
14	동부	하이닉스	하이닉스	하이닉스	STX	STX
15	현대	동부	신세계	STX	대우 조선해양	LS
16	신세계	현대	LS	신세계	하이닉스	대우 조선해양
17	GM대우	신세계	현대	CJ	LS	하이닉스
18	CJ	CJ	동부	LS	현대	CJ
19	LS	LS	CJ	동부	CJ	대림
20	동국제강	대림	대림	대림	동부	동부
21	대림	GM대우	GM대우	현대	신세계	현대
22	대우건설	하이트 맥주	대우 조신해양	대우 조선해양	대림	신세세

(계속)

순위	2005년	2006년	2007년	2008년	2009년	2010년
23	대우 조선해양	대우건설	현대건설	KCC	현대건설	현대건설
24	동양	동국제강	STX	GM대우	GM대우	부영
25	효성	대우 조선해양	동국제강	현대건설	대한전선	효성
26	코오롱	STX	이랜드	동국제강	효성	S-Oil
27	KT&G	동양	현대 백화점	효성	OCI	동국제강
28	STX	KT&G	코오롱	동양	동국제강	KCC
29	현대 백화점	효성	동양	한진 중공업	한진 중공업	한진 중공업
30	현대 오일뱅크	현대 오일뱅크	KCC	대한전선	S-Oil	GM대우
31	KCC	현대 백화점	하이트 맥주	현대 백화점	KCC	대한전선
32	세아	코오롱	한진 중공업	영풍	코오롱	OCI
33	현대 산업개발	현대 산업개발	효성	이랜드	현대 백화점	웅진
34	하나로 텔레콤	KCC	현대 오일뱅크	코오롱	웅진	현대 백화점
35	한솔	한진 중공업	현대 산업개발	현대 산업개발	현대 산업개발	삼성 테스코
36	부영	세아	영풍	웅진	동양	코오롱
37	태광산업	영풍	KT&G	하이트 맥주	삼성 테스코	현대 산업개발
38	대한전선	태광산업	세아	부영	세아	하이트 맥주
39	영풍	부영	부영	KT&G	한국 투자금융	동양
40	이랜드	하나로 텔레콤	대한전선	세아	KT&G	KT&G
41	대성	대한전선	태광산업	동양화학		영풍
42	대우 자동차	쌍용	동양화학	태광산업		미래에셋
43	농심	한솔	한솔	삼성 테스코		현대 오일뱅크

(계속)

순위	2005년	2006년	2007년	2008년	2009년	2010년
44	동양화학	농심	쌍용양회	미래에셋		세아
45	하이트 맥주	대성	하나로 텔레콤	대성		한국 투자금융
46	문화방송	이랜드	농심	태영		
47	삼양	동양화학	대성	한솔		
48	한국 타이어	삼양	태평양	유진		
49		문화방송	태영	농심		
50		태영	문화방송	태평양		
51		한국 타이어	삼양	애경		
52		중앙일보	한국 타이어	하나로 텔레콤		
53			교보 생명보험	한라		
54			오리온	쌍용양회		
55			대우자동 차판매	대주건설		
56				문화방송		
57				한국 타이어		
58				프라임		
59				보광		
60				삼양		
61				오리온		
62				교보 생명보험		
63				씨앤		
64				대우자동 차판매		
65				대한해운		
66				선명		
67				농협		
68				대교		

주: 2002-2016년: 4월 지정, 공기업집단도 대규모기업집단으로 지정됨, 공기업집단을 제외한 순위임.

(5) 2011-2016년

순위	2011년	2012년	2013년	2014년	2015년	2016년
1	삼성	삼성	삼성	삼성	삼성	삼성
2	현대 자동차	현대 자동차	현대 자동차	현대 자동차	현대 자동차	현대 자동차
3	SK	SK	SK	SK	SK	SK
4	LG	LG	LG	LG	LG	LG
5	롯데	롯데	롯데	롯데	롯데	롯데
6	POSCO	POSCO	POSCO	POSCO	POSCO	POSCO
7	현대 중공업	현대 중공업	현대 중공업	현대 중공업	GS	GS
8	GS	GS	GS	GS	현대 중공업	한화
9	한진	한진	농협	농협	농협	현대 중공업
10	한화	한화	한진	한진	한진	농협
11	KT	KT	한화	한화	한화	한진
12	두산	두산	KT	KT	KT	두산
13	금호 아시아나	STX	두산	두산	두산	KT
14	STX	CJ	STX	신세계	신세계	신세계
15	LS	LS	CJ	CJ	CJ	CJ
16	CJ	금호 아시아나	신세계	LS	LS	부영
17	하이닉스	신세계	LS	대우 조선해양	대우 조선해양	LS
18	신세계	대우 조선해양	동부	금호 아시아나	금호 아시아나	대우 조선해양
19	대우 조선해양	동부	금호 아시아나	동부	대림	대림
20	동부	대림	대우 조선해양	대림	부영	금호 아시아나
21	현대	현대	대림	부영	동부	현대 백화점
22	대림	S-Oil	현대	현대	현대	현대

(계속)

순위	2011년	2012년	2013년	2014년	2015년	2016년
23	부영	부영	부영	OCI	현대 백화점	OCI
24	대우건설	OCI	S-Oil	S-Oil	OCI	효성
25	KCC	효성	OCI	현대 백화점	효성	미래에셋
26	동국제강	대우건설	현대 백화점	효성	대우건설	S-Oil
27	S-Oil	동국제강	효성	대우건설	S-Oil	대우건설
28	효성	현대 백화점	대우건설	동국제강	영풍	영풍
29	OCI	한국GM	한국GM	영풍	KCC	하림
30	현대 백화점	코오롱	동국제강	미래에셋	미래에셋	KCC
31	한진 중공업	웅진	영풍	코오롱	동국제강	KT&G
32	웅진	KCC	코오롱	한국GM	코오롱	한국 타이어
33	코오롱	영풍	한진 중공업	한진 중공업	한진 중공업	코오롱
34	한국GM	농협	미래에셋	KCC	한라	교보 생명보험
35	홈플러스	미래에셋	KCC	한라	한국 타이어	한국 투자금융
36	영풍	한진 중공업	홈플러스	홈플러스	KT&G	동부
37	현대 산업개발	동양	대성	KT&G	한국GM	한라
38	동양	홈플러스	KT&G	한국 타이어	홈플러스	동국제강
39	대한전선	현대 산업개발	동양	태광	교보 생명보험	한진 중공업
40	미래에셋	KT&G	한라	대성	태광	세아
41	KT&G	대성	현대 산업개발	현대 산업개발	세아	중흥건설
42	하이트 진로	세아	세아	교보 생명보험	현대 산업개발	이랜드

(계속)

순위	2011년	2012년	2013년	2014년	2015년	2016년
43	대성	태광	태광	코닝 정밀소재	이랜드	한국GM
44	세아	하이트 진로	교보 생명보험	세아	태영	태광
45	한국 투자금융	한라	한국 투자금융	이랜드	삼천리	태영
46	태광	교보 생명보험	한국 타이어	태영	아모레 퍼시픽	아모레 퍼시픽
47	유진	한국 투자금융	하이트 진로	하이트 진로	대성	현대 산업개발
48		태영	태영	아모레 퍼시픽	하이트 진로	셀트리온
49		대한전선	웅진	삼천리	중흥건설	하이트 진로
50		한국 타이어	이랜드	한솔	한솔	삼천리
51		이랜드	한솔			한솔
52		유진	아모레 퍼시픽			금호 석유화학
53						카카오

주: 2002-2016년: 4월 지정, 공기업집단도 대규모기업집단으로 지정됨, 공기업집단을 제외한 순위임.

(6) 2017-2018년

순위	2017년	2018년
1	삼성	삼성
2	현대자동차	현대자동차
3	SK	SK
4	LG	LG
5	롯데	롯데
6	POSCO	POSCO
7	GS	GS
8	한화	한화
9	현대중공업	농협
10	농협	현대중공업
11	신세계	신세계
12	KT	KT
13	두산	두산
14	한진	한진
15	CJ	CJ
16	부영	부영
17	LS	LS
18	대림	대림
19	금호 아시아나	S-Oil
20	대우 조선해양	미래에셋
21	미래에셋	현대백화점
22	S-Oil	영풍
23	현대백화점	대우 조선해양
24	OCI	한국 투자금융

순위	2017년	2018년
31	KCC	코오롱
32	코오롱	하림
33	한국타이어	대우건설
34	교보 생명보험	중흥건설
35	중흥건설	한국타이어
36	동부	태광
37	동원	SM
38	한라	셀트리온
39	세아	카카오
40	태영	세아
41	한국GM	한라
42	이랜드	이랜드
43	아모레 퍼시픽	DB
44	태광	호반건설
45	동국제강	동원
46	SM	현대 산업개발
47	호반건설	태영
48	현대 산업개발	아모레 퍼시픽
49	셀트리온	네이버
50	카카오	동국제강
51	네이버	메리츠금융
52	한진중공업	넥슨
53	삼천리	삼천리
54	금호 석유화학	한국GM

(계속)

순위	2017년	2018년	순위	2017년	2018년
25	효성	금호 아시아나	55	하이트진로	금호 석유화학
26	영풍	효성	56	넥슨	한진중공업
27	KT&G	OCI	57	한솔	넷마블
28	한국 투자금융	KT&G	58		하이트진로
29	대우건설	KCC	59		유진
30	하림	교보 생명보험	60		한솔

주: 2017-2018년: 2017년 5·9월, 2018년 5월 지정; 공기업집단은 대규모기업집단 지정에서 제외됨.

2. 공기업집단, 2002-2016년

순위	2002년	2003년	2004년
1	한국전력공사	한국전력공사	한국전력공사
2	KT	한국도로공사	한국도로공사
3	한국도로공사	대한주택공사	대한주택공사
4	한국토지공사	한국토지공사	한국토지공사
5	대한주택공사	한국수자원공사	한국가스공사
6	한국수자원공사	한국가스공사	농업기반공사
7	한국가스공사	농업기빈공사	
8	농업기반공사		
9	담배인삼공사		

순위	2005년	2006년	2007년
1	한국전력공사	한국전력공사	한국전력공사
2	한국도로공사	한국도로공사	대한주택공사
3	대한주택공사	대한주택공사	한국도로공사
4	한국토지공사	한국토지공사	한국토지공사
5	한국가스공사	한국철도공사	한국철도공사
6	한국철도공사	한국가스공사	한국가스공사
7	농업기반공사	한국농촌공사	한국농촌공사

순위	2008년	2009년	2010년
1	한국전력공사	한국전력공사	한국토지주택공사
2	대한주택공사	대한주택공사	한국전력공사
3	한국도로공사	한국도로공사	한국도로공사
4	한국토지공사	한국토지공사	한국가스공사
5	한국철도공사	한국가스공사	한국철도공사
6	한국가스공사	한국철도공사	인천국제공항공사
7	한국농촌공사	한국석유공사	서울특별시 도시철도공사
8	부산항만공사	한국농어촌공사	인천광역시 도시개발공사
9	한국지역난방공사		
10	광해방지사업단		
11	인천항만공사		

순위	2011년	2012년	2013년
1	한국토지주택공사	한국전력공사	한국전력공사
2	한국전력공사	한국토지주택공사	한국토지주택공사
3	한국도로공사	한국도로공사	한국도로공사
4	한국가스공사	한국가스공사	한국가스공사
5	한국철도공사	한국석유공사	한국수자원공사
6	한국석유공사	한국수자원공사	한국철도공사
7	인천국제공항공사	한국철도공사	인천도시공사
8	서울특별시 도시철도공사	인천도시공사	인천국제공항공사
9		인천국제공항공사	서울특별시 도시철도공사
10		서울특별시 도시철도공사	부산항만공사
11		부산항만공사	

순위	2014년	2015년	2016년
1	한국전력공사	한국전력공사	한국전력공사
2	한국토지주택공사	한국토지주택공사	한국토지주택공사
3	한국도로공사	한국도로공사	한국도로공사
4	한국가스공사	한국가스공사	한국가스공사
5	한국수자원공사	한국수자원공사	SH공사
6	한국석유공사	한국철도공사	한국수자원공사
7	한국철도공사	한국석유공사	한국철도공사
8	인천도시공사	인천도시공사	한국석유공사
9	인천국제공항공사	서울특별시 도시철도공사	인천도시공사
10	서울특별시 도시철도공사	서울메트로	서울메트로
11	서울메트로	부산항만공사	서울특별시 도시철도공사
12	부산항만공사		부산항만공사
13	한국지역난방공사		

주: 2002-2016년: 4월 지정, 공기업집단도 대규모기업집단으로 지정됨, 공기업집단 중에서의 순위임.

제4부
연도별 변화:
(2) 계열회사 수, 자산총액

1. 사기업집단, 1987-2018년

(1) 1987-1988년 [A, B: 계열회사 수 (개), 자산총액 (10억 원)]

순위	1987년	A	B	1988년	A	B
1	현대	32	8,038	현대	34	9,517
2	대우	29	7,875	대우	28	9,421
3	삼성	36	5,588	럭키금성	62	6,997
4	럭키금성	57	5,508	삼성	37	6,766
5	쌍용	22	2,810	한진	16	3,903
6	한진	13	2,626	쌍용	21	2,889
7	선경	16	2,499	선경	18	2,816
8	한국화약	22	1,796	한국화약	23	2,278
9	대림	14	1,777	롯데	32	2,125
10	롯데	31	1,648	기아	10	1,775
11	동아건설	16	1,511	대림	13	1,746
12	한일합섬	11	1,479	동아건설	16	1,591
13	기아	9	1,367	한일	12	1,503
14	두산	21	1,073	효성	15	1,324
15	범양상선	5	1,052	두산	22	1,213
16	효성	15	1,002	삼미	10	955
17	동국제강	13	916	동국제강	13	948
18	삼미	7	844	범양상선	5	939
19	한양	4	842	코오롱	18	908
20	극동건설	8	758	금호	10	865
21	코오롱	17	713	한양	4	700
22	금호	19	702	극동건설	9	699
23	동부	12	692	동부	13	634
24	고려합섬	5	583	우성건설	7	611
25	한보	8	561	고려합섬	5	598

(계속)

순위	1987년	A	B	1988년	A	B
26	해태	13	493	극동정유	4	579
27	미원	15	493	해태	12	574
28	대한 조선공사	6	481	통일	15	558
29	라이프	6	469	미원	15	553
30	삼환기업	11	437	한라	5	541
(31)	신동아	11	-	강원산업	9	-
(32)	한라	5	-	대한 조선공사	6	-
(33)				벽산	12	-
(34)				봉명	21	-
(35)				삼환기업	11	-
(36)				신동아	10	-
(37)				태광산업	8	-
(38)				태평양화학	16	-
(39)				풍산금속	5	-
(40)				한보	5	-

주: 1987-1992년: 4월 지정, 31위 이하 순위 및 자산총액 정보 없음, '가나다' 순.

(2) 1989-1990년 [A, B: 계열회사 수 (개), 자산총액 (10억 원)]

순위	1989년	A	B	1990년	A	B
1	현대	37	10,831	현대	39	14,279
2	대우	28	9,509	대우	27	11,762
3	럭키금성	59	8,645	럭키금성	58	11,186
4	삼성	42	8,108	삼성	45	10,438
5	포항제철	21	5,930	한진	17	4,721
6	한진	16	4,166	선경	24	4,610
7	선경	22	3,442	쌍용	21	4,095
8	쌍용	21	3,358	롯데	31	3,215
9	롯데	32	2,664	기아	10	3,073
10	한국화약	26	2,333	한국화약	27	3,033
11	기아	10	2,222	대림	13	2,408
12	대림	13	2,050	한일	13	1,950
13	한일	12	1,681	동아건설	16	1,868
14	동아건설	16	1,640	두산	23	1,799
15	두산	21	1,432	효성	14	1,754
16	효성	13	1,500	금호	18	1,731
17	금호	12	1,212	삼미	14	1,493
18	동국제강	13	1,185	동국제강	13	1,411
19	삼미	11	1,176	극동정유	4	1,272
20	코오롱	16	1,015	코오롱	19	1,269
21	극동정유	4	944	극동건설	10	1,198
22	범양상선	4	919	동부	13	1,191
23	동부	13	914	한라	7	995
24	극동건설	9	829	우성건설	7	926
25	통일	17	734	통일	17	896
26	해태	10	678	범양상선	4	874
27	우성건설	7	674	고려합섬	7	859
28	고려합섬	7	671	미원	20	814
29	미원	19	643	태평양화학	22	789
30	한양	4	637	한양	4	783

(계속)

순위	1989년	A	B	1990년	A	B
(31)	강원산업	14	-	강원산업	14	-
(32)	동국무역	10	-	금강	4	-
(33)	동양	7	-	동국무역	9	-
(34)	벽산	14	-	동양	9	-
(35)	봉명	20	-	동양화학	11	-
(36)	삼양사	7	-	동원	9	-
(37)	삼환기업	11	-	대농	10	-
(38)	아남산업	12	-	대성산업	21	-
(39)	태광산업	8	-	대신	11	-
(40)	태평양화학	19	-	벽산	21	-
(41)	풍산금속	6	-	봉명	11	-
(42)	한라	6	-	삼양사	6	-
(43)	한보	4	-	삼환기업	11	-
(44)				성신양회	11	-
(45)				아남산업	9	-
(46)				영풍	12	-
(47)				진로	23	-
(48)				태광산업	8	-
(49)				풍산금속	6	-
(50)				한국유리	8	-
(51)				한보	4	-
(52)				한신공영	2	-
(53)				해태	9	-

주: 1) 1987-1992년: 4월 지정, 31위 이하 순위 및 자산총액 정보 없음, '가나다' 순.
2) 1989년 자산총액: 자료에는 15위가 16위보다 작은 것으로 되어 있음.

(3) 1991-1992년 [A, B: 계열회사 수 (개), 자산총액 (10억 원)]

순위	1991년	A	B	1992년	A	B
1	현대	42	19,074	현대	43	23,116
2	럭키금성	63	14,889	삼성	52	18,713
3	대우	24	14,265	대우	22	17,237
4	삼성	51	13,844	럭키금성	58	17,152
5	선경	27	6,504	선경	31	8,651
6	한진	22	6,230	한진	23	7,579
7	쌍용	22	5,426	쌍용	22	6,896
8	한국화약	27	4,172	기아	10	5,884
9	기아	10	4,086	한국화약	27	5,469
10	롯데	32	3,962	롯데	32	4,887
11	대림	14	2,764	금호	25	3,536
12	금호	24	2,613	대림	13	3,326
13	동아건설	16	2,296	두산	24	3,106
14	두산	23	2,253	동아건설	16	2,846
15	한일	13	2,212	한일	15	2,619
16	효성	14	2,113	효성	14	2,329
17	삼미	15	1,762	삼미	14	2,298
18	동국제강	14	1,609	동국제강	14	2,102
19	극동정유	4	1,583	한라	10	1,941
20	극동건설	9	1,548	코오롱	21	1,727
21	동양	13	1,524	동양	14	1,695
22	코오롱	21	1,460	극동정유	4	1,661
23	한라	9	1,402	동부	11	1,593
24	동부	11	1,275	극동건설	9	1,581
25	우성건설	6	1,159	우성건설	6	1,567
26	한양	4	1,118	한양	4	1,548
27	통일	16	1,049	고려합섬	7	1,378
28	고려합섬	7	1,046	진로	20	1,301
29	해태	9	1,023	해태	10	1,277
30	동원	8	1,022	벽산	19	1,263

(계속)

순위	1991년	A	B	1992년	A	B
(31)	갑을	21	-	갑을	22	-
(32)	강원산업	14	-	강원산업	14	-
(33)	고려통상	9	-	고려통상	8	-
(34)	금강	5	-	금강	5	-
(35)	계성제지	10	-	논노	5	-
(36)	동국무역	10	-	농심	6	-
(37)	동양화학	13	-	동국무역	10	-
(38)	대농	9	-	동아제약	16	-
(39)	대성산업	22	-	동양화학	13	-
(40)	대신	11	-	동원	7	-
(41)	대전피혁	9	-	대농	9	-
(42)	대한유화	7	-	대성산업	21	-
(43)	대한해운	8	-	대신	6	-
(44)	미원	20	-	대전피혁	10	-
(45)	범양상선	4	-	대한유화	6	-
(46)	벽산	21	-	대한전선	5	-
(47)	봉명	12	-	대한해운	13	-
(48)	삼양사	6	-	미원	22	-
(49)	삼환기업	11	-	범양상선	4	-
(50)	성신양회	10	-	봉명	11	-
(51)	아남산업	9	-	삼립식품	16	-
(52)	영풍	15	-	삼양사	7	-
(53)	조양상선	10	-	삼천리	13	-
(54)	진로	20	-	삼환기업	11	-
(55)	태광산업	8	-	쌍방울	22	-
(56)	태평양화학	23	-	서통	12	-
(57)	풍산금속	6	-	성신양회	10	-
(58)	한국유리	8	-	성우	7	-
(59)	한보	4	-	신동아	7	-
(60)	한신공영	3	-	신아	3	-

(계속)

순위	1991년	A	B	1992년	A	B
(61)	화승	16	-	아남산업	9	-
(62)				영풍	15	-
(63)				우방	5	-
(64)				유원건설	3	-
(65)				조선맥주	5	-
(66)				조양상선	10	-
(67)				청구	7	-
(68)				충남방적	6	-
(69)				통일	15	-
(70)				태광산업	9	-
(71)				태영	5	-
(72)				태평양화학	17	-
(73)				풍산	6	-
(74)				한국유리	8	-
(75)				한국타이어	2	-
(76)				한보	4	-
(77)				한신공영	3	-
(78)				화승	16	-

주: 1987-1992년: 4월 지정, 31위 이하 순위 및 자산총액 정보 없음, '가나다' 순.

(4) 1993-1994년 [A, B: 계열회사 수 (개), 자산총액 (10억 원)]

순위	1993년	A	B	1994년	A	B
1	현대	45	27,517	현대	48	31,669
2	삼성	55	21,285	대우	24	25,482
3	대우	22	19,837	삼성	50	22,650
4	럭키금성	54	19,105	럭키금성	53	20,388
5	선경	32	9,965	선경	33	10,690
6	한진	24	8,674	한진	21	9,398
7	쌍용	22	7,855	쌍용	23	8,788
8	기아	10	6,959	기아	13	8,533
9	한화	27	6,428	한화	29	6,837
10	롯데	32	5,274	롯데	30	5,595
11	금호	24	4,272	금호	22	4,609
12	대림	12	3,704	대림	17	4,062
13	두산	25	3,622	두산	24	4,053
14	동아건설	13	2,939	동아건설	14	3,359
15	한일	15	2,747	효성	14	2,273
16	효성	14	2,571	한일	15	2,717
17	동국제강	14	2,345	한라	12	2,579
18	삼미	9	2,202	동국제강	16	2,530
19	한라	10	2,160	삼미	10	2,265
20	한양	4	2,147	동양	16	2,254
21	동양	16	2,137	코오롱	19	2,104
22	코오롱	21	1,919	진로	17	2,085
23	진로	19	1,793	고합	8	1,957
24	동부	12	1,742	우성건설	6	1,855
25	고합	7	1,695	동부	13	1,848
26	극동건설	9	1,673	해태	9	1,832
27	우성건설	5	1,594	극동건설	10	1,804
28	해태	10	1,531	한보	11	1,628
29	벽산	18	1,415	미원	22	1,620
30	미원	24	1,359	벽산	17	1,563

주: 1) 1993-2001년: 4월 지정, 1-30위만 지정됨.
2) 1994년 자산총액: 자료에는 15위가 16-18위보다 작은 것으로 되어 있음.

(5) 1995-1996년 [A, B: 계열회사 수 (개), 자산총액 (10억 원)]

순위	1995년	A	B	1996년	A	B
1	현대	48	37,221	현대	46	43,743
2	삼성	55	29,414	삼성	55	40,761
3	대우	22	26,144	LG	48	31,395
4	LG	50	24,351	대우	25	31,313
5	선경	32	12,806	선경	32	14,501
6	쌍용	22	10,955	쌍용	23	13,929
7	한진	23	10,629	한진	24	12,246
8	기아	14	9,814	기아	16	11,427
9	한화	29	7,282	한화	31	9,158
10	롯데	29	6,628	롯데	28	7,090
11	금호	24	5,374	금호	27	6,423
12	두산	27	4,808	두산	26	5,756
13	대림	17	4,638	대림	18	5,364
14	동아건설	14	3,874	한보	21	5,147
15	한라	15	3,429	동아건설	16	5,117
16	동국제강	16	3,237	한라	17	4,766
17	효성	15	3,040	효성	16	3,754
18	한보	13	3,013	동국제강	16	3,433
19	동양	19	2,592	진로	14	3,303
20	한일	13	2,559	코오롱	19	3,129
21	코오롱	20	2,535	동양	22	2,995
22	고합	10	2,503	한솔	19	2,990
23	진로	12	2,391	동부	24	2,935
24	해태	13	2,358	고합	11	2,924
25	삼미	8	2,245	해태	14	2,873
26	동부	13	2,128	삼미	8	2,475
27	우성건설	8	2,117	한일	8	2,180
28	극동건설	10	1,966	극동건설	11	2,158
29	벽산	18	1,781	뉴코아	18	1,966
30	미원	14	1,613	벽산	16	1,853

주: 1993-2001년: 4월 지정, 1-30위만 지정됨.

(6) 1997-1998년 [A, B: 계열회사 수 (개), 자산총액 (10억 원)]

순위	1997년	A	B	1998년	A	B
1	현대	57	53,597	현대	62	73,520
2	삼성	80	51,651	삼성	61	64,536
3	LG	49	38,376	대우	37	52,994
4	대우	30	35,455	LG	52	52,773
5	선경	46	22,927	SK	45	29,267
6	쌍용	25	16,457	한진	25	19,457
7	한진	24	14,309	쌍용	22	15,645
8	기아	28	14,287	한화	31	12,469
9	한화	31	10,967	금호	32	10,361
10	롯데	30	7,774	동아	22	9,054
11	금호	26	7,486	롯데	28	8,862
12	한라	18	6,640	한라	18	8,562
13	동아	19	6,458	대림	21	7,001
14	두산	25	6,370	두산	23	6,586
15	대림	21	6,177	한솔	19	6,268
16	한솔	23	4,346	효성	21	5,249
17	효성	18	4,131	고합	13	5,193
18	동국제강	17	3,956	코오롱	25	4,894
19	진로	24	3,951	동국제강	17	4,865
20	코오롱	24	3,910	동부	34	4,626
21	고합	13	3,690	아남	15	4,339
22	동부	34	3,677	진로	15	4,258
23	동양	24	3,445	동양	23	3,885
24	해태	15	3,398	해태	15	3,747
25	뉴코아	18	2,798	신호	28	3,060
26	아남	21	2,659	대상	20	2,847
27	한일	7	2,599	뉴코아	18	2,845
28	거평	22	2,477	거평	19	2,831
29	대상	25	2,238	강원산업	27	2,665
30	신호	25	2,158	새한	16	2,659

주: 1993-2001년: 4월 지정, 1-30위만 지정됨.

(7) 1999-2000년 [A, B: 계열회사 수 (개), 자산총액 (10억 원)]

순위	1999년	A	B	2000년	A	B
1	현대	62	88,806	현대	35	88,649
2	대우	34	78,168	삼성	45	67,384
3	삼성	49	61,606	LG	43	47,612
4	LG	48	49,524	SK	39	40,147
5	SK	41	32,766	한진	18	20,771
6	한진	21	18,548	롯데	28	15,791
7	쌍용	23	14,167	㈜대우	2	13,144
8	한화	21	13,084	금호	20	11,532
9	금호	29	10,696	한화	23	11,430
10	롯데	28	10,446	쌍용	22	9,749
11	동아	15	8,719	한솔	19	9,397
12	한솔	19	8,060	두산	16	7,646
13	두산	14	6,704	현대정유	3	7,150
14	대림	17	5,825	동아	16	6,519
15	동국제강	16	5,764	동국제강	14	5,903
16	동부	32	5,549	효성	13	5,716
17	한라	17	5,535	대림	18	5,674
18	고합	8	5,232	S-Oil	2	5,495
19	효성	17	5,178	동부	19	5,331
20	코오롱	19	4,941	코오롱	17	4,616
21	동양	21	4,228	동양	25	4,564
22	진로	17	4,098	고합	6	3,711
23	아남	15	4,097	제일제당	18	3,538
24	해태	15	3,977	대우전자	3	3,525
25	새한	15	3,513	현대산업개발	7	3,420
26	강원산업	13	2,957	아남	14	3,073
27	대상	14	2,798	새한	12	3,052
28	제일제당	15	2,728	진로	16	2,915
29	신호	21	2,701	신세계	10	2,723
30	삼양	10	2,342	영풍	21	2,620

주: 1993-2001년: 4월 지정, 1-30위만 지정됨.

(8) 2001-2002년 [A, B: 계열회사 수 (개), 자산총액 (10억 원)]

순위	2001년	A	B	2002년	A	B
1	삼성	64	69,873	삼성	63	72,351
2	현대	26	53,632	LG	51	54,484
3	LG	43	51,965	SK	62	46,754
4	SK	54	47,379	현대자동차	25	41,266
5	현대자동차	16	36,136	한진	21	21,596
6	한진	19	21,307	포항제철	15	20,835
7	포항제철	15	21,228	롯데	32	17,964
8	롯데	31	16,694	현대	12	11,784
9	금호	17	11,606	금호	15	10,608
10	한화	25	11,496	현대중공업	5	10,323
11	두산	18	11,192	한화	26	9,892
12	쌍용	20	9,039	두산	18	8,988
13	현대정유	2	7,243	동부	21	6,083
14	한솔	19	6,983	현대정유	2	5,884
15	동부	19	5,831	효성	15	4,987
16	대림	17	5,395	대림	15	4,985
17	동양	30	5,107	코오롱	29	4,589
18	효성	15	4,950	제일제당	28	4,316
19	제일제당	30	4,763	동국제강	6	4,267
20	코오롱	25	4,640	하나로통신	8	4,201
21	동국제강	8	4,342	한솔	12	4,162
22	현대산업개발	9	4,070	신세계	10	3,935
23	하나로통신	7	3,369	동양	16	3,845
24	신세계	9	3,221	현대백화점	10	3,262
25	영풍	24	2,897	현대산업개발	10	3,033
26	현대백화점	15	2,858	영풍	24	2,831
27	동양화학	22	2,826	대상	12	2,364
28	대우전자	4	2,725	동원	17	2,322
29	태광산업	15	2,598	태광산업	18	2,315
30	고합	6	2,501	KCC	6	2,311

(계속)

순위	2001년	A	B	2002년	A	B
31				동양화학	19	2,293
32				대성	32	2,126
33				한국타이어	6	2,102
34				부영	4	2,102

주: 1) 1993-2001년: 4월 지정, 1-30위만 지정됨.
2) 2002-2016년: 4월 지정, 공기업집단도 대규모기업집단으로 지정됨, 공기업집단을 제외한 순위임.

(9) 2003-2004년 [A, B: 계열회사 수 (개), 자산총액 (10억 원)]

순위	2003년	A	B	2004년	A	B
1	삼성	63	83,492	삼성	63	91,946
2	LG	50	58,571	LG	46	61,648
3	SK	60	47,463	현대자동차	28	52,345
4	현대자동차	25	44,060	SK	59	47,180
5	KT	10	30,815	KT	11	28,270
6	한진	23	21,041	한진	23	25,413
7	롯데	35	20,741	롯데	36	24,620
8	POSCO	15	20,533	POSCO	16	22,058
9	한화	33	14,311	한화	31	15,084
10	현대중공업	6	12,379	현대중공업	6	14,211
11	현대	12	10,160	금호아시아나	16	10,602
12	금호	15	9,698	두산	22	9,179
13	두산	22	8,452	동부	22	7,469
14	동부	23	7,332	현대	7	6,355
15	효성	15	4,958	대우건설	14	5,511
16	신세계	12	4,689	신세계	12	5,220
17	대림	15	4,603	LG전선	12	5,056
18	CJ	33	4,538	CJ	41	4,935
19	동양	15	4,515	동양	16	4,823
20	코오롱	32	4,380	대림	12	4,811
21	KT&G	2	4,242	효성	16	4,805
22	하나로통신	8	4,206	동국제강	8	4,736
23	동국제강	7	4,079	GM대우	3	4,605
24	현대백화점	18	3,847	코오롱	31	4,605
25	한솔	13	3,772	KT&G	4	4,370
26	대우조선해양	2	3,559	대우조선해양	2	3,967
27	대우자동차	5	3,064	현대백화점	17	3,647
28	현대산업개발	11	2,800	KCC	10	3,422
29	영풍	23	2,771	하나로통신	5	3,402
30	KCC	7	2,672	한솔	11	3,396

(계속)

순위	2003년	A	B	2004년	A	B
31	대한전선	9	2,501	동원	17	3,106
32	동원	17	2,388	대한전선	11	3,072
33	부영	11	2,360	세아	28	2,955
34	태광산업	20	2,326	영풍	20	2,885
35	동양화학	19	2,241	현대산업개발	12	2,786
36	삼보컴퓨터	30	2,238	태광산업	38	2,745
37	하이트맥주	9	2,132	대우자동차	3	2,631
38	대성	32	2,121	부영	4	2,449
39	문화방송	32	2,089	농심	12	2,369
40	한국타이어	7	2,068	하이트맥주	12	2,329
41	대상	9	2,067	대성	40	2,323
42	농심	10	2,039	동양화학	19	2,287
43				문화방송	32	2,179
44				한국타이어	7	2,095
45				삼양	7	2,033

주: 2002-2016년: 4월 지정, 공기업집단도 대규모기업집단으로 지정됨, 공기업집단을 제외한 순위임.

(10) 2005-2006년 [A, B: 계열회사 수 (개), 자산총액 (10억 원)]

순위	2005년	A	B	2006년	A	B
1	삼성	62	107,617	삼성	59	115,924
2	현대자동차	28	56,039	현대자동차	40	62,235
3	LG	38	50,880	SK	56	54,808
4	SK	50	47,961	LG	30	54,432
5	롯데	41	30,302	롯데	43	32,961
6	KT	12	29,315	POSCO	21	30,183
7	POSCO	17	25,706	KT	12	27,520
8	한진	23	24,523	GS	50	21,827
9	GS	50	18,719	한진	22	20,702
10	한화	30	16,219	현대중공업	7	17,267
11	현대중공업	7	15,173	한화	31	16,526
12	금호아시아나	18	11,413	두산	18	13,659
13	두산	18	9,734	금호아시아나	23	12,982
14	동부	21	8,171	하이닉스	5	10,358
15	현대	7	6,072	동부	22	8,651
16	신세계	13	6,014	현대	9	7,125
17	GM대우	3	5,976	신세계	14	7,030
18	CJ	48	5,905	CJ	56	6,797
19	LS	17	5,877	LS	19	6,591
20	동국제강	8	5,795	대림	13	6,527
21	대림	12	5,686	GM대우	3	6,492
22	대우건설	14	5,499	하이트맥주	13	6,027
23	대우조선해양	3	5,411	대우건설	11	5,978
24	동양	16	4,856	동국제강	12	5,702
25	효성	16	4,772	대우조선해양	5	5,370
26	코오롱	28	4,426	STX	10	4,907
27	KT&G	8	4,376	동양	15	4,611
28	STX	14	4,139	KT&G	7	4,511
29	현대백화점	20	3,781	효성	17	4,487
30	현대오일뱅크	2	3,748	현대오일뱅크	2	4,445

(계속)

순위	2005년	A	B	2006년	A	B
31	KCC	7	3,526	현대백화점	23	4,404
32	세아	28	3,366	코오롱	23	4,380
33	현대산업개발	12	3,274	현대산업개발	13	4,117
34	하나로텔레콤	6	3,212	KCC	7	4,098
35	한솔	10	3,150	한진중공업	3	3,739
36	부영	6	3,053	세아	23	3,670
37	태광산업	44	3,048	영풍	26	3,612
38	대한전선	12	2,905	태광산업	52	3,571
39	영풍	19	2,855	부영	6	3,462
40	이랜드	12	2,610	하나로텔레콤	4	3,276
41	대성	41	2,579	대한전선	15	3,239
42	대우자동차	3	2,578	쌍용	6	3,141
43	농심	12	2,543	한솔	12	3,092
44	동양화학	18	2,364	농심	12	2,801
45	하이트맥주	11	2,327	대성	38	2,796
46	문화방송	32	2,301	이랜드	13	2,794
47	삼양	10	2,288	동양화학	19	2,627
48	한국타이어	8	2,155	삼양	11	2,418
49				문화방송	32	2,408
50				태영	19	2,335
51				한국타이어	8	2,218
52				중앙일보	73	2,166

주: 2002-2016년: 4월 지정, 공기업집단도 대규모기업집단으로 지정됨, 공기업집단을 제외한 순위임.

(11) 2007-2008년 [A, B: 계열회사 수 (개), 자산총액 (10억 원)]

순위	2007년	A	B	2008년	A	B
1	삼성	59	129,078	삼성	59	144,449
2	현대자동차	36	66,225	현대자동차	36	73,987
3	SK	57	60,376	SK	64	71,998
4	LG	31	52,371	LG	36	57,136
5	롯데	44	40,208	롯데	46	43,679
6	POSCO	23	32,661	POSCO	31	38,496
7	KT	19	27,530	GS	57	31,051
8	GS	48	25,136	현대중공업	9	30,058
9	금호아시아나	38	22,873	KT	29	27,073
10	한진	25	22,224	금호아시아나	52	26,667
11	현대중공업	7	20,573	한진	27	26,299
12	한화	34	18,046	한화	40	20,627
13	두산	20	14,442	두산	21	17,033
14	하이닉스	5	13,741	하이닉스	8	14,995
15	신세계	15	9,863	STX	15	10,912
16	LS	20	9,852	신세계	15	10,707
17	현대	9	8,760	CJ	66	10,257
18	동부	22	8,748	LS	24	9,562
19	CJ	64	8,423	동부	29	9,503
20	대림	14	7,515	대림	14	9,014
21	GM대우	3	7,335	현대	9	9,007
22	대우조선해양	5	6,137	대우조선해양	8	8,652
23	현대건설	9	6,073	KCC	7	8,013
24	STX	11	5,878	GM대우	3	7,978
25	동국제강	11	5,828	현대건설	14	7,271
26	이랜드	16	5,383	동국제강	12	6,523
27	현대백화점	24	4,939	효성	30	5,980
28	코오롱	33	4,927	동양	20	5,851
29	동양	21	4,803	한진중공업	5	5,719
30	KCC	7	4,777	대한전선	20	5,620

(계속)

순위	2007년	A	B	2008년	A	B
31	하이트맥주	13	4,772	현대백화점	25	5,582
32	한진중공업	4	4,764	영풍	21	5,218
33	효성	23	4,596	이랜드	19	5,200
34	현대오일뱅크	2	4,490	코오롱	34	5,159
35	현대산업개발	16	4,434	현대산업개발	15	4,926
36	영풍	22	4,417	웅진	24	4,920
37	KT&G	6	4,347	하이트맥주	15	4,805
38	세아	22	4,007	부영	6	4,755
39	부영	6	3,807	KT&G	6	4,737
40	대한전선	18	3,732	세아	23	4,420
41	태광산업	47	3,535	동양화학	15	4,163
42	동양화학	18	3,119	태광산업	46	3,802
43	한솔	12	3,018	삼성테스코	2	3,500
44	쌍용양회	6	2,988	미래에셋	21	3,391
45	하나로텔레콤	10	2,980	대성	47	3,262
46	농심	15	2,932	태영	26	3,215
47	대성	40	2,854	한솔	16	3,193
48	태평양	7	2,690	유진	42	3,080
49	태영	23	2,676	농심	16	3,023
50	문화방송	32	2,565	태평양	9	2,993
51	삼양	13	2,474	애경	29	2,968
52	한국타이어	9	2,425	하나로텔레콤	18	2,936
53	교보생명보험	15	2,261	한라	12	2,925
54	오리온	22	2,213	쌍용양회	6	2,882
55	대우자동차 판매	25	2,122	대주건설	20	2,851
56				문화방송	36	2,747
57				한국타이어	9	2,673
58				프라임	43	2,604
59				보광	62	2,525
60				삼양	13	2,511

(계속)

순위	2007년	A	B	2008년	A	B
61				오리온	20	2,497
62				교보생명보험	11	2,426
63				씨앤	29	2,281
64				대우자동차 판매	26	2,245
65				대한해운	7	2,236
66				선명	12	2,185
67				농협	26	2,099
68				대교	14	2,031

주: 2002-2016년: 4월 지정, 공기업집단도 대규모기업집단으로 지정됨, 공기업집단을 제외한 순위임.

(12) 2009-2010년 [A, B: 계열회사 수 (개), 자산총액 (10억 원)]

순위	2009년	A	B	2010년	A	B
1	삼성	63	174,886	삼성	67	192,847
2	현대자동차	41	86,945	현대자동차	42	100,775
3	SK	77	85,889	SK	75	87,522
4	LG	52	68,289	LG	53	78,918
5	POSCO	36	49,062	롯데	60	67,265
6	롯데	54	48,890	POSCO	48	52,877
7	현대중공업	15	40,882	GS	69	43,084
8	GS	64	39,044	현대중공업	16	40,189
9	금호아시아나	48	37,558	금호아시아나	45	34,942
10	한진	33	29,135	한진	37	30,387
11	KT	30	28,462	KT	30	27,099
12	두산	26	27,302	두산	29	26,788
13	한화	44	24,467	한화	48	26,391
14	STX	17	20,687	STX	16	20,901
15	대우조선해양	10	16,666	LS	44	16,179
16	하이닉스	8	13,375	대우조선해양	13	15,960
17	LS	32	12,845	하이닉스	9	13,614
18	현대	11	12,574	CJ	54	13,023
19	CJ	61	12,324	대림	16	12,992
20	동부	32	12,271	동부	31	12,487
21	신세계	14	11,956	현대	12	12,472
22	대림	16	11,060	신세계	12	12,438
23	현대건설	14	9,337	현대건설	20	9,810
24	GM대우	3	8,892	부영	15	9,161
25	대한전선	32	8,577	효성	40	9,124
26	효성	41	8,424	S-Oil	2	9,119
27	OCI	18	8,214	동국제강	12	9,107
28	동국제강	13	8,092	KCC	10	8,701
29	한진중공업	6	7,904	한진중공업	7	8,630
30	S-Oil	2	7,728	GM대우	4	8,212

(계속)

순위	2009년	A	B	2010년	A	B
31	KCC	10	6,649	대한전선	26	7,954
32	코오롱	38	5,881	OCI	18	7,769
33	현대백화점	22	5,868	웅진	24	6,874
34	웅진	29	5,867	현대백화점	29	6,857
35	현대산업개발	16	5,736	삼성테스코	3	6,836
36	동양	22	5,641	코오롱	37	6,829
37	삼성테스코	3	5,532	현대산업개발	15	6,693
38	세아	23	5,400	하이트맥주	16	6,254
39	한국투자금융	14	5,351	동양	24	5,951
40	KT&G	6	5,284	KT&G	6	5,817
41				영풍	23	5,790
42				미래에셋	26	5,753
43				현대오일뱅크	2	5,633
44				세아	19	5,147
45				한국투자금융	18	5,039

주: 2002-2016년: 4월 지정, 공기업집단도 대규모기업집단으로 지정됨, 공기업집단을 제외한 순위임.

(13) 2011-2012년 [A, B: 계열회사 수 (개), 자산총액 (10억 원)]

순위	2011년	A	B	2012년	A	B
1	삼성	78	230,928	삼성	81	255,704
2	현대자동차	63	126,689	현대자동차	56	154,659
3	SK	86	97,042	SK	94	136,474
4	LG	59	90,592	LG	63	100,777
5	롯데	78	77,349	롯데	79	83,305
6	POSCO	61	69,845	POSCO	70	80,618
7	현대중공업	21	54,406	현대중공업	24	55,771
8	GS	76	46,720	GS	73	51,388
9	한진	40	33,469	한진	45	37,494
10	한화	55	31,731	한화	53	34,263
11	KT	32	28,139	KT	50	32,165
12	두산	25	26,966	두산	24	29,915
13	금호아시아나	36	24,507	STX	26	24,321
14	STX	21	21,969	CJ	84	22,922
15	LS	47	18,043	LS	50	19,316
16	CJ	65	16,323	금호아시아나	25	19,099
17	하이닉스	9	16,144	신세계	19	17,532
18	신세계	13	16,040	대우조선해양	19	16,665
19	대우조선해양	16	15,540	동부	56	15,684
20	동부	38	14,263	대림	17	14,761
21	현대	14	13,705	현대	20	13,948
22	대림	19	13,465	S-Oil	2	13,294
23	부영	16	11,428	부영	17	12,533
24	대우건설	13	10,955	OCI	19	11,773
25	KCC	9	10,176	효성	45	11,654
26	동국제강	13	10,128	대우건설	15	10,853
27	S-Oil	2	10,078	동국제강	16	10,827
28	효성	39	9,719	현대백화점	35	10,457
29	OCI	17	9,645	한국GM	3	10,244
30	현대백화점	26	8,399	코오롱	40	9,378

(계속)

순위	2011년	A	B	2012년	A	B
31	한진중공업	8	8,158	웅진	29	9,335
32	웅진	31	8,071	KCC	9	9,182
33	코오롱	39	8,050	영풍	23	8,726
34	한국GM	3	7,857	농협	41	8,627
35	홈플러스	3	7,242	미래에셋	30	8,364
36	영풍	24	7,170	한진중공업	8	8,147
37	현대산업개발	15	7,106	동양	34	7,776
38	동양	31	6,906	홈플러스	3	7,639
39	대한전선	23	6,764	현대산업개발	15	7,470
40	미래에셋	29	6,620	KT&G	13	6,991
41	KT&G	9	6,564	대성	85	6,922
42	하이트진로	15	6,071	세아	24	6,914
43	대성	73	5,758	태광	44	6,561
44	세아	21	5,733	하이트진로	15	6,041
45	한국투자금융	18	5,571	한라	23	5,779
46	태광	50	5,479	교보생명보험	13	5,708
47	유진	33	5,158	한국투자금융	15	5,473
48				태영	40	5,443
49				대한전선	24	5,309
50				한국타이어	15	5,245
51				이랜드	30	5,242
52				유진	28	5,139

주: 2002-2016년: 4월 지정, 공기업집단도 대규모기업집단으로 지정됨, 공기업집단을 제외한 순위임.

(14) 2013-2014년 [A, B: 계열회사 수 (개), 자산총액 (10억 원)]

순위	2013년	A	B	2014년	A	B
1	삼성	76	306,092	삼성	74	331,444
2	현대자동차	57	166,694	현대자동차	57	180,945
3	SK	81	140,621	SK	80	145,171
4	LG	61	102,360	LG	61	102,060
5	롯데	77	87,523	롯데	74	91,666
6	POSCO	52	81,087	POSCO	46	83,810
7	현대중공업	26	56,451	현대중공업	26	58,395
8	GS	79	55,246	GS	80	58,087
9	농협	34	38,942	농협	32	40,767
10	한진	45	37,987	한진	48	39,522
11	한화	49	35,944	한화	51	37,063
12	KT	54	34,806	KT	57	34,974
13	두산	25	29,425	두산	22	30,021
14	STX	21	24,328	신세계	29	25,243
15	CJ	82	24,143	CJ	73	24,121
16	신세계	27	22,881	LS	51	20,367
17	LS	49	20,075	대우조선해양	19	18,497
18	동부	61	17,110	금호아시아나	26	18,261
19	금호아시아나	24	17,037	동부	64	17,789
20	대우조선해양	20	16,189	대림	22	16,258
21	대림	19	16,112	부영	14	15,665
22	현대	20	14,965	현대	20	14,113
23	부영	16	14,131	OCI	26	12,131
24	S-Oil	2	12,580	S-Oil	2	12,003
25	OCI	22	12,159	현대백화점	35	11,960
26	현대백화점	35	11,517	효성	44	11,211
27	효성	48	11,442	대우건설	16	10,348
28	대우건설	16	11,400	동국제강	16	10,073
29	한국GM	3	10,169	영풍	22	9,944
30	동국제강	15	9,972	미래에셋	30	9,718

(계속)

순위	2013년	A	B	2014년	A	B
31	영풍	23	9,921	코오롱	37	9,400
32	코오롱	38	9,620	한국GM	3	9,061
33	한진중공업	9	8,772	한진중공업	10	9,025
34	미래에셋	28	8,632	KCC	9	8,653
35	KCC	9	8,507	한라	21	8,506
36	홈플러스	3	8,102	홈플러스	3	7,952
37	대성	83	7,830	KT&G	11	7,950
38	KT&G	11	7,671	한국타이어	16	7,782
39	동양	30	7,588	태광	34	7,380
40	한라	23	7,541	대성	76	7,299
41	현대산업개발	15	7,388	현대산업개발	15	7,248
42	세아	23	7,061	교보생명보험	13	7,124
43	태광	44	6,984	코닝정밀소재	2	6,843
44	교보생명보험	12	6,296	세아	22	6,661
45	한국투자금융	13	6,129	이랜드	24	6,375
46	한국타이어	16	6,053	태영	42	6,208
47	하이트진로	14	6,043	하이트진로	12	5,850
48	태영	40	5,912	아모레퍼시픽	10	5,458
49	웅진	25	5,895	삼천리	14	5,440
50	이랜드	27	5,542	한솔	20	5,261
51	한솔	22	5,211			
52	아모레퍼시픽	10	5,105			

주: 2002-2016년: 4월 지정, 공기업집단도 대규모기업집단으로 지정됨, 공기업집단을 제외한 순위임.

(15) 2015-2016년 [A, B: 계열회사 수 (개), 자산총액 (10억 원)]

순위	2015년	A	B	2016년	A	B
1	삼성	67	351,533	삼성	59	348,226
2	현대자동차	51	194,093	현대자동차	51	209,694
3	SK	82	152,388	SK	86	160,848
4	LG	63	105,519	LG	67	105,849
5	롯데	80	93,407	롯데	93	103,284
6	POSCO	51	84,545	POSCO	45	80,233
7	GS	79	58,506	GS	69	60,294
8	현대중공업	27	57,472	한화	57	54,697
9	농협	39	45,463	현대중공업	26	53,497
10	한진	46	38,382	농협	45	50,104
11	한화	52	37,954	한진	38	37,025
12	KT	50	34,503	두산	25	32,383
13	두산	22	33,073	KT	40	31,315
14	신세계	29	27,010	신세계	34	29,165
15	CJ	65	24,608	CJ	62	24,763
16	LS	48	20,975	부영	18	20,434
17	대우조선해양	18	19,964	LS	45	20,230
18	금호아시아나	26	18,828	대우조선해양	14	19,227
19	대림	24	17,293	대림	28	18,829
20	부영	15	16,805	금호아시아나	24	15,246
21	동부	53	14,627	현대백화점	35	12,777
22	현대	20	12,566	현대	21	12,282
23	현대백화점	32	12,151	OCI	22	11,590
24	OCI	26	12,007	효성	45	11,546
25	효성	45	11,190	미래에셋	28	10,944
26	대우건설	13	10,481	S-Oil	2	10,893
27	S-Oil	2	10,338	대우건설	16	10,691
28	영풍	22	10,311	영풍	23	10,561
29	KCC	9	10,185	하림	58	9,910
30	미래에셋	31	9,991	KCC	7	9,806

(계속)

순위	2015년	A	B	2016년	A	B
31	동국제강	14	9,780	KT&G	10	9,649
32	코오롱	43	9,032	한국타이어	14	9,403
33	한진중공업	9	8,908	코오롱	43	9,126
34	한라	23	8,554	교보생명보험	13	8,518
35	한국타이어	16	8,450	한국투자금융	24	8,331
36	KT&G	10	8,378	동부	25	8,194
37	한국GM	2	8,212	한라	22	8,129
38	홈플러스	4	8,089	동국제강	15	7,875
39	교보생명보험	13	7,919	한진중공업	9	7,797
40	태광	32	7,329	세아	22	7,785
41	세아	21	6,801	중흥건설	49	7,603
42	현대산업개발	16	6,686	이랜드	29	7,531
43	이랜드	25	6,657	한국GM	2	7,472
44	태영	44	6,379	태광	26	7,118
45	삼천리	15	6,014	태영	43	6,841
46	아모레퍼시픽	12	5,959	아모레퍼시픽	12	6,567
47	대성	73	5,918	현대산업개발	17	6,424
48	하이트진로	12	5,718	셀트리온	8	5,855
49	중흥건설	43	5,565	하이트진로	13	5,755
50	한솔	21	5,269	삼천리	16	5,707
51				한솔	20	5,353
52				금호석유화학	10	5,140
53				카카오	45	5,083

주: 2002-2016년: 4월 지정, 공기업집단도 대규모기업집단으로 지정됨, 공기업집단을 제외한 순위임.

(16) 2017-2018년 [A, B: 계열회사 수 (개), 자산총액 (10억 원)]

순위	2017년	A	B	2018년	A	B
1	삼성	62	363,218	삼성	62	399,479
2	현대자동차	53	218,625	현대자동차	56	222,654
3	SK	96	170,697	SK	101	189,531
4	LG	68	112,326	LG	70	123,135
5	롯데	90	110,820	롯데	107	116,188
6	POSCO	38	78,175	POSCO	40	79,709
7	GS	69	62,005	GS	71	65,036
8	한화	61	58,539	한화	76	61,319
9	현대중공업	29	54,347	농협	49	58,089
10	농협	81	50,806	현대중공업	28	56,055
11	신세계	37	32,294	신세계	39	34,090
12	KT	38	32,073	KT	36	30,736
13	두산	26	30,442	두산	26	30,518
14	한진	34	29,114	한진	28	30,307
15	CJ	70	27,794	CJ	80	28,310
16	부영	22	21,713	부영	24	22,440
17	LS	45	20,683	LS	48	21,048
18	대림	26	18,401	대림	27	18,644
19	금호아시아나	28	15,615	S-Oil	3	15,240
20	대우조선해양	14	15,276	미래에셋	38	14,996
21	미래에셋	41	15,182	현대백화점	28	14,315
22	S-Oil	2	14,048	영풍	24	12,259
23	현대백화점	29	13,371	대우조선해양	5	12,194
24	OCI	22	11,803	한국투자금융	30	11,963
25	효성	46	11,475	금호아시아나	26	11,885
26	영풍	23	10,963	효성	52	11,656
27	KT&G	9	10,756	OCI	21	11,323
28	한국투자금융	28	10,736	KT&G	9	11,045
29	대우건설	14	10,720	KCC	17	10,969
30	하림	58	10,505	교보생명보험	14	10,901

(계속)

순위	2017년	A	B	2018년	A	B
31	KCC	7	10,466	코오롱	39	10,841
32	코오롱	40	9,643	하림	58	10,515
33	한국타이어	17	8,948	대우건설	15	9,671
34	교보생명보험	14	8,875	중흥건설	61	9,598
35	중흥건설	62	8,479	한국타이어	17	9,139
36	동부	23	8,266	태광	25	8,691
37	동원	30	8,224	SM	65	8,616
38	한라	19	8,176	셀트리온	9	8,572
39	세아	21	8,109	카카오	72	8,540
40	태영	47	7,728	세아	21	8,469
41	한국GM	2	7,545	한라	19	8,293
42	이랜드	29	7,536	이랜드	30	8,250
43	아모레퍼시픽	12	7,460	DB	20	8,010
44	태광	26	7,392	호반건설	42	7,988
45	동국제강	9	7,053	동원	22	7,982
46	SM	61	7,032	현대산업개발	23	7,981
47	호반건설	48	7,001	태영	48	7,869
48	현대산업개발	19	6,880	아모레퍼시픽	12	7,725
49	셀트리온	11	6,764	네이버	45	7,144
50	카카오	63	6,752	동국제강	10	6,963
51	네이버	71	6,614	메리츠금융	8	6,932
52	한진중공업	8	6,579	넥슨	22	6,721
53	삼천리	17	5,999	삼천리	17	6,471
54	금호석유화학	11	5,683	한국GM	2	6,455
55	하이트진로	12	5,544	금호석유화학	11	5,756
56	넥슨	22	5,538	한진중공업	7	5,705
57	한솔	20	5,327	넷마블	26	5,662
58				하이트진로	12	5,639
59				유진	71	5,328
60				한솔	19	5,099

주: 2017-2018년: 2017년 5·9월, 2018년 5월 지정; 공기업집단은 대규모기업집단 지정에서 제외됨.

2. 공기업집단, 2002-2016년

[A, B: 계열회사 수 (개), 자산총액 (10억 원)]

순위	2002년	A	B	2003년	A	B
1	한국전력공사	14	90,889	한국전력공사	13	92,094
2	KT	9	32,617	한국도로공사	3	28,257
3	한국도로공사	4	26,353	대한주택공사	2	15,529
4	한국토지공사	2	14,915	한국토지공사	2	14,837
5	대한주택공사	2	14,493	한국 수자원공사	2	9,725
6	한국 수자원공사	2	9,521	한국가스공사	2	9,361
7	한국가스공사	2	9,134	농업기반공사	2	4,231
8	농업기반공사	2	4,081			
9	담배인삼공사	2	3,954			

순위	2004년	A	B	2005년	A	B
1	한국전력공사	11	94,774	한국전력공사	11	98,307
2	한국도로공사	3	30,419	한국도로공사	3	32,381
3	대한주택공사	2	16,877	대한주택공사	2	24,952
4	한국토지공사	2	14,388	한국토지공사	2	15,576
5	한국가스공사	2	9,700	한국가스공사	2	10,138
6	농업기반공사	2	4,318	한국철도공사	11	8,660
7				농업기반공사	2	4,224

순위	2006년	A	B	2007년	A	B
1	한국전력공사	11	102,932	한국전력공사	11	106,398
2	한국도로공사	3	34,638	대한주택공사	2	40,704
3	대한주택공사	2	30,834	한국도로공사	4	37,204
4	한국토지공사	2	17,592	한국토지공사	2	25,166
5	한국철도공사	12	14,270	한국철도공사	16	14,071
6	한국가스공사	2	11,371	한국가스공사	3	12,320
7	한국농촌공사	2	4,833	한국농촌공사	2	4,941

주: 2002-2016년: 4월 지정, 공기업집단도 대규모기업집단으로 지정됨, 공기업집단 중에서의 순위임.

[A, B: 계열회사 수 (개), 자산총액 (10억 원)]

순위	2008년	A	B	2009년	A	B
1	한국전력공사	12	112,621	한국전력공사	12	117,159
2	대한주택공사	2	51,137	대한주택공사	2	64,264
3	한국도로공사	4	38,824	한국도로공사	4	42,260
4	한국토지공사	3	33,600	한국토지공사	3	41,380
5	한국철도공사	15	14,503	한국가스공사	3	22,075
6	한국가스공사	3	12,680	한국철도공사	12	16,279
7	한국농촌공사	2	5,091	한국석유공사	3	13,034
8	부산항만공사	3	3,546	한국 농어촌공사	2	5,155
9	한국 지역난방공사	4	2,207			
10	광해 방지사업단	3	2,142			
11	인천항만공사	2	2,109			

순위	2010년	A	B	2011년	A	B
1	한국 토지주택공사	4	130,338	한국 토지주택공사	4	148,167
2	한국전력공사	13	123,517	한국전력공사	14	131,298
3	한국도로공사	4	45,355	한국도로공사	4	47,376
4	한국가스공사	3	23,094	한국가스공사	3	24,467
5	한국철도공사	11	21,386	한국철도공사	11	23,050
6	인천 국제공항공사	2	8,188	한국석유공사	2	22,379
7	서울특별시 도시철도공사	2	7,356	인천 국제공항공사	2	7,959
8	인천광역시 도시개발공사	3	6,798	서울특별시 도시철도공사	2	7,139

주: 2002-2016년: 4월 지정, 공기업집단도 대규모기업집단으로 지정됨, 공기업집단 중에서의 순위임.

순위	2012년	A	B	2013년	A	B
1	한국전력공사	17	165,931	한국전력공사	22	176,017
2	한국 토지주택공사	4	158,742	한국 토지주택공사	5	168,085
3	한국도로공사	3	49,332	한국도로공사	3	51,513
4	한국가스공사	3	34,417	한국가스공사	3	39,545
5	한국석유공사	2	23,874	한국 수자원공사	2	24,947
6	한국 수자원공사	2	23,420	한국철도공사	10	20,154
7	한국철도공사	10	22,265	인천도시공사	3	10,962
8	인천도시공사	3	10,119	인천 국제공항공사	2	7,954
9	인천 국제공항공사	2	7,806	서울특별시 도시철도공사	2	6,646
10	서울특별시 도시철도공사	2	6,863	부산항만공사	2	5,111
11	부산항만공사	2	5,025			

순위	2014년	A	B	2015년	A	B
1	한국전력공사	24	186,573	한국전력공사	24	196,253
2	한국 토지주택공사	5	173,716	한국 토지주택공사	5	171,782
3	한국도로공사	3	53,544	한국도로공사	3	55,475
4	한국가스공사	3	42,461	한국가스공사	2	45,245
5	한국 수자원공사	2	25,478	한국 수자원공사	2	25,281
6	한국석유공사	2	22,529	한국철도공사	11	21,939
7	한국철도공사	11	22,136	한국석유공사	2	20,163
8	인천도시공사	3	11,252	인천도시공사	4	11,741
9	인천 국제공항공사	2	7,832	서울특별시 도시철도공사	3	7,077
10	서울특별시 도시철도공사	3	6,510	서울메트로	3	6,227
11	서울메트로	3	6,380	부산항만공사	2	5,444
12	부산항만공사	2	5,221			
13	한국 지역난방공사	3	5,049			

주: 2002-2016년: 4월 지정, 공기업집단도 대규모기업집단으로 지정됨, 공기업집단 중에서의 순위임.

[A, B: 계열회사 수 (개), 자산총액 (10억 원)]

순위	2016년	A	B
1	한국전력공사	27	208,286
2	한국 토지주택공사	5	170,022
3	한국도로공사	3	57,656
4	한국가스공사	4	40,532
5	SH공사	2	23,665
6	한국 수자원공사	2	19,305
7	한국철도공사	9	18,411
8	한국석유공사	2	17,466
9	인천도시공사	3	10,773
10	서울메트로	4	6,271
11	서울특별시 도시철도공사	3	6,111
12	부산항만공사	2	5,543

주: 2002-2016년: 4월 지정, 공기업집단도 대규모기업집단으로 지정됨, 공기업집단 중에서의 순위임.

제5부

연도별 변화:
(3) 매출액, 당기순이익

1. 사기업집단, 1987-2018년

(1) 1987-1988년 [C, D: 매출액, 당기순이익 (10억 원)]

순위	1987년	C	D	1988년	C	D
1	현대	11,893	52	현대	14,356	151
2	대우	7,197	25	대우	8,313	2
3	삼성	13,565	79	럭키금성	10,748	149
4	럭키금성	9,181	117	삼성	17,676	123
5	쌍용	2,967	17	한진	2,560	50
6	한진	2,194	9	쌍용	3,366	117
7	선경	5,323	59	선경	5,603	73
8	한국화약	1,971	33	한국화약	2,080	-38
9	대림	1,440	27	롯데	1,922	94
10	롯데	1,627	52	기아	1,922	21
11	동아건설	1,349	-33	대림	1,259	35
12	한일합섬	993	-62	동아건설	1,497	6
13	기아	1,188	19	한일	990	-5
14	두산	1,401	16	효성	1,844	30
15	범양상선	497	-59	두산	1,222	29
16	효성	1,513	25	삼미	960	17
17	동국제강	1,152	1	동국제강	1,327	47
18	삼미	758	15	범양상선	488	-41
19	한양	481	-4	코오롱	1,173	20
20	극동건설	267	-22	금호	692	37
21	코오롱	1,020	21	한양	314	-5
22	금호	388	17	극동건설	302	-18
23	동부	1,025	-22	동부	1,212	-5
24	고려합섬	373	5	우성건설	263	-4
25	한보	327	2	고려합섬	447	9

(계속)

순위	1987년	C	D	1988년	C	D
26	해태	521	-10	극동정유	246	1
27	미원	563	17	해태	660	-2
28	대한조선공사	342	-9	통일	352	-4
29	라이프	-	-	미원	594	21
30	삼환기업	332	6	한라	306	-9
(31)	신동아	884	-63	강원산업	540	3
(32)	한라	214	-9	대한조선공사	298	-246
(33)				벽산	289	-3
(34)				봉명	324	0
(35)				삼환기업	359	8
(36)				신동아	1,177	-19
(37)				태광산업	877	57
(38)				태평양화학	445	16
(39)				풍산금속	524	11
(40)				한보	268	-44

주: 1) 1987-1992년: 4월 지정, 31위 이하 순위 정보 없음, '가나다' 순.
2) 1987년: 라이프 - 자료 없음.

(2) 1989-1990년 [C, D: 매출액, 당기순이익 (10억 원)]

순위	1989년	C	D	1990년	C	D
1	현대	16,043	231	현대	17,348	298
2	대우	9,184	-99	대우	9,545	75
3	럭키금성	13,211	211	럭키금성	13,467	192
4	삼성	18,356	247	삼성	22,165	335
5	포항제철	4,078	139	한진	2,872	51
6	한진	2,795	54	선경	6,087	95
7	선경	5,726	99	쌍용	4,167	120
8	쌍용	3,681	136	롯데	2,833	89
9	롯데	2,444	81	기아	3,127	46
10	한국화약	2,190	61	한국화약	2,354	39
11	기아	2,507	37	대림	1,376	34
12	대림	1,178	-2	한일	956	-23
13	한일	985	27	동아건설	2,112	42
14	동아건설	2,023	25	두산	1,732	16
15	두산	1,443	23	효성	2,363	-4
16	효성	2,133	6	금호	990	-11
17	금호	843	17	삼미	1,156	0
18	동국제강	1,201	38	동국제강	1,381	40
19	삼미	1,166	34	극동정유	552	4
20	코오롱	1,317	20	코오롱	1,529	25
21	극동정유	262	5	극동건설	355	36
22	범양상선	554	17	동부	1,673	26
23	동부	1,444	36	한라	666	17
24	극동건설	377	4	우성건설	567	1
25	통일	432	-9	통일	481	-82
26	해태	832	5	범양상선	556	4
27	우성건설	396	-16	고려합섬	671	5
28	고려합섬	585	8	미원	971	30
29	미원	954	33	태평양화학	633	30
30	한양	304	-3	한양	296	-0.3

(계속)

순위	1989년	C	D	1990년	C	D
(31)	강원산업	721	5	강원산업	864	-6
(32)	동국무역	485	7	금강	381	14
(33)	동양	459	33	동국무역	472	6
(34)	벽산	344	0.1	동양	543	52
(35)	봉명	346	3	동양화학	362	10
(36)	삼양사	568	17	동원	342	26
(37)	삼환기업	300	8	대농	365	6
(38)	아남산업	337	7	대성산업	430	7
(39)	태광산업	1,193	55	대신	190	47
(40)	태평양화학	572	25	벽산	458	-32
(41)	풍산금속	601	6	봉명	283	-5
(42)	한라	468	-1	삼양사	644	10
(43)	한보	263	-25	삼환기업	369	-19
(44)				성신양회	356	11
(45)				아남산업	373	4
(46)				영풍	552	27
(47)				진로	367	-21
(48)				태광산업	1,541	66
(49)				풍산금속	639	-25
(50)				한국유리	348	20
(51)				한보	286	-20
(52)				한신공영	406	3
(53)				해태	820	4

주: 1987-1992년: 4월 지정, 31위 이하 순위 정보 없음, '가나다' 순.

(3) 1991-1992년 [C, D: 매출액, 당기순이익 (10억 원)]

순위	1991년	C	D	1992년	C	D
1	현대	22,658	315	현대	29,919	449
2	럭키금성	16,199	159	삼성	31,200	255
3	대우	11,232	169	대우	13,411	20
4	삼성	25,260	245	럭키금성	18,995	61
5	선경	7,611	51	선경	9,407	-9
6	한진	3,498	-1	한진	4,666	9
7	쌍용	5,101	110	쌍용	6,974	79
8	한국화약	2,844	28	기아	4,687	42
9	기아	4,291	71	한국화약	3,534	-44
10	롯데	3,562	108	롯데	4,384	107
11	대림	1,835	49	금호	1,814	-13
12	금호	1,393	-24	대림	2,497	45
13	동아건설	2,404	30	두산	3,305	18
14	두산	2,120	22	동아건설	2,909	43
15	한일	987	-21	한일	986	-18
16	효성	2,680	4	효성	3,046	25
17	삼미	1,158	-13	삼미	1,405	-4
18	동국제강	1,723	71	동국제강	2,187	89
19	극동정유	859	-112	한라	1,150	15
20	극동건설	488	57	코오롱	2,149	23
21	동양	831	62	동양	1,312	26
22	코오롱	1,854	29	극동정유	978	-161
23	한라	819	-11	동부	2,428	25
24	동부	1,973	41	극동건설	629	9
25	우성건설	619	-5	우성건설	841	38
26	한양	467	8	한양	857	5
27	통일	624	-70	고려합섬	976	-8
28	고려합섬	753	0	진로	540	-14
29	해태	967	7	해태	1,260	9
30	동원	433	39	벽산	876	17

(계속)

순위	1991년	C	D	1992년	C	D
(31)	갑을	408	-2	갑을	471	-9
(32)	강원산업	890	5	강원산업	1,069	11
(33)	고려통상	163	32	고려통상	259	9
(34)	금강	500	28	금강	715	44
(35)	계성제지	365	-7	논노	302	-15
(36)	동국무역	627	4	농심	663	7
(37)	동양화학	429	18	동국무역	654	13
(38)	대농	393	-5	동아제약	371	7
(39)	대성산업	482	7	동양화학	518	13
(40)	대신	314	81	동원	482	10
(41)	대전피혁	573	-4	대농	499	2
(42)	대한유화	272	17	대성산업	521	10
(43)	대한해운	116	4	대신	535	-1
(44)	미원	1,036	38	대전피혁	654	1
(45)	범양상선	631	-4	대한유화	281	-8
(46)	벽산	647	13	대한전선	429	17
(47)	봉명	334	39	대한해운	156	5
(48)	삼양사	721	-4	미원	1,415	34
(49)	삼환기업	441	13	범양상선	709	1
(50)	성신양회	377	-4	봉명	407	18
(51)	아남산업	394	4	삼립식품	386	-10
(52)	영풍	592	32	삼양사	884	43
(53)	조양상선	1,491	0	삼천리	288	3
(54)	진로	456	-29	삼환기업	627	10
(55)	태광산업	1,778	59	쌍방울	418	13
(56)	태평양화학	727	16	서통	252	-6
(57)	풍산금속	790	6	성신양회	474	17
(58)	한국유리	349	1	성우	237	10
(59)	한보	354	-5	신동아	3,460	4
(60)	한신공영	652	8	신아	418	2

(계속)

순위	1991년	C	D	1992년	C	D
(61)	화승	1,049	7	아남산업	611	9
(62)				영풍	594	47
(63)				우방	249	4
(64)				유원건설	335	12
(65)				조선맥주	215	3
(66)				조양상선	1,975	-2
(67)				청구	368	6
(68)				충남방적	302	2
(69)				통일	625	-72
(70)				태광산업	2,324	69
(71)				태영	279	-7
(72)				태평양화학	937	5
(73)				풍산	801	5
(74)				한국유리	405	11
(75)				한국타이어	564	30
(76)				한보	438	-27
(77)				한신공영	819	13
(78)				화승	1,072	-17

주: 1987-1992년: 4월 시정, 31위 이하 순위 정보 없음, '가나다' 순.

(4) 1993-1994년 [C, D: 매출액, 당기순이익 (10억 원)]

순위	1993년	C	D	1994년	C	D
1	현대	-	-	현대	39,031	354
2	삼성	-	-	대우	20,779	312
3	대우	-	-	삼성	43,088	420
4	럭키금성	-	-	럭키금성	24,981	329
5	선경	-	-	선경	12,792	34
6	한진	-	-	한진	6,526	71
7	쌍용	-	-	쌍용	8,383	81
8	기아	-	-	기아	6,282	31
9	한화	-	-	한화	5,416	-157
10	롯데	-	-	롯데	5,575	126
11	금호	-	-	금호	2,616	-61
12	대림	-	-	대림	2,565	39
13	두산	-	-	두산	3,029	-35
14	동아건설	-	-	동아건설	3,602	47
15	한일	-	-	효성	3,649	11
16	효성	-	-	한일	1,137	-112
17	동국제강	-	-	한라	2,057	-59
18	삼미	-	-	동국제강	2,689	63
19	한라	-	-	삼미	1,357	-171
20	한양	-	-	동양	1,981	95
21	동양	-	-	코오롱	2,580	47
22	코오롱	-	-	진로	895	-75
23	진로	-	-	고합	1,339	-2
24	동부	-	-	우성건설	1,069	-12
25	고합	-	-	동부	2,948	-2
26	극동건설	-	-	해태	1,656	21
27	우성건설	-	-	극동건설	801	56
28	해태	-	-	한보	608	130
29	벽산	-	-	미원	1,706	25
30	미원	-	-	벽산	1,030	9

주: 1) 1993-2001년: 4월 지정, 1-30위만 지정됨. 2) 1993년: 자료 없음.

(5) 1995-1996년 [C, D: 매출액, 당기순이익 (10억 원)]

순위	1995년	C	D	1996년	C	D
1	현대	47,001	506	현대	59,068	1,159
2	삼성	51,830	1,387	삼성	66,283	2,995
3	대우	20,557	339	LG	41,618	1,414
4	LG	29,570	822	대우	29,413	410
5	선경	14,657	90	선경	17,402	183
6	쌍용	11,399	132	쌍용	15,524	77
7	한진	7,653	151	한진	8,959	134
8	기아	7,277	-56	기아	9,377	-67
9	한화	5,579	-84	한화	8,270	-66
10	롯데	6,303	230	롯데	6,416	132
11	금호	2,491	-18	금호	3,946	8
12	두산	3,671	-74	두산	4,073	-174
13	대림	3,074	69	대림	4,127	55
14	동아건설	4,203	61	한보	2,990	-46
15	한라	3,027	-68	동아건설	4,671	43
16	동국제강	3,052	83	한라	4,156	7
17	효성	4,163	20	효성	4,995	26
18	한보	1,312	71	동국제강	3,406	80
19	동양	2,321	66	진로	1,239	-106
20	한일	1,240	-3	코오롱	3,778	41
21	코오롱	3,206	42	동양	2,804	15
22	고합	1,699	19	한솔	1,992	36
23	진로	1,098	-73	동부	4,141	27
24	해태	2,175	2	고합	2,315	60
25	삼미	1,242	-172	해태	2,592	-3
26	동부	3,377	-30	삼미	1,720	-125
27	우성건설	1,209	-21	한일	1,195	-65
28	극동건설	838	57	극동건설	976	38
29	벽산	1,121	10	뉴코아	1,297	14
30	미원	1,674	36	벽산	1,253	13

주: 1993-2001년: 4월 지정, 1-30위만 지정됨.

(6) 1997-1998년 [C, D: 매출액, 당기순이익 (10억 원)]

순위	1997년	C	D	1998년	C	D
1	현대	69,798	125	현대	81,420	-891
2	삼성	75,605	174	삼성	84,718	204
3	LG	48,635	308	대우	50,183	107
4	대우	38,630	350	LG	61,000	-364
5	선경	26,797	255	SK	30,691	103
6	쌍용	20,157	-127	한진	11,907	-494
7	한진	9,972	-161	쌍용	21,770	-10
8	기아	12,181	-129	한화	11,606	-365
9	한화	10,088	-212	금호	5,669	-463
10	롯데	7,209	53	동아	6,015	-125
11	금호	4,834	-40	롯데	7,896	148
12	한라	5,297	23	한라	6,163	-882
13	동아	-	-	대림	6,728	-43
14	두산	4,046	-108	두산	3,693	59
15	대림	4,970	-6	한솔	3,474	-34
16	한솔	2,700	2	효성	6,286	17
17	효성	5,478	35	고합	3,304	-19
18	동국제강	3,487	119	코오롱	5,313	-36
19	진로	1,481	-154	동국제강	3,662	40
20	코오롱	4,471	8	동부	5,658	47
21	고합	2,563	30	아남	2,463	-302
22	동부	-	-	진로	1,618	-477
23	동양	3,602	-119	동양	4,137	-186
24	해태	2,716	36	해태	3,259	-202
25	뉴코아	2,279	23	신호	1,938	124
26	아남	1,995	12	대상	1,599	-16
27	한일	1,277	-122	뉴코아	2,479	-273
28	거평	1,387	20	거평	1,852	-21
29	대상	2,116	-30	강원산업	3,381	-14
30	신호	1,221	-5	새한	1,603	-15

주: 1) 1993-2001년: 4월 지정, 1-30위만 지정됨. 2) 1997년: 동아, 동부 - 자료 없음.

(7) 1999-2000년 [C, D: 매출액, 당기순이익 (10억 원)]

순위	1999년	C	D	2000년	C	D
1	현대	94,208	-11,322	현대	95,047	934
2	대우	62,794	-614	삼성	108,827	2,450
3	삼성	98,957	31	LG	62,016	3,840
4	LG	64,641	-671	SK	38,039	727
5	SK	37,449	68	한진	13,198	462
6	한진	14,336	373	롯데	10,191	319
7	쌍용	18,296	-3,140	㈜대우	22,378	-20,220
8	한화	9,741	-517	금호	7,360	-232
9	금호	6,235	-322	한화	6,091	467
10	롯데	8,102	217	쌍용	11,072	-108
11	동아	5,128	-1,643	한솔	4,588	-184
12	한솔	3,993	-226	두산	3,656	591
13	두산	2,434	-85	현대정유	7,097	-118
14	대림	6,259	-92	동아	3,296	144
15	동국제강	4,479	-26	동국제강	4,129	-8
16	동부	6,045	47	효성	3,847	102
17	한라	3,447	-62	대림	5,675	156
18	고합	1,695	-1,345	S-Oil	5,752	288
19	효성	1,917	-104	동부	5,530	101
20	코오롱	4,462	-215	코오롱	3,995	287
21	동양	4,965	-263	동양	4,139	57
22	진로	1,170	-409	고합	1,002	-645
23	아남	2,964	-471	제일제당	3,161	51
24	해태	2,657	-874	대우전자	4,008	-2,923
25	새한	1,866	-15	현대산업개발	2,111	81
26	강원산업	3,004	-143	아남	1,499	-57
27	대상	1,685	191	새한	1,753	-94
28	제일제당	3,016	-30	진로	971	-552
29	신호	1,211	-457	신세계	2,983	28
30	삼양	2,175	0	영풍	2,071	72

주: 1993-2001년: 4월 지정, 1-30위만 지정됨.

(8) 2001-2002년 [C, D: 매출액, 당기순이익 (10억 원)]

순위	2001년	C	D	2002년	C	D
1	삼성	130,337	8,327	삼성	128,739	5,320
2	현대	78,188	-7,191	LG	79,966	1,627
3	LG	75,287	2,037	SK	50,319	1,157
4	SK	47,596	969	현대자동차	45,904	2,859
5	현대자동차	36,446	1,232	한진	15,231	-751
6	한진	14,555	-557	포항제철	15,893	961
7	포항제철	16,278	1,725	롯데	15,316	710
8	롯데	12,937	517	현대	36,517	-1,025
9	금호	6,826	-286	금호	7,777	-750
10	한화	7,952	336	현대중공업	8,481	-131
11	두산	6,308	-55	한화	7,820	-732
12	쌍용	6,784	-1,464	두산	5,990	-11
13	현대정유	11,031	-457	동부	6,862	9
14	한솔	4,136	-200	현대정유	10,836	-535
15	동부	7,051	288	효성	4,455	72
16	대림	5,086	336	대림	5,234	62
17	동양	5,718	25	코오롱	4,073	-3
18	효성	4,258	57	제일제당	4,900	130
19	제일제당	3,916	-34	동국제강	2,837	43
20	코오롱	3,631	-8	하나로통신	1,038	-269
21	동국제강	2,691	-111	한솔	2,561	-668
22	현대산업개발	2,024	46	신세계	6,106	242
23	하나로통신	379	-304	동양	4,517	-395
24	신세계	4,442	96	현대백화점	3,494	156
25	영풍	2,579	16	현대산업개발	2,753	-100
26	현대백화점	3,126	131	영풍	2,541	-15
27	동양화학	2,066	77	대상	1,869	-7
28	대우전자	3,403	-984	동원	1,797	-106
29	태광산업	3,805	16	태광산업	3,386	-182
30	고합	1,272	-1,289	KCC	1,986	101

(계속)

순위	2001년	C	D	2002년	C	D
31				동양화학	1,791	-142
32				대성	2,107	39
33				한국타이어	1,661	28
34				부영	743	33

주: 1) 1993-2001년: 4월 지정, 1-30위만 지정됨.
2) 2002-2016년: 4월 지정, 공기업집단도 대규모기업집단으로 지정됨, 공기업집단을 제외한 순위임.

(9) 2003-2004년 [C, D: 매출액, 당기순이익 (10억 원)]

순위	2003년	C	D	2004년	C	D
1	삼성	144,410	10,744	삼성	120,998	7,418
2	LG	85,045	2,911	LG	70,940	3,557
3	SK	53,415	1,862	현대자동차	56,610	2,797
4	현대자동차	55,381	2,767	SK	49,847	3,845
5	KT	17,834	2,499	KT	17,483	1,207
6	한진	15,789	225	한진	16,770	121
7	롯데	18,914	879	롯데	17,417	1,219
8	POSCO	16,988	1,200	POSCO	19,517	2,103
9	한화	19,684	834	한화	19,511	1,211
10	현대중공업	10,287	-253	현대중공업	10,611	217
11	현대	25,476	-224	금호아시아나	8,433	55
12	금호	8,230	103	두산	6,621	54
13	두산	6,898	-439	동부	7,846	-108
14	동부	7,405	0	현대	5,483	-111
15	효성	4,527	70	대우건설	4,319	160
16	신세계	7,637	316	신세계	7,191	373
17	대림	5,363	210	LG전선	7,344	126
18	CJ	5,999	227	CJ	5,634	224
19	동양	3,809	-166	동양	3,784	-81
20	코오롱	3,932	36	대림	5,682	299
21	KT&G	5,095	385	효성	4,926	60
22	하나로통신	1,647	-132	동국제강	3,576	156
23	동국제강	3,026	49	GM대우	4,317	-223
24	현대백화점	4,517	164	코오롱	4,194	-137
25	한솔	2,807	-30	KT&G	5,728	527
26	대우조선해양	3,370	259	대우조선해양	4,338	255
27	대우자동차	3,015	0	현대백화점	2,674	198
28	현대산업개발	2,677	110	KCC	2,452	240
29	영풍	2,732	76	하나로통신	1,437	-169
30	KCC	2,194	180	한솔	2,515	-132

(계속)

순위	2003년	C	D	2004년	C	D
31	대한전선	1,396	61	동원	1,747	123
32	동원	1,925	173	대한전선	1,643	87
33	부영	848	52	세아	2,260	159
34	태광산업	3,288	63	영풍	2,850	31
35	동양화학	2,123	86	현대산업개발	3,080	219
36	삼보컴퓨터	3,528	-1,167	태광산업	3,359	-31
37	하이트맥주	2,034	122	대우자동차	289	67
38	대성	2,053	65	부영	595	11
39	문화방송	1,344	153	농심	2,669	233
40	한국타이어	1,852	71	하이트맥주	995	100
41	대상	1,977	-141	대성	2,376	81
42	농심	2,388	120	동양화학	2,270	79
43				문화방송	1,342	146
44				한국타이어	2,008	104
45				삼양	2,140	96

주: 2002-2016년: 4월 지정, 공기업집단도 대규모기업집단으로 지정됨, 공기업집단을 제외한 순위임.

(10) 2005-2006년 [C, D: 매출액, 당기순이익 (10억 원)]

순위	2005년	C	D	2006년	C	D
1	삼성	139,175	13,274	삼성	142,570	9,449
2	현대자동차	67,008	3,364	현대자동차	73,769	5,797
3	LG	63,116	5,498	SK	64,520	4,562
4	SK	56,137	4,564	LG	64,033	3,338
5	롯데	26,615	2,022	롯데	27,651	2,423
6	KT	18,849	1,491	POSCO	31,034	4,337
7	POSCO	26,681	4,044	KT	19,281	1,500
8	한진	17,078	1,272	GS	27,614	1,589
9	GS	23,059	1,345	한진	15,135	819
10	한화	20,555	1,246	현대중공업	14,225	386
11	현대중공업	12,006	216	한화	20,558	1,336
12	금호아시아나	9,889	724	두산	11,504	384
13	두산	7,179	163	금호아시아나	10,900	473
14	동부	9,054	78	하이닉스	5,888	1,833
15	현대	6,840	330	동부	10,049	-97
16	신세계	8,004	401	현대	6,524	551
17	GM대우	6,090	-173	신세계	8,995	531
18	CJ	6,078	258	CJ	6,030	213
19	LS	8,696	575	LS	9,648	462
20	동국제강	4,858	546	대림	7,683	449
21	대림	7,354	593	GM대우	7,569	65
22	대우건설	4,849	245	하이트맥주	1,743	586
23	대우조선해양	4,821	243	대우건설	5,140	400
24	동양	3,924	154	동국제강	5,212	336
25	효성	5,570	81	대우조선해양	4,941	127
26	코오롱	4,547	-405	STX	6,468	355
27	KT&G	3,079	549	동양	4,127	115
28	STX	4,969	274	KT&G	2,678	587
29	현대백화점	2,517	228	효성	5,718	-25
30	현대오일뱅크	6,227	405	현대오일뱅크	8,180	277

(계속)

순위	2005년	C	D	2006년	C	D
31	KCC	2,639	215	현대백화점	2,688	393
32	세아	2,959	246	코오롱	4,683	87
33	현대산업개발	3,041	205	현대산업개발	2,908	327
34	하나로텔레콤	1,545	12	KCC	2,785	289
35	한솔	2,509	50	한진중공업	2,360	30
36	부영	414	-28	세아	3,228	282
37	태광산업	3,632	65	영풍	3,905	184
38	대한전선	1,948	40	태광산업	4,760	19
39	영풍	3,255	241	부영	616	17
40	이랜드	1,139	171	하나로텔레콤	1,842	-297
41	대성	2,366	102	대한전선	1,972	309
42	대우자동차	338	44	쌍용	1,454	-38
43	농심	2,862	242	한솔	2,718	48
44	동양화학	2,586	87	농심	2,823	226
45	하이트맥주	1,023	114	대성	2,788	132
46	문화방송	1,352	131	이랜드	2,178	227
47	삼양	2,720	181	동양화학	2,598	65
48	한국타이어	2,207	167	삼양	2,914	177
49				문화방송	1,384	87
50				태영	1,765	107
51				한국타이어	2,443	219
52				중앙일보	2,540	34

주: 2002-2016년: 4월 지정, 공기업집단도 대규모기업집단으로 지정됨, 공기업집단을 제외한 순위임.

(11) 2007-2008년 [C, D: 매출액, 당기순이익 (10억 원)]

순위	2007년	C	D	2008년	C	D
1	삼성	150,455	12,356	삼성	160,658	12,363
2	현대자동차	77,555	3,771	현대자동차	84,351	3,908
3	SK	70,479	4,278	SK	69,067	4,897
4	LG	66,493	1,209	LG	72,686	5,120
5	롯데	28,895	3,352	롯데	31,824	2,695
6	POSCO	28,982	3,572	POSCO	32,267	4,081
7	KT	19,652	1,617	GS	34,517	1,631
8	GS	31,135	1,609	현대중공업	21,047	2,754
9	금호아시아나	18,076	993	KT	20,961	1,193
10	한진	15,764	944	금호아시아나	21,872	1,427
11	현대중공업	17,151	1,154	한진	17,535	248
12	한화	20,921	1,096	한화	23,154	877
13	두산	12,993	346	두산	14,266	811
14	하이닉스	7,770	2,016	하이닉스	8,645	327
15	신세계	10,885	549	STX	11,754	853
16	LS	13,223	677	신세계	11,558	629
17	현대	6,965	483	CJ	7,803	-9
18	동부	10,588	-141	LS	15,006	681
19	CJ	6,870	123	동부	11,831	99
20	대림	7,885	391	대림	9,142	638
21	GM대우	9,636	592	현대	8,372	481
22	대우조선해양	5,721	68	대우조선해양	7,777	311
23	현대건설	5,559	420	KCC	3,046	282
24	STX	7,694	295	GM대우	12,550	541
25	동국제강	4,840	198	현대건설	6,280	316
26	이랜드	2,666	108	동국제강	5,551	253
27	현대백화점	2,894	394	효성	7,519	301
28	코오롱	5,180	81	동양	4,733	203
29	동양	4,376	177	한진중공업	4,006	138
30	KCC	2,931	295	대한전선	2,966	152

(계속)

순위	2007년	C	D	2008년	C	D
31	하이트맥주	1,808	217	현대백화점	3,030	449
32	한진중공업	3,260	121	영풍	5,785	639
33	효성	5,929	152	이랜드	4,456	-266
34	현대오일뱅크	9,399	69	코오롱	5,342	51
35	현대산업개발	3,039	257	현대산업개발	3,309	332
36	영풍	5,334	552	웅진	4,004	75
37	KT&G	2,836	743	하이트맥주	1,913	304
38	세아	3,319	269	부영	771	55
39	부영	935	40	KT&G	3,075	775
40	대한전선	2,593	170	세아	3,886	197
41	태광산업	5,015	-105	동양화학	3,496	220
42	동양화학	2,998	142	태광산업	5,347	81
43	한솔	2,987	-117	삼성테스코	4,066	28
44	쌍용양회	1,465	-48	미래에셋	2,817	403
45	하나로텔레콤	1,845	-106	대성	3,187	139
46	농심	2,795	201	태영	2,263	143
47	대성	3,082	151	한솔	3,067	-1
48	태평양	1,650	193	유진	2,789	101
49	태영	1,974	114	농심	2,762	180
50	문화방송	1,442	82	태평양	1,842	255
51	삼양	3,101	97	애경	1,941	86
52	한국타이어	2,531	168	하나로텔레콤	2,035	-114
53	교보생명보험	13,235	297	한라	3,214	149
54	오리온	1,450	249	쌍용양회	1,454	21
55	대우자동차 판매	3,269	22	대주건설	1,141	54
56				문화방송	1,584	164
57				한국타이어	2,824	166
58				프라임	1,067	2,101
59				보광	2,556	-80
60				삼양	3,204	16

(계속)

순위	2007년	C	D	2008년	C	D
61				오리온	1,412	268
62				교보생명보험	12,883	352
63				씨앤	1,287	-7
64				대우자동차판매	3,760	69
65				대한해운	2,038	384
66				선명	371	109
67				농협	4,094	74
68				대교	1,042	41

주: 2002-2016년: 4월 지정, 공기업집단도 대규모기업집단으로 지정됨, 공기업집단을 제외한 순위임.

(12) 2009-2010년 [C, D: 매출액, 당기순이익 (10억 원)]

순위	2009년	C	D	2010년	C	D
1	삼성	188,960	11,774	삼성	220,120	17,664
2	현대자동차	96,304	4,370	현대자동차	94,652	8,429
3	SK	105,171	2,904	SK	95,118	2,625
4	LG	83,911	4,309	LG	94,638	7,332
5	POSCO	44,396	4,795	롯데	39,570	3,069
6	롯데	36,599	2,173	POSCO	42,479	3,686
7	현대중공업	27,993	3,491	GS	43,898	1,967
8	GS	49,772	684	현대중공업	32,554	2,853
9	금호아시아나	25,954	-40	금호아시아나	22,222	-3,867
10	한진	21,416	-1,824	한진	12,074	-1,541
11	KT	22,372	533	KT	18,995	560
12	두산	17,188	-549	두산	17,208	-564
13	한화	27,799	835	한화	28,989	1,092
14	STX	19,025	976	STX	15,796	-210
15	대우조선해양	12,072	420	LS	19,433	473
16	하이닉스	6,721	-4,716	대우조선해양	13,535	632
17	LS	19,180	223	하이닉스	7,756	-350
18	현대	12,649	892	CJ	9,630	699
19	CJ	8,769	278	대림	10,627	411
20	동부	15,495	78	동부	15,488	205
21	신세계	11,151	679	현대	10,727	-919
22	대림	10,525	142	신세계	12,368	699
23	현대건설	8,319	454	현대건설	10,727	545
24	GM대우	12,359	-881	부영	1,322	108
25	대한전선	4,828	-120	효성	9,540	252
26	효성	9,215	152	S-Oil	17,639	243
27	OCI	5,443	518	동국제강	6,486	-29
28	동국제강	8,131	187	KCC	4,492	444
29	한신중공업	4,715	172	한진중공업	4,128	86
30	S-Oil	23,187	444	GM대우	9,576	-339

(계속)

순위	2009년	C	D	2010년	C	D
31	KCC	3,679	245	대한전선	4,300	-529
32	코오롱	6,849	135	OCI	5,237	553
33	현대백화점	3,167	518	웅진	4,573	270
34	웅진	4,407	84	현대백화점	3,420	587
35	현대산업개발	3,470	225	삼성테스코	5,479	-56
36	동양	5,755	-14	코오롱	6,675	154
37	삼성테스코	6,158	-410	현대산업개발	2,944	30
38	세아	5,429	375	하이트맥주	2,265	535
39	한국투자금융	2,715	636	동양	7,072	-44
40	KT&G	3,408	1,033	KT&G	3,653	903
41				영풍	5,130	647
42				미래에셋	5,239	449
43				현대오일뱅크	10,868	222
44				세아	4,056	16
45				한국투자금융	4,246	-136

주: 2002-2016년: 4월 지정, 공기업집단도 대규모기업집단으로 지정됨, 공기업집단을 제외한 순위임.

(13) 2011-2012년 [C, D: 매출액, 당기순이익 (10억 원)]

순위	2011년	C	D	2012년	C	D
1	삼성	254,562	24,498	삼성	273,001	20,243
2	현대자동차	129,643	13,540	현대자동차	156,255	11,804
3	SK	112,003	4,969	SK	155,252	6,431
4	LG	107,113	4,639	LG	111,804	2,094
5	롯데	47,537	3,393	롯데	55,193	3,034
6	POSCO	66,141	5,002	POSCO	79,661	3,849
7	현대중공업	49,769	5,370	현대중공업	61,439	3,254
8	GS	52,924	2,843	GS	67,228	2,336
9	한진	23,530	1,033	한진	24,035	-1,134
10	한화	30,860	1,262	한화	35,095	995
11	KT	24,512	1,306	KT	28,784	1,534
12	두산	18,742	749	두산	20,599	753
13	금호아시아나	18,838	1,158	STX	20,168	146
14	STX	18,359	353	CJ	15,188	934
15	LS	24,941	734	LS	29,198	495
16	CJ	10,984	1,020	금호아시아나	18,598	625
17	하이닉스	12,295	2,638	신세계	12,432	3,805
18	신세계	13,837	1,253	대우조선해양	14,954	740
19	대우조선해양	13,526	804	동부	20,696	-189
20	동부	17,234	271	대림	13,597	153
21	현대	12,758	764	현대	11,095	-509
22	대림	11,386	390	S-Oil	32,197	1,203
23	부영	1,355	-103	부영	2,664	371
24	대우건설	6,942	-760	OCI	7,804	921
25	KCC	4,515	397	효성	12,386	-162
26	동국제강	8,023	129	대우건설	7,303	170
27	S-Oil	20,771	717	동국제강	8,833	-10
28	효성	11,130	126	현대백화점	4,740	757
29	OCI	6,341	900	한국GM	15,114	126
30	현대백화점	3,405	756	코오롱	8,207	326

(계속)

순위	2011년	C	D	2012년	C	D
31	한진중공업	3,778	-18	웅진	6,017	-183
32	웅진	5,335	106	KCC	4,702	353
33	코오롱	8,563	308	영풍	8,479	839
34	한국GM	12,649	587	농협	7,339	130
35	홈플러스	7,676	79	미래에셋	5,388	553
36	영풍	6,306	807	한진중공업	3,328	-85
37	현대산업개발	3,638	88	동양	9,478	264
38	동양	7,087	-86	홈플러스	8,399	294
39	대한전선	4,215	-1,194	현대산업개발	4,250	223
40	미래에셋	5,344	564	KT&G	3,710	921
41	KT&G	3,482	1,104	대성	4,934	93
42	하이트진로	2,149	113	세아	6,522	364
43	대성	3,919	172	태광	11,173	387
44	세아	5,468	410	하이트진로	1,457	75
45	한국투자금융	4,148	482	한라	5,725	167
46	태광	9,294	472	교보생명보험	14,546	674
47	유진	4,766	135	한국투자금융	2,745	66
48				태영	3,636	161
49				대한전선	3,912	-753
50				한국타이어	4,671	315
51				이랜드	3,764	117
52				유진	4,938	-36

주: 2002-2016년: 4월 지정, 공기업집단도 대규모기업집단으로 지정됨, 공기업집단을 제외한 순위임.

(14) 2013-2014년 [C, D: 매출액, 당기순이익 (10억 원)]

순위	2013년	C	D	2014년	C	D
1	삼성	302,940	29,537	삼성	333,892	24,150
2	현대자동차	163,801	13,396	현대자동차	158,798	14,725
3	SK	158,530	3,765	SK	156,868	4,547
4	LG	115,884	2,410	LG	116,468	2,155
5	롯데	59,491	2,606	롯데	64,825	1,914
6	POSCO	75,868	3,447	POSCO	71,220	1,933
7	현대중공업	63,417	1,516	현대중공업	60,804	367
8	GS	70,442	1,933	GS	68,477	-143
9	농협	30,772	714	농협	34,759	1,034
10	한진	25,502	-518	한진	24,766	-925
11	한화	35,055	1,016	한화	38,461	951
12	KT	27,804	911	KT	27,874	47
13	두산	20,011	-755	두산	16,611	585
14	STX	18,834	-1,413	신세계	17,048	688
15	CJ	17,327	609	CJ	17,703	278
16	신세계	16,887	674	LS	26,966	435
17	LS	29,315	581	대우조선해양	15,725	202
18	동부	22,905	347	금호아시아나	17,083	-21
19	금호아시아나	18,221	3	동부	24,143	-89
20	대우조선해양	14,439	105	대림	15,038	290
21	대림	15,521	553	부영	2,153	421
22	현대	11,703	-950	현대	11,596	-1,034
23	부영	2,818	552	OCI	5,650	-377
24	S-Oil	35,017	596	S-Oil	31,415	304
25	OCI	6,195	-182	현대백화점	5,623	715
26	현대백화점	5,250	686	효성	12,336	-387
27	효성	12,543	84	대우건설	8,953	-739
28	대우건설	8,563	151	동국제강	6,921	-100
29	한국GM	15,975	-109	영풍	8,324	589
30	동국제강	7,779	-280	미래에셋	6,813	342

(계속)

순위	2013년	C	D	2014년	C	D
31	영풍	9,002	875	코오롱	9,919	34
32	코오롱	10,495	153	한국GM	15,624	102
33	한진중공업	3,080	31	한진중공업	3,113	-196
34	미래에셋	6,545	459	KCC	4,388	102
35	KCC	4,590	213	한라	6,297	-246
36	홈플러스	8,992	381	홈플러스	8,730	582
37	대성	5,441	31	KT&G	3,583	555
38	KT&G	3,810	834	한국타이어	4,782	681
39	동양	8,718	-258	태광	12,098	343
40	한라	6,491	-123	대성	5,671	-267
41	현대산업개발	3,526	22	현대산업개발	4,497	-206
42	세아	6,224	181	교보생명보험	14,763	593
43	태광	11,721	288	코닝정밀소재	2,439	831
44	교보생명보험	14,648	585	세아	5,728	-79
45	한국투자금융	2,979	574	이랜드	4,695	166
46	한국타이어	2,185	3,493	태영	3,723	71
47	하이트진로	2,125	397	하이트진로	2,027	54
48	태영	3,780	104	아모레퍼시픽	3,786	388
49	웅진	3,652	-3,518	삼천리	4,617	255
50	이랜드	4,427	56	한솔	4,252	-16
51	한솔	4,355	-27			
52	아모레퍼시픽	3,437	375			

주: 2002-2016년: 4월 지정, 공기업집단도 대규모기업집단으로 지정됨, 공기업집단을 제외한 순위임.

(15) 2015-2016년 [C, D: 매출액, 당기순이익 (10억 원)]

순위	2015년	C	D	2016년	C	D
1	삼성	302,897	20,999	삼성	271,880	18,779
2	현대자동차	165,631	12,677	현대자동차	171,409	12,227
3	SK	165,469	5,757	SK	137,798	13,626
4	LG	115,926	2,882	LG	114,290	3,285
5	롯데	66,723	1,580	롯데	68,283	1,713
6	POSCO	72,094	952	POSCO	61,680	1,075
7	GS	63,491	-668	GS	52,139	929
8	현대중공업	58,622	-2,571	한화	52,364	1,314
9	농협	39,032	770	현대중공업	49,400	-1,363
10	한진	23,268	-855	농협	46,567	1,150
11	한화	36,924	364	한진	22,315	-307
12	KT	27,492	-905	두산	14,268	-1,607
13	두산	15,983	60	KT	26,283	958
14	신세계	17,612	575	신세계	19,001	959
15	CJ	18,527	533	CJ	19,985	464
16	LS	25,508	250	부영	2,020	267
17	대우조선해양	17,110	112	LS	21,939	123
18	금호아시아나	16,835	233	대우조선해양	15,736	-3,770
19	대림	14,803	-475	대림	13,874	57
20	부영	2,483	353	금호아시아나	10,640	-138
21	동부	23,319	-1,757	현대백화점	6,837	626
22	현대	10,606	-32	현대	11,481	-517
23	현대백화점	6,044	636	OCI	5,936	164
24	OCI	5,877	-263	효성	12,116	377
25	효성	11,939	231	미래에셋	8,752	367
26	대우건설	10,223	114	S-Oil	18,163	651
27	S-Oil	28,830	-276	대우건설	10,213	148
28	영풍	7,757	467	영풍	7,224	415
29	KCC	4,564	314	하림	6,208	195
30	미래에셋	7,772	621	KCC	4,487	106

(계속)

순위	2015년	C	D	2016년	C	D
31	동국제강	6,562	-339	KT&G	4,061	1,051
32	코오롱	9,167	-43	한국타이어	4,444	621
33	한진중공업	3,319	-228	코오롱	8,814	-200
34	한라	4,187	1,423	교보생명보험	14,425	686
35	한국타이어	4,707	632	한국투자금융	5,034	551
36	KT&G	3,866	812	동부	19,897	582
37	한국GM	12,940	-358	한라	6,259	33
38	홈플러스	9,159	499	동국제강	5,911	-4
39	교보생명보험	13,856	528	한진중공업	3,316	-541
40	태광	12,100	288	세아	5,970	255
41	세아	6,037	289	중흥건설	4,569	613
42	현대산업개발	4,704	68	이랜드	4,980	189
43	이랜드	4,711	149	한국GM	11,980	-979
44	태영	3,283	-46	태광	13,011	251
45	삼천리	4,569	143	태영	3,308	47
46	아모레퍼시픽	4,401	518	아모레퍼시픽	5,160	675
47	대성	4,879	-331	현대산업개발	4,860	209
48	하이트진로	1,991	27	셀트리온	897	158
49	중흥건설	3,261	468	하이트진로	2,045	80
50	한솔	2,882	-66	삼천리	4,470	229
51				한솔	3,993	79
52				금호석유화학	5,017	151
53				카카오	1,367	107

주: 2002-2016년: 4월 지정, 공기업집단도 대규모기업집단으로 지정됨, 공기업집단을 제외한 순위임.

(16) 2017-2018년 [C, D: 매출액, 당기순이익 (10억 원)]

순위	2017년	C	D	2018년	C	D
1	삼성	279,652	15,575	삼성	315,852	35,538
2	현대자동차	170,203	11,376	현대자동차	171,033	7,731
3	SK	125,920	6,838	SK	158,080	17,355
4	LG	114,610	3,963	LG	127,396	7,124
5	롯데	73,973	3,042	롯데	72,181	3,202
6	POSCO	54,856	1,030	POSCO	63,745	3,069
7	GS	50,236	2,135	GS	58,526	2,681
8	한화	55,864	3,206	한화	59,524	3,237
9	현대중공업	42,818	1,228	농협	54,006	1,325
10	농협	49,619	957	현대중공업	41,747	5,750
11	신세계	21,377	646	신세계	24,041	962
12	KT	26,763	1,109	KT	27,328	827
13	두산	11,961	-33	두산	12,685	123
14	한진	15,092	-756	한진	15,531	1,222
15	CJ	21,830	552	CJ	23,103	648
16	부영	2,388	94	부영	1,299	-486
17	LS	20,807	486	LS	22,510	655
18	대림	14,331	139	대림	17,333	252
19	금호아시아나	10,762	264	S-Oil	21,179	1,259
20	대우조선해양	13,589	-2,947	미래에셋	13,988	604
21	미래에셋	8,135	-407	현대백화점	7,389	674
22	S-Oil	16,591	1,221	영풍	9,939	751
23	현대백화점	7,073	599	대우조선해양	11,453	739
24	OCI	6,161	487	한국투자금융	7,108	850
25	효성	12,234	595	금호아시아나	8,634	297
26	영풍	8,331	560	효성	12,966	492
27	KT&G	4,436	1,161	OCI	6,110	263
28	한국투자금융	6,886	1,744	KT&G	4,563	1,083
29	대우건설	11,269	-756	KCC	5,302	53
30	하림	6,377	321	교보생명보험	15,566	711

(계속)

순위	2017년	C	D	2018년	C	D
31	KCC	4,825	203	코오롱	9,067	57
32	코오롱	8,524	191	하림	7,068	417
33	한국타이어	4,251	536	대우건설	11,661	205
34	교보생명보험	14,614	580	중흥건설	6,821	1,013
35	중흥건설	5,438	710	한국타이어	4,244	420
36	동부	20,840	453	태광	13,324	494
37	동원	5,470	256	SM	4,730	202
38	한라	6,845	223	셀트리온	1,982	588
39	세아	5,578	199	카카오	2,264	296
40	태영	3,677	-16	세아	7,600	279
41	한국GM	12,294	-630	한라	6,834	111
42	이랜드	5,169	-9	이랜드	4,701	681
43	아모레퍼시픽	6,001	831	DB	20,054	806
44	태광	13,539	271	호반건설	6,777	1,628
45	동국제강	5,158	64	동원	5,455	289
46	SM	3,615	223	현대산업개발	6,624	430
47	호반건설	5,448	945	태영	5,244	118
48	현대산업개발	5,413	307	아모레퍼시픽	5,171	487
49	셀트리온	1,459	278	네이버	4,215	829
50	카카오	1,635	78	동국제강	6,137	82
51	네이버	4,989	622	메리츠금융	13,366	1,018
52	한진중공업	3,055	-811	넥슨	2,372	1,054
53	삼천리	3,641	154	삼천리	3,946	509
54	금호석유화학	5,046	94	한국GM	10,804	-1,158
55	하이트진로	2,000	83	금호석유화학	6,443	309
56	넥슨	1,891	833	한진중공업	2,586	-335
57	한솔	4,039	-81	넷마블	2,217	292
58				하이트진로	2,013	26
59				유진	2,902	212
60				한솔	4,101	-130

주: 2017-2018년: 2017년 5·9월, 2018년 5월 지정; 공기업집단은 대규모기업집단 지정에서 제외됨.

2. 공기업집단, 2002-2016년

[C, D: 매출액, 당기순이익 (10억 원)]

순위	2002년	C	D	2003년	C	D
1	한국전력공사	31,218	2,918	한국전력공사	35,801	5,049
2	KT	16,616	1,528	한국도로공사	2,478	47
3	한국도로공사	2,445	43	대한주택공사	3,272	134
4	한국토지공사	3,640	100	한국토지공사	5,056	380
5	대한주택공사	3,510	-326	한국 수자원공사	1,544	292
6	한국 수자원공사	1,280	102	한국가스공사	7,358	300
7	한국가스공사	7,296	300	농업기반공사	2,328	7
8	농업기반공사	2,057	6			
9	담배인삼공사	4,888	363			

순위	2004년	C	D	2005년	C	D
1	한국전력공사	38,104	4,308	한국전력공사	40,417	4,477
2	한국도로공사	2,603	65	한국도로공사	2,485	50
3	대한주택공사	2,919	203	대한주택공사	3,350	235
4	한국토지공사	4,603	450	한국토지공사	4,362	496
5	한국가스공사	8,284	290	한국가스공사	9,254	327
6	농업기반공사	2,590	9	한국철도공사	3,228	-182
7				농업기반공사	2,427	8

순위	2006년	C	D	2007년	C	D
1	한국전력공사	43,566	4,231	한국전력공사	46,752	3,604
2	한국도로공사	2,528	48	대한주택공사	5,448	193
3	대한주택공사	4,157	243	한국도로공사	2,821	60
4	한국토지공사	4,398	554	한국토지공사	5,513	592
5	한국철도공사	3,701	613	한국철도공사	3,871	-542
6	한국가스공사	11,195	253	한국가스공사	13,027	244
7	한국농촌공사	2,726	40	한국농촌공사	2,481	11

주: 2002-2016년: 4월 지정, 공기업집단도 대규모기업집단으로 지정됨, 공기업집단 중에서의 순위임.

[C, D: 매출액, 당기순이익 (10억 원)]

순위	2008년	C	D	2009년	C	D
1	한국전력공사	50,711	3,167	한국전력공사	57,930	-3,162
2	대한주택공사	6,632	560	대한주택공사	8,145	266
3	한국도로공사	3,364	56	한국도로공사	3,343	67
4	한국토지공사	6,947	989	한국토지공사	9,119	1,176
5	한국철도공사	3,880	143	한국가스공사	23,314	337
6	한국가스공사	14,391	371	한국철도공사	4,067	507
7	한국농촌공사	2,446	11	한국석유공사	1,759	201
8	부산항만공사	181	39	한국 농어촌공사	2,639	37
9	한국 지역난방공사	749	18			
10	광해 방지사업단	1,074	294			
11	인천항만공사	62	2			

순위	2010년	C	D	2011년	C	D
1	한국 토지주택공사	6,882	459	한국 토지주택공사	11,725	367
2	한국전력공사	60,543	1,416	한국전력공사	69,989	2,350
3	한국도로공사	3,645	62	한국도로공사	3,386	67
4	한국가스공사	19,557	242	한국가스공사	22,770	214
5	한국철도공사	4,073	664	한국철도공사	4,242	412
6	인천 국제공항공사	1,257	261	한국석유공사	2,534	209
7	서울특별시 도시철도공사	524	-214	인천 국제공항공사	1,343	318
8	인천광역시 도시개발공사	512	34	서울특별시 도시철도공사	541	-222

주: 2002-2016년: 4월 지정, 공기업집단도 대규모기업집단으로 지정됨, 공기업집단 중에서의 순위임.

순위	2012년	C	D	2013년	C	D
1	한국전력공사	77,373	-2,189	한국전력공사	87,439	-2,131
2	한국 토지주택공사	15,311	781	한국 토지주택공사	18,426	1,217
3	한국도로공사	5,741	100	한국도로공사	6,978	82
4	한국가스공사	28,431	200	한국가스공사	34,720	504
5	한국석유공사	1,277	106	한국 수자원공사	3,627	308
6	한국 수자원공사	6,327	293	한국철도공사	5,136	-2,864
7	한국철도공사	4,614	165	인천도시공사	712	-60
8	인천도시공사	465	-40	인천 국제공항공사	1,687	504
9	인천 국제공항공사	1,559	272	서울특별시 도시철도공사	626	-198
10	서울특별시 도시철도공사	551	-282	부산항만공사	274	47
11	부산항만공사	283	66			

순위	2014년	C	D	2015년	C	D
1	한국전력공사	90,806	638	한국전력공사	94,668	3,574
2	한국 토지주택공사	18,326	692	한국 토지주택공사	21,291	712
3	한국도로공사	6,993	81	한국도로공사	7,666	120
4	한국가스공사	37,634	-262	한국가스공사	36,924	108
5	한국 수자원공사	3,593	341	한국 수자원공사	3,666	296
6	한국석유공사	1,134	162	한국철도공사	5,680	-407
7	한국철도공사	5,421	-4,427	한국석유공사	1,041	-2,703
8	인천도시공사	1,303	-243	인천도시공사	1,218	21
9	인천 국제공항공사	1,702	474	서울특별시 도시철도공사	709	-270
10	서울특별시 도시철도공사	645	-286	서울메트로	1,172	-155
11	서울메트로	1,101	-128	부산항만공사	358	107
12	부산항만공사	292	72			
13	한국 지역난방공사	2,911	120			

[C, D: 매출액, 당기순이익 (10억 원)]

순위	2016년	C	D
1	한국전력공사	94,740	14,653
2	한국 토지주택공사	23,803	948
3	한국도로공사	8,612	133
4	한국가스공사	25,670	65
5	SH공사	2,524	117
6	한국 수자원공사	3,660	-5,804
7	한국철도공사	5,714	586
8	한국석유공사	1,269	-4,956
9	인천도시공사	1,142	7
10	서울메트로	1,254	-140
11	서울특별시 도시철도공사	752	-273
12	부산항만공사	448	130

주: 2002-2016년: 4월 지정, 공기업집단도 대규모기업집단으로 지정됨, 공기업집단 중에서의 순위임.

제6부

집단별 변화:
(1) 순위

1. 140개 사기업집단, 1987-2016년

(ㄱ) [순위 (위)]

	갑을	강원 산업	거평	고려 통상	고합	교보 생명 보험	극동 건설	극동 정유	금강	금호 석유 화학
1987					24		20			
1988		(31)			25		22	26		
1989		(31)			28		24	21		
1990		(31)			27		21	19	(31)	
1991	(31)	(31)		(31)	28		20	19	(31)	
1992	(31)	(31)		(31)	27		24	22	(31)	
1993					25		26			
1994					23		27			
1995					22		28			
1996					24		28			
1997			28		21					
1998		29	28		17					
1999		26			18					
2000					22					
2001					30					
2002										
2003										
2004										
2005										
2006										
2007						53				
2008						62				
2009										
2010										
2011										
2012						46				
2013						44				
2014						42				
2015						39				
2016						34				52
2017						34				54
2018						30				55

주: 1) 1987-2016년 4월, 2017년 5·9월, 2018년 5월 지정; 집단 이름은 제2부 참조.
2) 140개 사기업집단: 1987-2016년에 지정되었으며, 54개 집단은 2017-18년에도 지정됨.
3) 다음은 분리 표시함: 6개 사기업집단 (2017-18년 처음 지정), 21개 공기업집단 (2002-16년).
4) 1987-1992년: 31위 이하 순위 정보 없음, '(31)'로 표시함.
5) 2002-2016년: 공기업집단도 대규모기업집단으로 지정됨, 공기업집단을 제외한 순위임.

(ㄱ) – (ㄷ) [순위 (위)]

	금호아시아나	기아	계성제지	논노	농심	농협	뉴코아	동국무역	동국제강	동부
1987	22	13							17	23
1988	20	10							17	23
1989	17	11						(31)	18	23
1990	16	9						(31)	18	22
1991	12	9	(31)					(31)	18	24
1992	11	8		(31)	(31)			(31)	18	23
1993	11	8							17	24
1994	11	8							18	25
1995	11	8							16	26
1996	11	8					29		18	23
1997	11	8					25		18	22
1998	9						27		19	20
1999	9								15	16
2000	8								15	19
2001	9								21	15
2002	9								19	13
2003	12				42				23	14
2004	11				39				22	13
2005	12				43				20	14
2006	13				44				24	15
2007	9				46				25	18
2008	10				49	67			26	19
2009	9								28	20
2010	9								27	20
2011	13								26	20
2012	16					34			27	19
2013	19					9			30	18
2014	18					9			28	19
2015	18					9			31	21
2016	20					10			38	36
2017	19					10			45	36
2018	25					9			50	43

주: 1) 1987-2016년 4월, 2017년 5·9월, 2018년 5월 지정; 집단 이름은 제2부 참조.
2) 140개 사기업집단: 1987-2016년에 지정되었으며, 54개 집단은 2017-18년에도 지정됨.
3) 다음은 분리 표시함: 6개 사기업집단 (2017-18년 처음 지정), 21개 공기업집단 (2002-16년).
4) 1987-1992년: 31위 이하 순위 정보 없음, '(31)'로 표시함.
5) 2002-2016년: 공기업집단도 대규모기업집단으로 지정됨, 공기업집단을 제외한 순위임.

(ㄷ)

	동아	동아제약	동양	동원	두산	대교	대농	대림	대상	대성
1987	11				14			9	27	
1988	12				15			11	29	
1989	14		(31)		15			12	29	
1990	13		(31)	(31)	14		(31)	11	28	(31)
1991	13		21	30	14		(31)	11	(31)	(31)
1992	14	(31)	21	(31)	13		(31)	12	(31)	(31)
1993	14		21		13			12	30	
1994	14		20		13			12	29	
1995	14		19		12			13	30	
1996	15		21		12			13		
1997	13		23		14			15	29	
1998	10		23		14			13	26	
1999	11		21		13			14	27	
2000	14		21		12			17		
2001			17		11			16		
2002			23	28	12			16	27	32
2003			19	32	13			17	41	38
2004			19	31	12			20		41
2005			24		13			21		41
2006			27		12			20		45
2007			29		13			20		47
2008			28		13	68		20		45
2009			36		12			22		
2010			39		12			19		
2011			38		12			22		43
2012			37		12			20		41
2013			39		13			21		37
2014					13			20		40
2015					13			19		47
2016					12			19		
2017				37	13			18		
2018				45	13			18		

(ㄷ) [순위 (위)]

	대신	대우	(주) 대우	대우 건설	대우 자동 차	대우 자동 차판 매	대우 전자	대우 조선 해양	대전 피혁	대주 건설
1987		2								
1988		2								
1989		2								
1990	(31)	2								
1991	(31)	3							(31)	
1992	(31)	3							(31)	
1993		3								
1994		2								
1995		3								
1996		4								
1997		4								
1998		3								
1999		2								
2000			7				24			
2001							28			
2002										
2003					27			26		
2004				15	37			26		
2005				22	42			23		
2006				23				25		
2007						55		22		
2008						64		22		55
2009								15		
2010								16		
2011				24				19		
2012				26				18		
2013				28				20		
2014				27				17		
2015				26				17		
2016				27				18		
2017				29				20		
2018				33				23		

주: 1) 1987-2016년 4월, 2017년 5·9월, 2018년 5월 지정; 집단 이름은 제2부 참조.
2) 140개 사기업집단: 1987-2016년에 지정되었으며, 54개 집단은 2017-18년에도 지정됨.
3) 다음은 분리 표시함: 6개 사기업집단 (2017-18년 처음 지정), 21개 공기업집단 (2002-16년).
4) 1987-1992년: 31위 이하 순위 정보 없음, '(31)'로 표시함.
5) 2002-2016년: 공기업집단도 대규모기업집단으로 지정됨, 공기업집단을 제외한 순위임.

(ㄷ) - (ㅂ)

	대한유화	대한전선	대한조선공사	대한해운	라이프	롯데	문화방송	미래에셋	범양상선	벽산
1987			28		29	10			15	
1988			(31)			9			18	(31)
1989						9			22	(31)
1990						8			26	(31)
1991	(31)			(31)		10			(31)	(31)
1992	(31)	(31)		(31)		10			(31)	30
1993						10				29
1994						10				30
1995						10				29
1996						10				30
1997						10				
1998						11				
1999						10				
2000						6				
2001						8				
2002						7				
2003		31				7	39			
2004		32				7	43			
2005		38				5	46			
2006		41				5	49			
2007		40				5	50			
2008		30		65		5	56	44		
2009		25				6				
2010		31				5		42		
2011		39				5		40		
2012		49				5		35		
2013						5		34		
2014						5		30		
2015						5		30		
2016						5		25		
2017						5		21		
2018						5		20		

(ㅂ) - (ㅅ) [순위 (위)]

	보광	봉명	부영	삼립식품	삼미	삼보컴퓨터	삼성	삼양	삼천리	삼환기업
1987					18		3			30
1988		(31)			16		4			(31)
1989		(31)			19		4	(31)		(31)
1990		(31)			17		4	(31)		(31)
1991		(31)			17		4	(31)		(31)
1992		(31)		(31)	17		2	(31)	(31)	(31)
1993					18		2			
1994					19		3			
1995					25		2			
1996					26		2			
1997							2			
1998							2			
1999							3	30		
2000							2			
2001							1			
2002			34				1			
2003			33			36	1			
2004			38				1	45		
2005			36				1	47		
2006			39				1	48		
2007			39				1	51		
2008	59		38				1	60		
2009							1			
2010			24				1			
2011			23				1			
2012			23				1			
2013			23				1			
2014			21				1		49	
2015			20				1		45	
2016			16				1		50	
2017			16				1		53	
2018			16				1		53	

주: 1) 1987-2016년 4월, 2017년 5·9월, 2018년 5월 지정; 집단 이름은 제2부 참조.
2) 140개 사기업집단: 1987-2016년에 지정되었으며, 54개 집단은 2017-18년에도 지정됨.
3) 다음은 분리 표시함: 6개 사기업집단 (2017-18년 처음 지정), 21개 공기업집단 (2002-16년).
4) 1987-1992년: 31위 이하 순위 정보 없음, '(31)'로 표시함.
5) 2002-2016년: 공기업집단도 대규모기업집단으로 지정됨, 공기업집단을 제외한 순위임.

(ㅅ)

	쌍방울	쌍용	쌍용양회	서통	선명	성신양회	성우	씨앤	CJ	신동아
1987		5								(31)
1988		6								(31)
1989		8								
1990		7				(31)				
1991		7				(31)				
1992	(31)	7		(31)		(31)	(31)			(31)
1993		7								
1994		7								
1995		6								
1996		6								
1997		6								
1998		7								
1999		7							28	
2000		10							23	
2001		12							19	
2002									18	
2003									18	
2004									18	
2005									18	
2006		42							18	
2007			44						19	
2008			54		66			63	17	
2009									19	
2010									18	
2011									16	
2012									14	
2013									15	
2014									15	
2015									15	
2016									15	
2017									15	
2018									15	

(ㅅ) - (ㅇ) [순위 (위)]

	신세계	신아	신호	새한	세아	셀트리온	아남	아모레퍼시픽	영풍	오리온
1987										
1988								(31)		
1989							(31)	(31)		
1990							(31)	29	(31)	
1991							(31)	(31)	(31)	
1992		(31)					(31)	(31)	(31)	
1993										
1994										
1995										
1996										
1997			30				26			
1998			25	30			21			
1999			29	25			23			
2000	29			27			26		30	
2001	24								25	
2002	22								26	
2003	16								29	
2004	16				33				34	
2005	16				32				39	
2006	17				36				37	
2007	15				38			48	36	54
2008	16				40			50	32	61
2009	21				38					
2010	22				44				41	
2011	18				44				36	
2012	17				42				33	
2013	16				42			52	31	
2014	14				44			48	29	
2015	14				41			46	28	
2016	14				40	48		46	28	
2017	11				39	49		43	26	
2018	11				40	38		48	22	

주: 1) 1987-2016년 4월, 2017년 5·9월, 2018년 5월 지정; 집단 이름은 제2부 참조.
2) 140개 사기업집단: 1987-2016년에 지정되었으며, 54개 집단은 2017-18년에도 지정됨.
3) 다음은 분리 표시함: 6개 사기업집단 (2017-18년 처음 지정), 21개 공기업집단 (2002-16년).
4) 1987-1992년: 31위 이하 순위 정보 없음, '(31)'로 표시함.
5) 2002-2016년: 공기업집단도 대규모기업집단으로 지정됨, 공기업집단을 제외한 순위임.

(ㅇ)

	OCI	우방	우성건설	웅진	유원건설	유진	이랜드	애경	S-Oil	SK
1987										7
1988			24							7
1989			27							7
1990	(31)		24							6
1991	(31)		25							5
1992	(31)	(31)	25		(31)					5
1993			27							5
1994			24							5
1995			27							5
1996										5
1997										5
1998										5
1999										5
2000									18	4
2001	27									4
2002	31									3
2003	35									3
2004	42									4
2005	44						40			4
2006	47						46			3
2007	42						26			3
2008	41			36		48	33	51		3
2009	27			34					30	3
2010	32			33					26	3
2011	29			32		47			27	3
2012	24			31		52	51		22	3
2013	25			49			50		24	3
2014	23						45		24	3
2015	24						43		27	3
2016	23						42		26	3
2017	24						42		22	3
2018	27					59	42		19	3

(ㅇ) - (ㅊ) [순위 (위)]

	STX	LS	LG	조양상선	중앙일보	중흥건설	GS	진로	청구	충남방적
1987			4							
1988			3							
1989			3							
1990			3					(31)		
1991			2	(31)				(31)		
1992			4	(31)				28	(31)	(31)
1993			4					23		
1994			4					22		
1995			4					23		
1996			3					19		
1997			3					19		
1998			4					22		
1999			4					22		
2000			3					28		
2001			3							
2002			2							
2003			2							
2004		17	2							
2005	28	19	3				9			
2006	26	19	4		52		8			
2007	24	16	4				8			
2008	15	18	4				7			
2009	14	17	4				8			
2010	14	15	4				7			
2011	14	15	4				8			
2012	13	15	4				8			
2013	14	17	4				8			
2014		16	4				8			
2015		16	4			49	7			
2016		17	4			41	7			
2017		17	4			35	7			
2018		17	4			34	7			

주: 1) 1987-2016년 4월, 2017년 5·9월, 2018년 5월 지정; 집단 이름은 제2부 참조.
2) 140개 사기업집단: 1987-2016년에 지정되었으며, 54개 집단은 2017-18년에도 지정됨.
3) 다음은 분리 표시함: 6개 사기업집단 (2017-18년 처음 지정), 21개 공기업집단 (2002-16년).
4) 1987-1992년: 31위 이하 순위 정보 없음, '(31)'로 표시함.
5) 2002-2016년: 공기업집단도 대규모기업집단으로 지정됨, 공기업집단을 제외한 순위임.

(ㅋ) - (ㅍ)

	카카오	코닝정밀소재	코오롱	KCC	KT	KT&G	통일	태광	태영	POSCO
1987			21							
1988			19				28	(31)		
1989			20				25	(31)		5
1990			20				25	(31)		
1991			22				27	(31)		
1992			20				(31)	(31)	(31)	
1993			22							
1994			21							
1995			21							
1996			20							
1997			20							
1998			18							
1999			20							
2000			20							
2001			20					29		7
2002			17	30				29		6
2003			20	30	5	21		34		8
2004			24	28	5	25		36		8
2005			26	31	6	27		37		7
2006			32	34	7	28		38	50	6
2007			28	30	7	37		41	49	6
2008			34	23	9	39		42	46	6
2009			32	31	11	40				5
2010			36	28	11	40				6
2011			33	25	11	41		46		6
2012			30	32	11	40		43	48	6
2013			32	35	12	38		43	48	6
2014		43	31	34	12	37		39	46	6
2015			32	29	12	36		40	44	6
2016	53		33	30	13	31		44	45	6
2017	50		32	31	12	27		44	40	6
2018	39		31	29	12	28		36	47	6

(ㅍ) - (ㅎ) [순위 (위)]

	풍산	프라임	하나로텔레콤	하림	하이닉스	하이트진로	한국유리	한국GM	한국타이어	한국투자금융
1987										
1988	(31)									
1989	(31)									
1990	(31)						(31)			
1991	(31)						(31)			
1992	(31)					(31)	(31)		(31)	
1993										
1994										
1995										
1996										
1997										
1998										
1999										
2000										
2001			23							
2002			20						33	
2003			22			37			40	
2004			29			40		23	44	
2005			34			45		17	48	
2006			40		14	22		21	51	
2007			45		14	31		21	52	
2008		58	52		14	37		24	57	
2009					16			24		39
2010					17	38		30		45
2011					17	42		34		45
2012						44		29	50	47
2013						47		29	46	45
2014						47		32	38	
2015						48		37	35	
2016				29		49		43	32	35
2017				30		55		41	33	28
2018				32		58		54	35	24

주: 1) 1987-2016년 4월, 2017년 5·9월, 2018년 5월 지정; 집단 이름은 제2부 참조.
2) 140개 사기업집단: 1987-2016년에 지정되었으며, 54개 집단은 2017-18년에도 지정됨.
3) 다음은 분리 표시함: 6개 사기업집단 (2017-18년 처음 지정), 21개 공기업집단 (2002-16년).
4) 1987-1992년: 31위 이하 순위 정보 없음, '(31)'로 표시함.
5) 2002-2016년: 공기업집단도 대규모기업집단으로 지정됨, 공기업집단을 제외한 순위임.

(ㅎ)

	한라	한보	한솔	한신공영	한양	한일	한진	한진중공업	한화	현대
1987	(31)	25			19	12	6		8	1
1988	30	(31)			21	13	5		8	1
1989	(31)	(31)			30	13	6		10	1
1990	23	(31)		(31)	30	12	5		10	1
1991	23	(31)		(31)	26	15	6		8	1
1992	19	(31)		(31)	26	15	6		9	1
1993	19				20	15	6		9	1
1994	17	28				16	6		9	1
1995	15	18				20	7		9	1
1996	16	14	22			27	7		9	1
1997	12		16			27	7		9	1
1998	12		15				6		8	1
1999	17		12				6		8	1
2000			11				5		9	1
2001			14				6		10	2
2002			21				5		11	8
2003			25				6		9	11
2004			30				6		9	14
2005			35				8		10	15
2006			43				9	35	11	16
2007			43				10	32	12	17
2008	53		47				11	29	12	21
2009							10	29	13	18
2010							10	29	13	21
2011							9	31	10	21
2012	45						9	36	10	21
2013	40		51				10	33	11	22
2014	35		50				10	33	11	22
2015	34		50				10	33	11	22
2016	37		51				11	39	8	22
2017	38		57				14	52	8	
2018	41		60				14	56	8	

(ㅎ) [순위 (위)]

	현대건설	현대백화점	현대산업개발	현대오일뱅크	현대자동차	현대중공업	홈플러스	효성	해태	화승
1987								16	26	
1988								14	27	
1989								16	26	
1990								15	(31)	
1991								16	29	(31)
1992								16	29	(31)
1993								16	28	
1994								15	26	
1995								17	24	
1996								17	25	
1997								17	24	
1998								16	24	
1999								19	24	
2000			25	13				16		
2001		26	22	13	5			18		
2002		24	25	14	4	10		15		
2003		24	28		4	10		15		
2004		27	35		3	10		21		
2005		29	33	30	2	11		25		
2006		31	33	30	2	10		29		
2007	23	27	35	34	2	11		33		
2008	25	31	35		2	8	43	27		
2009	23	33	35		2	7	37	26		
2010	23	34	37	43	2	8	35	25		
2011		30	37		2	7	35	28		
2012		28	39		2	7	38	25		
2013		26	41		2	7	36	27		
2014		25	41		2	7	36	26		
2015		23	42		2	8	38	25		
2016		21	47		2	9		24		
2017		23	48		2	9		25		
2018		21	46		2	10		26		

주: 1) 1987-2016년 4월, 2017년 5·9월, 2018년 5월 지정; 집단 이름은 제2부 참조.
2) 140개 사기업집단: 1987-2016년에 지정되었으며, 54개 집단은 2017-18년에도 지정됨.
3) 다음은 분리 표시함: 6개 사기업집단 (2017-18년 처음 지정), 21개 공기업집단 (2002-16년).
4) 1987-1992년: 31위 이하 순위 정보 없음, '(31)'로 표시함.
5) 2002-2016년: 공기업집단도 대규모기업집단으로 지정됨, 공기업집단을 제외한 순위임.

2. 6개 사기업집단: 2017-2018년 처음 지정

[순위 (위)]

	네이버	넥슨	넷마블	메리츠 금융	SM	호반건설
2017	51	56			46	47
2018	49	52	57	51	37	44

3. 21개 공기업집단, 2002-2016년

[순위 (위)]

	광해 방지 사업단	담배 인삼 공사	대한 주택 공사	부산 항만 공사	서울 메트로	서울 특별시 도시 철도 공사	인천 국제 공항 공사
2002		9	5				
2003			3				
2004			3				
2005			3				
2006			3				
2007			2				
2008	10		2	8			
2009			2				
2010						7	6
2011						8	7
2012				11		10	9
2013				10		9	8
2014				12	11	10	9
2015				11	10	9	
2016				12	10	11	

주: 1) 집단 이름은 제2부 참조.
2) 2002-2016년: 4월 지정, 공기업집단도 대규모기업집단으로 지정됨, 공기업집단 중에서의 순위임.

[순위 (위)]

	인천 도시 공사	인천 항만 공사	SH공사	KT	한국 가스 공사	한국 농어촌 공사	한국 도로 공사
2002				2	7	8	3
2003					6	7	2
2004					5	6	2
2005					5	7	2
2006					6	7	2
2007					6	7	3
2008		11			6	7	3
2009					5	8	3
2010	8				4		3
2011					4		3
2012	8				4		3
2013	7				4		3
2014	8				4		3
2015	8				4		3
2016	9		5		4		3

	한국 석유 공사	한국 수자원 공사	한국 전력 공사	한국 지역 난방 공사	한국 철도 공사	한국 토지 공사	한국 토지 주택 공사
2002		6	1			4	
2003		5	1			4	
2004			1			4	
2005			1		6	4	
2006			1		5	4	
2007			1		5	4	
2008			1	9	5	4	
2009	7		1		6	4	
2010			2		5		1
2011	6		2		5		1
2012	5	6	1		7		2
2013		5	1		6		2
2014	6	5	1	13	7		2
2015	7	5	1		6		2
2016	8	6	1		7		2

주: 1) 집단 이름은 제2부 참조.
2) 2002-2016년: 4월 지정, 공기업집단도 대규모기업집단으로 지정됨, 공기업집단 중에서의 순위임.

제7부

집단별 변화:
(2) 계열회사 수, 자산총액

1. 140개 사기업집단, 1987-2016년

(ㄱ) [R, A, B: 순위 (위), 계열회사 수 (개), 자산총액 (10억 원)]

	갑을			강원산업			거평		
	R	A	B	R	A	B	R	A	B
1987									
1988				(31)	9	(0)			
1989				(31)	14	(0)			
1990				(31)	14	(0)			
1991	(31)	21	(0)	(31)	14	(0)			
1992	(31)	22	(0)	(31)	14	(0)			
1993									
1994									
1995									
1996									
1997							28	22	2,477
1998				29	27	2,665	28	19	2,831
1999				26	13	2,957			
2000									
2001									
2002									
2003									
2004									
2005									
2006									
2007									
2008									
2009									
2010									
2011									
2012									
2013									
2014									
2015									
2016									
2017									
2018									

주: 1) 1987-2016년 4월, 2017년 5·9월, 2018년 5월 지정; 집단 이름은 제2부 참조.
2) 140개 사기업집단: 1987-2016년에 지정되었으며, 54개 집단은 2017-18년에도 지정됨.
3) 다음은 분리 표시함: 6개 사기업집단 (2017-18년 처음 지정), 21개 공기업집단 (2002-16년).
4) 1987-1992년: 31위 이하 순위 및 자산총액 정보 없음, 각각 '(31)' '(0)'으로 표시함.
5) 2002-2016년: 공기업집단도 대규모기업집단으로 지정됨, 공기업집단을 제외한 순위임.

(ㄱ) [R, A, B: 순위 (위), 계열회사 수 (개), 자산총액 (10억 원)]

	고려통상			고합			교보생명보험		
	R	A	B	R	A	B	R	A	B
1987				24	5	583			
1988				25	5	598			
1989				28	7	671			
1990				27	7	859			
1991	(31)	9	(0)	28	7	1,046			
1992	(31)	8	(0)	27	7	1,378			
1993				25	7	1,695			
1994				23	8	1,957			
1995				22	10	2,503			
1996				24	11	2,924			
1997				21	13	3,690			
1998				17	13	5,193			
1999				18	8	5,232			
2000				22	6	3,711			
2001				30	6	2,501			
2002									
2003									
2004									
2005									
2006									
2007							53	15	2,261
2008							62	11	2,426
2009									
2010									
2011									
2012							46	13	5,708
2013							44	12	6,296
2014							42	13	7,124
2015							39	13	7,919
2016							34	13	8,518
2017							34	14	8,875
2018							30	14	10,901

주: 1) 1987-2016년 4월, 2017년 5·9월, 2018년 5월 지정; 집단 이름은 제2부 참조.
2) 140개 사기업집단: 1987-2016년에 지정되었으며, 54개 집단은 2017-18년에도 지정됨.
3) 다음은 분리 표시함: 6개 사기업집단 (2017-18년 처음 지정), 21개 공기업집단 (2002-16년).
4) 1987-1992년: 31위 이하 순위 및 자산총액 정보 없음, 각각 '(31)' '(0)'으로 표시함.
5) 2002-2016년: 공기업집단도 대규모기업집단으로 지정됨, 공기업집단을 제외한 순위임.

(ㄱ)

	극동건설			극동정유			금강		
	R	A	B	R	A	B	R	A	B
1987	20	8	758						
1988	22	9	699	26	4	579			
1989	24	9	829	21	4	944			
1990	21	10	1,198	19	4	1,272	(31)	4	(0)
1991	20	9	1,548	19	4	1,583	(31)	5	(0)
1992	24	9	1,581	22	4	1,661	(31)	5	(0)
1993	26	9	1,673						
1994	27	10	1,804						
1995	28	10	1,966						
1996	28	11	2,158						
1997									
1998									
1999									
2000									
2001									
2002									
2003									
2004									
2005									
2006									
2007									
2008									
2009									
2010									
2011									
2012									
2013									
2014									
2015									
2016									
2017									
2018									

(ㄱ) [R, A, B: 순위 (위), 계열회사 수 (개), 자산총액 (10억 원)]

	금호석유화학			금호아시아나			기아		
	R	A	B	R	A	B	R	A	B
1987				22	19	702	13	9	1,367
1988				20	10	865	10	10	1,775
1989				17	12	1,212	11	10	2,222
1990				16	18	1,731	9	10	3,073
1991				12	24	2,613	9	10	4,086
1992				11	25	3,536	8	10	5,884
1993				11	24	4,272	8	10	6,959
1994				11	22	4,609	8	13	8,533
1995				11	24	5,374	8	14	9,814
1996				11	27	6,423	8	16	11,427
1997				11	26	7,486	8	28	14,287
1998				9	32	10,361			
1999				9	29	10,696			
2000				8	20	11,532			
2001				9	17	11,606			
2002				9	15	10,608			
2003				12	15	9,698			
2004				11	16	10,602			
2005				12	18	11,413			
2006				13	23	12,982			
2007				9	38	22,873			
2008				10	52	26,667			
2009				9	48	37,558			
2010				9	45	34,942			
2011				13	36	24,507			
2012				16	25	19,099			
2013				19	24	17,037			
2014				18	26	18,261			
2015				18	26	18,828			
2016	52	10	5,140	20	24	15,246			
2017	54	11	5,683	19	28	15,615			
2018	55	11	5,756	25	26	11,885			

주: 1) 1987-2016년 4월, 2017년 5·9월, 2018년 5월 지정; 집단 이름은 제2부 참조.
2) 140개 사기업집단: 1987-2016년에 지정되었으며, 54개 집단은 2017-18년에도 지정됨.
3) 다음은 분리 표시함: 6개 사기업집단 (2017-18년 처음 지정), 21개 공기업집단 (2002-16년).
4) 1987-1992년: 31위 이하 순위 및 자산총액 정보 없음, 각각 '(31)' '(0)'으로 표시함.
5) 2002-2016년: 공기업집단도 대규모기업집단으로 지정됨, 공기업집단을 제외한 순위임.

(ㄱ) - (ㄴ)

	계성제지			논노			농심		
	R	A	B	R	A	B	R	A	B
1987									
1988									
1989									
1990									
1991	(31)	10	(0)						
1992				(31)	5	(0)	(31)	6	(0)
1993									
1994									
1995									
1996									
1997									
1998									
1999									
2000									
2001									
2002									
2003							42	10	2,039
2004							39	12	2,369
2005							43	12	2,543
2006							44	12	2,801
2007							46	15	2,932
2008							49	16	3,023
2009									
2010									
2011									
2012									
2013									
2014									
2015									
2016									
2017									
2018									

(ㄴ) - (ㄷ) [R, A, B: 순위 (위), 계열회사 수 (개), 자산총액 (10억 원)]

	농협			뉴코아			동국무역		
	R	A	B	R	A	B	R	A	B
1987									
1988									
1989							(31)	10	(0)
1990							(31)	9	(0)
1991							(31)	10	(0)
1992							(31)	10	(0)
1993									
1994									
1995									
1996				29	18	1,966			
1997				25	18	2,798			
1998				27	18	2,845			
1999									
2000									
2001									
2002									
2003									
2004									
2005									
2006									
2007									
2008	67	26	2,099						
2009									
2010									
2011									
2012	34	41	8,627						
2013	9	34	38,942						
2014	9	32	40,767						
2015	9	39	45,463						
2016	10	45	50,104						
2017	10	81	50,806						
2018	9	49	58,089						

주: 1) 1987-2016년 4월, 2017년 5·9월, 2018년 5월 지정; 집단 이름은 제2부 참조.
2) 140개 사기업집단: 1987-2016년에 지정되었으며, 54개 집단은 2017-18년에도 지정됨.
3) 다음은 분리 표시함: 6개 사기업집단 (2017-18년 처음 지정), 21개 공기업집단 (2002-16년).
4) 1987-1992년: 31위 이하 순위 및 자산총액 정보 없음, 각각 '(31)' '(0)'으로 표시함.
5) 2002-2016년: 공기업집단도 대규모기업집단으로 지정됨, 공기업집단을 제외한 순위임.

(ㄷ)

	동국제강			동부			동아		
	R	A	B	R	A	B	R	A	B
1987	17	13	916	23	12	692	11	16	1,511
1988	17	13	948	23	13	634	12	16	1,591
1989	18	13	1,185	23	13	914	14	16	1,640
1990	18	13	1,411	22	13	1,191	13	16	1,868
1991	18	14	1,609	24	11	1,275	13	16	2,296
1992	18	14	2,102	23	11	1,593	14	16	2,846
1993	17	14	2,345	24	12	1,742	14	13	2,939
1994	18	16	2,530	25	13	1,848	14	14	3,359
1995	16	16	3,237	26	13	2,128	14	14	3,874
1996	18	16	3,433	23	24	2,935	15	16	5,117
1997	18	17	3,956	22	34	3,677	13	19	6,458
1998	19	17	4,865	20	34	4,626	10	22	9,054
1999	15	16	5,764	16	32	5,549	11	15	8,719
2000	15	14	5,903	19	19	5,331	14	16	6,519
2001	21	8	4,342	15	19	5,831			
2002	19	6	4,267	13	21	6,083			
2003	23	7	4,079	14	23	7,332			
2004	22	8	4,736	13	22	7,469			
2005	20	8	5,795	14	21	8,171			
2006	24	12	5,702	15	22	8,651			
2007	25	11	5,828	18	22	8,748			
2008	26	12	6,523	19	29	9,503			
2009	28	13	8,092	20	32	12,271			
2010	27	12	9,107	20	31	12,487			
2011	26	13	10,128	20	38	14,263			
2012	27	16	10,827	19	56	15,684			
2013	30	15	9,972	18	61	17,110			
2014	28	16	10,073	19	64	17,789			
2015	31	14	9,780	21	53	14,627			
2016	38	15	7,875	36	25	8,194			
2017	45	9	7,053	36	23	8,266			
2018	50	10	6,963	43	20	8,010			

(ㄷ) [R, A, B: 순위 (위), 계열회사 수 (개), 자산총액 (10억 원)]

	동아제약			동양			동원		
	R	A	B	R	A	B	R	A	B
1987									
1988									
1989				(31)	7	(0)			
1990				(31)	9	(0)	(31)	9	(0)
1991				21	13	1,524	30	8	1,022
1992	(31)	16	(0)	21	14	1,695	(31)	7	(0)
1993				21	16	2,137			
1994				20	16	2,254			
1995				19	19	2,592			
1996				21	22	2,995			
1997				23	24	3,445			
1998				23	23	3,885			
1999				21	21	4,228			
2000				21	25	4,564			
2001				17	30	5,107			
2002				23	16	3,845	28	17	2,322
2003				19	15	4,515	32	17	2,388
2004				19	16	4,823	31	17	3,106
2005				24	16	4,856			
2006				27	15	4,611			
2007				29	21	4,803			
2008				28	20	5,851			
2009				36	22	5,641			
2010				39	24	5,951			
2011				38	31	6,906			
2012				37	34	7,776			
2013				39	30	7,588			
2014									
2015									
2016									
2017							37	30	8,224
2018							45	22	7,982

주: 1) 1987-2016년 4월, 2017년 5·9월, 2018년 5월 지정; 집단 이름은 제2부 참조.
2) 140개 사기업집단: 1987-2016년에 지정되었으며, 54개 집단은 2017-18년에도 지정됨.
3) 다음은 분리 표시함: 6개 사기업집단 (2017-18년 처음 지정), 21개 공기업집단 (2002-16년).
4) 1987-1992년: 31위 이하 순위 및 자산총액 정보 없음, 각각 '(31)' '(0)'으로 표시함.
5) 2002-2016년: 공기업집단도 대규모기업집단으로 지정됨, 공기업집단을 제외한 순위임.

(ㄷ)

	두산			대교			대농		
	R	A	B	R	A	B	R	A	B
1987	14	21	1,073						
1988	15	22	1,213						
1989	15	21	1,432						
1990	14	23	1,799				(31)	10	(0)
1991	14	23	2,253				(31)	9	(0)
1992	13	24	3,106				(31)	9	(0)
1993	13	25	3,622						
1994	13	24	4,053						
1995	12	27	4,808						
1996	12	26	5,756						
1997	14	25	6,370						
1998	14	23	6,586						
1999	13	14	6,704						
2000	12	16	7,646						
2001	11	18	11,192						
2002	12	18	8,988						
2003	13	22	8,452						
2004	12	22	9,179						
2005	13	18	9,734						
2006	12	18	13,659						
2007	13	20	14,442						
2008	13	21	17,033	68	14	2,031			
2009	12	26	27,302						
2010	12	29	26,788						
2011	12	25	26,966						
2012	12	24	29,915						
2013	13	25	29,425						
2014	13	22	30,021						
2015	13	22	33,073						
2016	12	25	32,383						
2017	13	26	30,442						
2018	13	26	30,518						

(ㄷ) [R, A, B: 순위 (위), 계열회사 수 (개), 자산총액 (10억 원)]

	대림			대상			대성		
	R	A	B	R	A	B	R	A	B
1987	9	14	1,777	27	15	493			
1988	11	13	1,746	29	15	553			
1989	12	13	2,050	29	19	643			
1990	11	13	2,408	28	20	814	(31)	21	(0)
1991	11	14	2,764	(31)	20	(0)	(31)	22	(0)
1992	12	13	3,326	(31)	22	(0)	(31)	21	(0)
1993	12	12	3,704	30	24	1,359			
1994	12	17	4,062	29	22	1,620			
1995	13	17	4,638	30	14	1,613			
1996	13	18	5,364						
1997	15	21	6,177	29	25	2,238			
1998	13	21	7,001	26	20	2,847			
1999	14	17	5,825	27	14	2,798			
2000	17	18	5,674						
2001	16	17	5,395						
2002	16	15	4,985	27	12	2,364	32	32	2,126
2003	17	15	4,603	41	9	2,067	38	32	2,121
2004	20	12	4,811				41	40	2,323
2005	21	12	5,686				41	41	2,579
2006	20	13	6,527				45	38	2,796
2007	20	14	7,515				47	40	2,854
2008	20	14	9,014				45	47	3,262
2009	22	16	11,060						
2010	19	16	12,992						
2011	22	19	13,465				43	73	5,758
2012	20	17	14,761				41	85	6,922
2013	21	19	16,112				37	83	7,830
2014	20	22	16,258				40	76	7,299
2015	19	24	17,293				47	73	5,918
2016	19	28	18,829						
2017	18	26	18,401						
2018	18	27	18,644						

주: 1) 1987-2016년 4월, 2017년 5·9월, 2018년 5월 지정; 집단 이름은 제2부 참조.
2) 140개 사기업집단: 1987-2016년에 지정되었으며, 54개 집단은 2017-18년에도 지정됨.
3) 다음은 분리 표시함: 6개 사기업집단 (2017-18년 처음 지정), 21개 공기업집단 (2002-16년).
4) 1987-1992년: 31위 이하 순위 및 자산총액 정보 없음, 각각 '(31)' '(0)'으로 표시함.
5) 2002-2016년: 공기업집단도 대규모기업집단으로 지정됨, 공기업집단을 제외한 순위임.

(ㄷ)

	대신			대우			㈜대우		
	R	A	B	R	A	B	R	A	B
1987				2	29	7,875			
1988				2	28	9,421			
1989				2	28	9,509			
1990	(31)	11	(0)	2	27	11,762			
1991	(31)	11	(0)	3	24	14,265			
1992	(31)	6	(0)	3	22	17,237			
1993				3	22	19,837			
1994				2	24	25,482			
1995				3	22	26,144			
1996				4	25	31,313			
1997				4	30	35,455			
1998				3	37	52,994			
1999				2	34	78,168			
2000							7	2	13,144
2001									
2002									
2003									
2004									
2005									
2006									
2007									
2008									
2009									
2010									
2011									
2012									
2013									
2014									
2015									
2016									
2017									
2018									

(ㄷ) [R, A, B: 순위 (위), 계열회사 수 (개), 자산총액 (10억 원)]

	대우건설			대우자동차			대우자동차판매		
	R	A	B	R	A	B	R	A	B
1987									
1988									
1989									
1990									
1991									
1992									
1993									
1994									
1995									
1996									
1997									
1998									
1999									
2000									
2001									
2002									
2003				27	5	3,064			
2004	15	14	5,511	37	3	2,631			
2005	22	14	5,499	42	3	2,578			
2006	23	11	5,978						
2007							55	25	2,122
2008							64	26	2,245
2009									
2010									
2011	24	13	10,955						
2012	26	15	10,853						
2013	28	16	11,400						
2014	27	16	10,348						
2015	26	13	10,481						
2016	27	16	10,691						
2017	29	14	10,720						
2018	33	15	9,671						

주: 1) 1987-2016년 4월, 2017년 5·9월, 2018년 5월 지정; 집단 이름은 제2부 참조.
2) 140개 사기업집단: 1987-2016년에 지정되었으며, 54개 집단은 2017-18년에도 지정됨.
3) 다음은 분리 표시함: 6개 사기업집단 (2017-18년 처음 지정), 21개 공기업집단 (2002-16년).
4) 1987-1992년: 31위 이하 순위 및 자산총액 정보 없음, 각각 '(31)' '(0)'으로 표시함.
5) 2002-2016년: 공기업집단도 대규모기업집단으로 지정됨, 공기업집단을 제외한 순위임.

(ㄷ)

	대우전자			대우조선해양			대전피혁		
	R	A	B	R	A	B	R	A	B
1987									
1988									
1989									
1990									
1991							(31)	9	(0)
1992							(31)	10	(0)
1993									
1994									
1995									
1996									
1997									
1998									
1999									
2000	24	3	3,525						
2001	28	4	2,725						
2002									
2003				26	2	3,559			
2004				26	2	3,967			
2005				23	3	5,411			
2006				25	5	5,370			
2007				22	5	6,137			
2008				22	8	8,652			
2009				15	10	16,666			
2010				16	13	15,960			
2011				19	16	15,540			
2012				18	19	16,665			
2013				20	20	16,189			
2014				17	19	18,497			
2015				17	18	19,964			
2016				18	14	19,227			
2017				20	14	15,276			
2018				23	5	12,194			

(ㄷ) [R, A, B: 순위 (위), 계열회사 수 (개), 자산총액 (10억 원)]

	대주건설			대한유화			대한전선		
	R	A	B	R	A	B	R	A	B
1987									
1988									
1989									
1990									
1991				(31)	7	(0)			
1992				(31)	6	(0)	(31)	5	(0)
1993									
1994									
1995									
1996									
1997									
1998									
1999									
2000									
2001									
2002									
2003							31	9	2,501
2004							32	11	3,072
2005							38	12	2,905
2006							41	15	3,239
2007							40	18	3,732
2008	55	20	2,851				30	20	5,620
2009							25	32	8,577
2010							31	26	7,954
2011							39	23	6,764
2012							49	24	5,309
2013									
2014									
2015									
2016									
2017									
2018									

주: 1) 1987-2016년 4월, 2017년 5·9월, 2018년 5월 지정; 집단 이름은 제2부 참조.
2) 140개 사기업집단: 1987-2016년에 지정되었으며, 54개 집단은 2017-18년에도 지정됨.
3) 다음은 분리 표시함: 6개 사기업집단 (2017-18년 처음 지정), 21개 공기업집단 (2002-16년).
4) 1987-1992년: 31위 이하 순위 및 자산총액 정보 없음, 각각 '(31)' '(0)'으로 표시함.
5) 2002-2016년: 공기업집단도 대규모기업집단으로 지정됨, 공기업집단을 제외한 순위임.

(ㄷ) - (ㄹ)

	대한조선공사			대한해운			라이프		
	R	A	B	R	A	B	R	A	B
1987	28	6	481				29	6	469
1988	(31)	6	(0)						
1989									
1990									
1991				(31)	8	(0)			
1992				(31)	13	(0)			
1993									
1994									
1995									
1996									
1997									
1998									
1999									
2000									
2001									
2002									
2003									
2004									
2005									
2006									
2007									
2008				65	7	2,236			
2009									
2010									
2011									
2012									
2013									
2014									
2015									
2016									
2017									
2018									

(ㄹ) - (ㅁ) [R, A, B: 순위 (위), 계열회사 수 (개), 자산총액 (10억 원)]

	롯데			문화방송			미래에셋		
	R	A	B	R	A	B	R	A	B
1987	10	31	1,648						
1988	9	32	2,125						
1989	9	32	2,664						
1990	8	31	3,215						
1991	10	32	3,962						
1992	10	32	4,887						
1993	10	32	5,274						
1994	10	30	5,595						
1995	10	29	6,628						
1996	10	28	7,090						
1997	10	30	7,774						
1998	11	28	8,862						
1999	10	28	10,446						
2000	6	28	15,791						
2001	8	31	16,694						
2002	7	32	17,964						
2003	7	35	20,741	39	32	2,089			
2004	7	36	24,620	43	32	2,179			
2005	5	41	30,302	46	32	2,301			
2006	5	43	32,961	49	32	2,408			
2007	5	44	40,208	50	32	2,565			
2008	5	46	43,679	56	36	2,747	44	21	3,391
2009	6	54	48,890						
2010	5	60	67,265				42	26	5,753
2011	5	78	77,349				40	29	6,620
2012	5	79	83,305				35	30	8,364
2013	5	77	87,523				34	28	8,632
2014	5	74	91,666				30	30	9,718
2015	5	80	93,407				30	31	9,991
2016	5	93	103,284				25	28	10,944
2017	5	90	110,820				21	41	15,182
2018	5	107	116,188				20	38	14,996

주: 1) 1987-2016년 4월, 2017년 5·9월, 2018년 5월 지정; 집단 이름은 제2부 참조.
2) 140개 사기업집단: 1987-2016년에 지정되었으며, 54개 집단은 2017-18년에도 지정됨.
3) 다음은 분리 표시함: 6개 사기업집단 (2017-18년 처음 지정), 21개 공기업집단 (2002-16년).
4) 1987-1992년: 31위 이하 순위 및 자산총액 정보 없음, 각각 '(31)' '(0)'으로 표시함.
5) 2002-2016년: 공기업집단도 대규모기업집단으로 지정됨, 공기업집단을 제외한 순위임.

(ㅂ)

	범양상선			벽산			보광		
	R	A	B	R	A	B	R	A	B
1987	15	5	1,052						
1988	18	5	939	(31)	12	(0)			
1989	22	4	919	(31)	14	(0)			
1990	26	4	874	(31)	21	(0)			
1991	(31)	4	(0)	(31)	21	(0)			
1992	(31)	4	(0)	30	19	1,263			
1993				29	18	1,415			
1994				30	17	1,563			
1995				29	18	1,781			
1996				30	16	1,853			
1997									
1998									
1999									
2000									
2001									
2002									
2003									
2004									
2005									
2006									
2007									
2008							59	62	2,525
2009									
2010									
2011									
2012									
2013									
2014									
2015									
2016									
2017									
2018									

(ㅂ) - (ㅅ) [R, A, B: 순위 (위), 계열회사 수 (개), 자산총액 (10억 원)]

	봉명			부영			삼립식품		
	R	A	B	R	A	B	R	A	B
1987									
1988	(31)	21	(0)						
1989	(31)	20	(0)						
1990	(31)	11	(0)						
1991	(31)	12	(0)						
1992	(31)	11	(0)				(31)	16	(0)
1993									
1994									
1995									
1996									
1997									
1998									
1999									
2000									
2001									
2002				34	4	2,102			
2003				33	11	2,360			
2004				38	4	2,449			
2005				36	6	3,053			
2006				39	6	3,462			
2007				39	6	3,807			
2008				38	6	4,755			
2009									
2010				24	15	9,161			
2011				23	16	11,428			
2012				23	17	12,533			
2013				23	16	14,131			
2014				21	14	15,665			
2015				20	15	16,805			
2016				16	18	20,434			
2017				16	22	21,713			
2018				16	24	22,440			

주: 1) 1987-2016년 4월, 2017년 5·9월, 2018년 5월 지정; 집단 이름은 제2부 참조.
2) 140개 사기업집단: 1987-2016년에 지정되었으며, 54개 집단은 2017-18년에도 지정됨.
3) 다음은 분리 표시함: 6개 사기업집단 (2017-18년 처음 지정), 21개 공기업집단 (2002-16년).
4) 1987-1992년: 31위 이하 순위 및 자산총액 정보 없음, 각각 '(31)' '(0)'으로 표시함.
5) 2002-2016년: 공기업집단도 대규모기업집단으로 지정됨, 공기업집단을 제외한 순위임.

(ㅅ)

	삼미			삼보컴퓨터			삼성		
	R	A	B	R	A	B	R	A	B
1987	18	7	844				3	36	5,588
1988	16	10	955				4	37	6,766
1989	19	11	1,176				4	42	8,108
1990	17	14	1,493				4	45	10,438
1991	17	15	1,762				4	51	13,844
1992	17	14	2,298				2	52	18,713
1993	18	9	2,202				2	55	21,285
1994	19	10	2,265				3	50	22,650
1995	25	8	2,245				2	55	29,414
1996	26	8	2,475				2	55	40,761
1997							2	80	51,651
1998							2	61	64,536
1999							3	49	61,606
2000							2	45	67,384
2001							1	64	69,873
2002							1	63	72,351
2003				36	30	2,238	1	63	83,492
2004							1	63	91,946
2005							1	62	107,617
2006							1	59	115,924
2007							1	59	129,078
2008							1	59	144,449
2009							1	63	174,886
2010							1	67	192,847
2011							1	78	230,928
2012							1	81	255,704
2013							1	76	306,092
2014							1	74	331,444
2015							1	67	351,533
2016							1	59	348,226
2017							1	62	363,218
2018							1	62	399,479

(ㅅ) [R, A, B: 순위 (위), 계열회사 수 (개), 자산총액 (10억 원)]

	삼양			삼천리			삼환기업		
	R	A	B	R	A	B	R	A	B
1987							30	11	437
1988							(31)	11	(0)
1989	(31)	7	(0)				(31)	11	(0)
1990	(31)	6	(0)				(31)	11	(0)
1991	(31)	6	(0)				(31)	11	(0)
1992	(31)	7	(0)	(31)	13	(0)	(31)	11	(0)
1993									
1994									
1995									
1996									
1997									
1998									
1999	30	10	2,342						
2000									
2001									
2002									
2003									
2004	45	7	2,033						
2005	47	10	2,288						
2006	48	11	2,418						
2007	51	13	2,474						
2008	60	13	2,511						
2009									
2010									
2011									
2012									
2013									
2014				49	14	5,440			
2015				45	15	6,014			
2016				50	16	5,707			
2017				53	17	5,999			
2018				53	17	6,471			

주: 1) 1987-2016년 4월, 2017년 5·9월, 2018년 5월 지정; 집단 이름은 제2부 참조.
2) 140개 사기업집단: 1987-2016년에 지정되었으며, 54개 집단은 2017-18년에도 지정됨.
3) 다음은 분리 표시함: 6개 사기업집단 (2017-18년 처음 지정), 21개 공기업집단 (2002-16년).
4) 1987-1992년: 31위 이하 순위 및 자산총액 정보 없음, 각각 '(31)' '(0)'으로 표시함.
5) 2002-2016년: 공기업집단도 대규모기업집단으로 지정됨, 공기업집단을 제외한 순위임.

(ㅅ)

	쌍방울			쌍용			쌍용양회		
	R	A	B	R	A	B	R	A	B
1987				5	22	2,810			
1988				6	21	2,889			
1989				8	21	3,358			
1990				7	21	4,095			
1991				7	22	5,426			
1992	(31)	22	(0)	7	22	6,896			
1993				7	22	7,855			
1994				7	23	8,788			
1995				6	22	10,955			
1996				6	23	13,929			
1997				6	25	16,457			
1998				7	22	15,645			
1999				7	23	14,167			
2000				10	22	9,749			
2001				12	20	9,039			
2002									
2003									
2004									
2005									
2006				42	6	3,141			
2007							44	6	2,988
2008							54	6	2,882
2009									
2010									
2011									
2012									
2013									
2014									
2015									
2016									
2017									
2018									

(ㅅ) [R, A, B: 순위 (위), 계열회사 수 (개), 자산총액 (10억 원)]

	서통			선명			성신양회		
	R	A	B	R	A	B	R	A	B
1987									
1988									
1989									
1990							(31)	11	(0)
1991							(31)	10	(0)
1992	(31)	12	(0)				(31)	10	(0)
1993									
1994									
1995									
1996									
1997									
1998									
1999									
2000									
2001									
2002									
2003									
2004									
2005									
2006									
2007									
2008				66	12	2,185			
2009									
2010									
2011									
2012									
2013									
2014									
2015									
2016									
2017									
2018									

주: 1) 1987-2016년 4월, 2017년 5·9월, 2018년 5월 지정; 집단 이름은 제2부 참조.
2) 140개 사기업집단: 1987-2016년에 지정되었으며, 54개 집단은 2017-18년에도 지정됨.
3) 다음은 분리 표시함: 6개 사기업집단 (2017-18년 처음 지정), 21개 공기업집단 (2002-16년).
4) 1987-1992년: 31위 이하 순위 및 자산총액 정보 없음, 각각 '(31)' '(0)'으로 표시함.
5) 2002-2016년: 공기업집단도 대규모기업집단으로 지정됨, 공기업집단을 제외한 순위임.

(ㅅ)

	성우			씨앤			CJ		
	R	A	B	R	A	B	R	A	B
1987									
1988									
1989									
1990									
1991									
1992	(31)	7	(0)						
1993									
1994									
1995									
1996									
1997									
1998									
1999							28	15	2,728
2000							23	18	3,538
2001							19	30	4,763
2002							18	28	4,316
2003							18	33	4,538
2004							18	41	4,935
2005							18	48	5,905
2006							18	56	6,797
2007							19	64	8,423
2008				63	29	2,281	17	66	10,257
2009							19	61	12,324
2010							18	54	13,023
2011							16	65	16,323
2012							14	84	22,922
2013							15	82	24,143
2014							15	73	24,121
2015							15	65	24,608
2016							15	62	24,763
2017							15	70	27,794
2018							15	80	28,310

(ㅅ) [R, A, B: 순위 (위), 계열회사 수 (개), 자산총액 (10억 원)]

	신동아			신세계			신아		
	R	A	B	R	A	B	R	A	B
1987	(31)	11	(0)						
1988	(31)	10	(0)						
1989									
1990									
1991									
1992	(31)	7	(0)				(31)	3	(0)
1993									
1994									
1995									
1996									
1997									
1998									
1999									
2000				29	10	2,723			
2001				24	9	3,221			
2002				22	10	3,935			
2003				16	12	4,689			
2004				16	12	5,220			
2005				16	13	6,014			
2006				17	14	7,030			
2007				15	15	9,863			
2008				16	15	10,707			
2009				21	14	11,956			
2010				22	12	12,438			
2011				18	13	16,040			
2012				17	19	17,532			
2013				16	27	22,881			
2014				14	29	25,243			
2015				14	29	27,010			
2016				14	34	29,165			
2017				11	37	32,294			
2018				11	39	34,090			

주: 1) 1987-2016년 4월, 2017년 5·9월, 2018년 5월 지정; 집단 이름은 제2부 참조.
2) 140개 사기업집단: 1987-2016년에 지정되었으며, 54개 집단은 2017-18년에도 지정됨.
3) 다음은 분리 표시함: 6개 사기업집단 (2017-18년 처음 지정), 21개 공기업집단 (2002-16년).
4) 1987-1992년: 31위 이하 순위 및 자산총액 정보 없음, 각각 '(31)' '(0)'으로 표시함.
5) 2002-2016년: 공기업집단도 대규모기업집단으로 지정됨, 공기업집단을 제외한 순위임.

(ㅅ)

	신호			새한			세아		
	R	A	B	R	A	B	R	A	B
1987									
1988									
1989									
1990									
1991									
1992									
1993									
1994									
1995									
1996									
1997	30	25	2,158						
1998	25	28	3,060	30	16	2,659			
1999	29	21	2,701	25	15	3,513			
2000				27	12	3,052			
2001									
2002									
2003									
2004							33	28	2,955
2005							32	28	3,366
2006							36	23	3,670
2007							38	22	4,007
2008							40	23	4,420
2009							38	23	5,400
2010							44	19	5,147
2011							44	21	5,733
2012							42	24	6,914
2013							42	23	7,061
2014							44	22	6,661
2015							41	21	6,801
2016							40	22	7,785
2017							39	21	8,109
2018							40	21	8,469

(ㅅ) - (ㅇ) [R, A, B: 순위 (위), 계열회사 수 (개), 자산총액 (10억 원)]

	셀트리온			아남			아모레퍼시픽		
	R	A	B	R	A	B	R	A	B
1987									
1988							(31)	16	(0)
1989				(31)	12	(0)	(31)	19	(0)
1990				(31)	9	(0)	29	22	789
1991				(31)	9	(0)	(31)	23	(0)
1992				(31)	9	(0)	(31)	17	(0)
1993									
1994									
1995									
1996									
1997				26	21	2,659			
1998				21	15	4,339			
1999				23	15	4,097			
2000				26	14	3,073			
2001									
2002									
2003									
2004									
2005									
2006									
2007							48	7	2,690
2008							50	9	2,993
2009									
2010									
2011									
2012									
2013							52	10	5,105
2014							48	10	5,458
2015							46	12	5,959
2016	48	8	5,855				46	12	6,567
2017	49	11	6,764				43	12	7,460
2018	38	9	8,572				48	12	7,725

주: 1) 1987-2016년 4월, 2017년 5·9월, 2018년 5월 지정; 집단 이름은 제2부 참조.
2) 140개 사기업집단: 1987-2016년에 지정되었으며, 54개 집단은 2017-18년에도 지정됨.
3) 다음은 분리 표시함: 6개 사기업집단 (2017-18년 처음 지정), 21개 공기업집단 (2002-16년).
4) 1987-1992년: 31위 이하 순위 및 자산총액 정보 없음, 각각 '(31)' '(0)'으로 표시함.
5) 2002-2016년: 공기업집단도 대규모기업집단으로 지정됨, 공기업집단을 제외한 순위임.

(ㅇ)

	영풍			오리온			OCI		
	R	A	B	R	A	B	R	A	B
1987									
1988									
1989									
1990	(31)	12	(0)				(31)	11	(0)
1991	(31)	15	(0)				(31)	13	(0)
1992	(31)	15	(0)				(31)	13	(0)
1993									
1994									
1995									
1996									
1997									
1998									
1999									
2000	30	21	2,620						
2001	25	24	2,897				27	22	2,826
2002	26	24	2,831				31	19	2,293
2003	29	23	2,771				35	19	2,241
2004	34	20	2,885				42	19	2,287
2005	39	19	2,855				44	18	2,364
2006	37	26	3,612				47	19	2,627
2007	36	22	4,417	54	22	2,213	42	18	3,119
2008	32	21	5,218	61	20	2,497	41	15	4,163
2009							27	18	8,214
2010	41	23	5,790				32	18	7,769
2011	36	24	7,170				29	17	9,645
2012	33	23	8,726				24	19	11,773
2013	31	23	9,921				25	22	12,159
2014	29	22	9,944				23	26	12,131
2015	28	22	10,311				24	26	12,007
2016	28	23	10,561				23	22	11,590
2017	26	23	10,963				24	22	11,803
2018	22	24	12,259				27	21	11,323

(ㅇ) [R, A, B: 순위 (위), 계열회사 수 (개), 자산총액 (10억 원)]

	우방			우성건설			웅진		
	R	A	B	R	A	B	R	A	B
1987									
1988				24	7	611			
1989				27	7	674			
1990				24	7	926			
1991				25	6	1,159			
1992	(31)	5	(0)	25	6	1,567			
1993				27	5	1,594			
1994				24	6	1,855			
1995				27	8	2,117			
1996									
1997									
1998									
1999									
2000									
2001									
2002									
2003									
2004									
2005									
2006									
2007									
2008							36	24	4,920
2009							34	29	5,867
2010							33	24	6,874
2011							32	31	8,071
2012							31	29	9,335
2013							49	25	5,895
2014									
2015									
2016									
2017									
2018									

주: 1) 1987-2016년 4월, 2017년 5·9월, 2018년 5월 지정; 집단 이름은 제2부 참조.
2) 140개 사기업집단: 1987-2016년에 지정되었으며, 54개 집단은 2017-18년에도 지정됨.
3) 다음은 분리 표시함: 6개 사기업집단 (2017-18년 처음 지정), 21개 공기업집단 (2002-16년).
4) 1987-1992년: 31위 이하 순위 및 자산총액 정보 없음, 각각 '(31)' '(0)'으로 표시함.
5) 2002-2016년: 공기업집단도 대규모기업집단으로 지정됨, 공기업집단을 제외한 순위임.

(ㅇ)

	유원건설			유진			이랜드		
	R	A	B	R	A	B	R	A	B
1987									
1988									
1989									
1990									
1991									
1992	(31)	3	(0)						
1993									
1994									
1995									
1996									
1997									
1998									
1999									
2000									
2001									
2002									
2003									
2004									
2005							40	12	2,610
2006							46	13	2,794
2007							26	16	5,383
2008				48	42	3,080	33	19	5,200
2009									
2010									
2011				47	33	5,158			
2012				52	28	5,139	51	30	5,242
2013							50	27	5,542
2014							45	24	6,375
2015							43	25	6,657
2016							42	29	7,531
2017							42	29	7,536
2018				59	71	5,328	42	30	8,250

(ㅇ) [R, A, B: 순위 (위), 계열회사 수 (개), 자산총액 (10억 원)]

	애경			S-Oil			SK		
	R	A	B	R	A	B	R	A	B
1987							7	16	2,499
1988							7	18	2,816
1989							7	22	3,442
1990							6	24	4,610
1991							5	27	6,504
1992							5	31	8,651
1993							5	32	9,965
1994							5	33	10,690
1995							5	32	12,806
1996							5	32	14,501
1997							5	46	22,927
1998							5	45	29,267
1999							5	41	32,766
2000				18	2	5,495	4	39	40,147
2001							4	54	47,379
2002							3	62	46,754
2003							3	60	47,463
2004							4	59	47,180
2005							4	50	47,961
2006							3	56	54,808
2007							3	57	60,376
2008	51	29	2,968				3	64	71,998
2009				30	2	7,728	3	77	85,889
2010				26	2	9,119	3	75	87,522
2011				27	2	10,078	3	86	97,042
2012				22	2	13,294	3	94	136,474
2013				24	2	12,580	3	81	140,621
2014				24	2	12,003	3	80	145,171
2015				27	2	10,338	3	82	152,388
2016				26	2	10,893	3	86	160,848
2017				22	2	14,048	3	96	170,697
2018				19	3	15,240	3	101	189,531

주: 1) 1987-2016년 4월, 2017년 5·9월, 2018년 5월 지정; 집단 이름은 제2부 참조.
2) 140개 사기업집단: 1987-2016년에 지정되었으며, 54개 집단은 2017-18년에도 지정됨.
3) 다음은 분리 표시함: 6개 사기업집단 (2017-18년 처음 지정), 21개 공기업집단 (2002-16년).
4) 1987-1992년: 31위 이하 순위 및 자산총액 정보 없음, 각각 '(31)' '(0)'으로 표시함.
5) 2002-2016년: 공기업집단도 대규모기업집단으로 지정됨, 공기업집단을 제외한 순위임.

(ㅇ)

	STX			LS			LG		
	R	A	B	R	A	B	R	A	B
1987							4	57	5,508
1988							3	62	6,997
1989							3	59	8,645
1990							3	58	11,186
1991							2	63	14,889
1992							4	58	17,152
1993							4	54	19,105
1994							4	53	20,388
1995							4	50	24,351
1996							3	48	31,395
1997							3	49	38,376
1998							4	52	52,773
1999							4	48	49,524
2000							3	43	47,612
2001							3	43	51,965
2002							2	51	54,484
2003							2	50	58,571
2004				17	12	5,056	2	46	61,648
2005	28	14	4,139	19	17	5,877	3	38	50,880
2006	26	10	4,907	19	19	6,591	4	30	54,432
2007	24	11	5,878	16	20	9,852	4	31	52,371
2008	15	15	10,912	18	24	9,562	4	36	57,136
2009	14	17	20,687	17	32	12,845	4	52	68,289
2010	14	16	20,901	15	44	16,179	4	53	78,918
2011	14	21	21,969	15	47	18,043	4	59	90,592
2012	13	26	24,321	15	50	19,316	4	63	100,777
2013	14	21	24,328	17	49	20,075	4	61	102,360
2014				16	51	20,367	4	61	102,060
2015				16	48	20,975	4	63	105,519
2016				17	45	20,230	4	67	105,849
2017				17	45	20,683	4	68	112,326
2018				17	48	21,048	4	70	123,135

(ㅈ) [R, A, B: 순위 (위), 계열회사 수 (개), 자산총액 (10억 원)]

	조양상선			중앙일보			중흥건설		
	R	A	B	R	A	B	R	A	B
1987									
1988									
1989									
1990									
1991	(31)	10	(0)						
1992	(31)	10	(0)						
1993									
1994									
1995									
1996									
1997									
1998									
1999									
2000									
2001									
2002									
2003									
2004									
2005									
2006				52	73	2,166			
2007									
2008									
2009									
2010									
2011									
2012									
2013									
2014									
2015							49	43	5,565
2016							41	49	7,603
2017							35	62	8,479
2018							34	61	9,598

주: 1) 1987-2016년 4월, 2017년 5·9월, 2018년 5월 지정; 집단 이름은 제2부 참조.
2) 140개 사기업집단: 1987-2016년에 지정되었으며, 54개 집단은 2017-18년에도 지정됨.
3) 다음은 분리 표시함: 6개 사기업집단 (2017-18년 처음 지정), 21개 공기업집단 (2002-16년).
4) 1987-1992년: 31위 이하 순위 및 자산총액 정보 없음, 각각 '(31)' '(0)'으로 표시함.
5) 2002-2016년: 공기업집단도 대규모기업집단으로 지정됨, 공기업집단을 제외한 순위임.

(ㅈ) - (ㅊ)

	GS			진로			청구		
	R	A	B	R	A	B	R	A	B
1987									
1988									
1989									
1990				(31)	23	(0)			
1991				(31)	20	(0)			
1992				28	20	1,301	(31)	7	(0)
1993				23	19	1,793			
1994				22	17	2,085			
1995				23	12	2,391			
1996				19	14	3,303			
1997				19	24	3,951			
1998				22	15	4,258			
1999				22	17	4,098			
2000				28	16	2,915			
2001									
2002									
2003									
2004									
2005	9	50	18,719						
2006	8	50	21,827						
2007	8	48	25,136						
2008	7	57	31,051						
2009	8	64	39,044						
2010	7	69	43,084						
2011	8	76	46,720						
2012	8	73	51,388						
2013	8	79	55,246						
2014	8	80	58,087						
2015	7	79	58,506						
2016	7	69	60,294						
2017	7	69	62,005						
2018	7	71	65,036						

(ㅊ) - (ㅋ) [R, A, B: 순위 (위), 계열회사 수 (개), 자산총액 (10억 원)]

	충남방적			카카오			코닝정밀소재		
	R	A	B	R	A	B	R	A	B
1987									
1988									
1989									
1990									
1991									
1992	(31)	6	(0)						
1993									
1994									
1995									
1996									
1997									
1998									
1999									
2000									
2001									
2002									
2003									
2004									
2005									
2006									
2007									
2008									
2009									
2010									
2011									
2012									
2013									
2014							43	2	6,843
2015									
2016				53	45	5,083			
2017				50	63	6,752			
2018				39	72	8,540			

주: 1) 1987-2016년 4월, 2017년 5·9월, 2018년 5월 지정; 집단 이름은 제2부 참조.
2) 140개 사기업집단: 1987-2016년에 지정되었으며, 54개 집단은 2017-18년에도 지정됨.
3) 다음은 분리 표시함: 6개 사기업집단 (2017-18년 처음 지정), 21개 공기업집단 (2002-16년).
4) 1987-1992년: 31위 이하 순위 및 자산총액 정보 없음, 각각 '(31)' '(0)'으로 표시함.
5) 2002-2016년: 공기업집단도 대규모기업집단으로 지정됨, 공기업집단을 제외한 순위임.

(ㅋ)

	코오롱			KCC			KT		
	R	A	B	R	A	B	R	A	B
1987	21	17	713						
1988	19	18	908						
1989	20	16	1,015						
1990	20	19	1,269						
1991	22	21	1,460						
1992	20	21	1,727						
1993	22	21	1,919						
1994	21	19	2,104						
1995	21	20	2,535						
1996	20	19	3,129						
1997	20	24	3,910						
1998	18	25	4,894						
1999	20	19	4,941						
2000	20	17	4,616						
2001	20	25	4,640						
2002	17	29	4,589	30	6	2,311			
2003	20	32	4,380	30	7	2,672	5	10	30,815
2004	24	31	4,605	28	10	3,422	5	11	28,270
2005	26	28	4,426	31	7	3,526	6	12	29,315
2006	32	23	4,380	34	7	4,098	7	12	27,520
2007	28	33	4,927	30	7	4,777	7	19	27,530
2008	34	34	5,159	23	7	8,013	9	29	27,073
2009	32	38	5,881	31	10	6,649	11	30	28,462
2010	36	37	6,829	28	10	8,701	11	30	27,099
2011	33	39	8,050	25	9	10,176	11	32	28,139
2012	30	40	9,378	32	9	9,182	11	50	32,165
2013	32	38	9,620	35	9	8,507	12	54	34,806
2014	31	37	9,400	34	9	8,653	12	57	34,974
2015	32	43	9,032	29	9	10,185	12	50	34,503
2016	33	43	9,126	30	7	9,806	13	40	31,315
2017	32	40	9,643	31	7	10,466	12	38	32,073
2018	31	39	10,841	29	17	10,969	12	36	30,736

(ㅋ) - (ㅌ)　[R, A, B: 순위 (위), 계열회사 수 (개), 자산총액 (10억 원)]

	KT&G			통일			태광		
	R	A	B	R	A	B	R	A	B
1987									
1988				28	15	558	(31)	8	(0)
1989				25	17	734	(31)	8	(0)
1990				25	17	896	(31)	8	(0)
1991				27	16	1,049	(31)	8	(0)
1992				(31)	15	(0)	(31)	9	(0)
1993									
1994									
1995									
1996									
1997									
1998									
1999									
2000									
2001							29	15	2,598
2002							29	18	2,315
2003	21	2	4,242				34	20	2,326
2004	25	4	4,370				36	38	2,745
2005	27	8	4,376				37	44	3,048
2006	28	7	4,511				38	52	3,571
2007	37	6	4,347				41	47	3,535
2008	39	6	4,737				42	46	3,802
2009	40	6	5,284						
2010	40	6	5,817						
2011	41	9	6,564				46	50	5,479
2012	40	13	6,991				43	44	6,561
2013	38	11	7,671				43	44	6,984
2014	37	11	7,950				39	34	7,380
2015	36	10	8,378				40	32	7,329
2016	31	10	9,649				44	26	7,118
2017	27	9	10,756				44	26	7,392
2018	28	9	11,045				36	25	8,691

주: 1) 1987-2016년 4월, 2017년 5·9월, 2018년 5월 지정; 집단 이름은 제2부 참조.
2) 140개 사기업집단: 1987-2016년에 지정되었으며, 54개 집단은 2017-18년에도 지정됨.
3) 다음은 분리 표시함: 6개 사기업집단 (2017-18년 처음 지정), 21개 공기업집단 (2002-16년).
4) 1987-1992년: 31위 이하 순위 및 자산총액 정보 없음, 각각 '(31)' '(0)'으로 표시함.
5) 2002-2016년: 공기업집단도 대규모기업집단으로 지정됨, 공기업집단을 제외한 순위임.

(ㅌ) - (ㅍ)

	태영			POSCO			풍산		
	R	A	B	R	A	B	R	A	B
1987									
1988							(31)	5	(0)
1989				5	21	5,930	(31)	6	(0)
1990							(31)	6	(0)
1991							(31)	6	(0)
1992	(31)	5	(0)				(31)	6	(0)
1993									
1994									
1995									
1996									
1997									
1998									
1999									
2000									
2001				7	15	21,228			
2002				6	15	20,835			
2003				8	15	20,533			
2004				8	16	22,058			
2005				7	17	25,706			
2006	50	19	2,335	6	21	30,183			
2007	49	23	2,676	6	23	32,661			
2008	46	26	3,215	6	31	38,496			
2009				5	36	49,062			
2010				6	48	52,877			
2011				6	61	69,845			
2012	48	40	5,443	6	70	80,618			
2013	48	40	5,912	6	52	81,087			
2014	46	42	6,208	6	46	83,810			
2015	44	44	6,379	6	51	84,545			
2016	45	43	6,841	6	45	80,233			
2017	40	47	7,728	6	38	78,175			
2018	47	48	7,869	6	40	79,709			

(ㅍ) - (ㅎ) [R, A, B: 순위 (위), 계열회사 수 (개), 자산총액 (10억 원)]

	프라임			하나로텔레콤			하림		
	R	A	B	R	A	B	R	A	B
1987									
1988									
1989									
1990									
1991									
1992									
1993									
1994									
1995									
1996									
1997									
1998									
1999									
2000									
2001				23	7	3,369			
2002				20	8	4,201			
2003				22	8	4,206			
2004				29	5	3,402			
2005				34	6	3,212			
2006				40	4	3,276			
2007				45	10	2,980			
2008	58	43	2,604	52	18	2,936			
2009									
2010									
2011									
2012									
2013									
2014									
2015									
2016							29	58	9,910
2017							30	58	10,505
2018							32	58	10,515

주: 1) 1987-2016년 4월, 2017년 5·9월, 2018년 5월 지정; 집단 이름은 제2부 참조.
2) 140개 사기업집단: 1987-2016년에 지정되었으며, 54개 집단은 2017-18년에도 지정됨.
3) 다음은 분리 표시함: 6개 사기업집단 (2017-18년 처음 지정), 21개 공기업집단 (2002-16년).
4) 1987-1992년: 31위 이하 순위 및 자산총액 정보 없음, 각각 '(31)' '(0)'으로 표시함.
5) 2002-2016년: 공기업집단도 대규모기업집단으로 지정됨, 공기업집단을 제외한 순위임.

(ㅎ)

	하이닉스			하이트진로			한국유리		
	R	A	B	R	A	B	R	A	B
1987									
1988									
1989									
1990							(31)	8	(0)
1991							(31)	8	(0)
1992				(31)	5	(0)	(31)	8	(0)
1993									
1994									
1995									
1996									
1997									
1998									
1999									
2000									
2001									
2002									
2003				37	9	2,132			
2004				40	12	2,329			
2005				45	11	2,327			
2006	14	5	10,358	22	13	6,027			
2007	14	5	13,741	31	13	4,772			
2008	14	8	14,995	37	15	4,805			
2009	16	8	13,375						
2010	17	9	13,614	38	16	6,254			
2011	17	9	16,144	42	15	6,071			
2012				44	15	6,041			
2013				47	14	6,043			
2014				47	12	5,850			
2015				48	12	5,718			
2016				49	13	5,755			
2017				55	12	5,544			
2018				58	12	5,639			

(ㅎ) [R, A, B: 순위 (위), 계열회사 수 (개), 자산총액 (10억 원)]

	한국GM			한국타이어			한국투자금융		
	R	A	B	R	A	B	R	A	B
1987									
1988									
1989									
1990									
1991									
1992				(31)	2	(0)			
1993									
1994									
1995									
1996									
1997									
1998									
1999									
2000									
2001									
2002				33	6	2,102			
2003				40	7	2,068			
2004	23	3	4,605	44	7	2,095			
2005	17	3	5,976	48	8	2,155			
2006	21	3	6,492	51	8	2,218			
2007	21	3	7,335	52	9	2,425			
2008	24	3	7,978	57	9	2,673			
2009	24	3	8,892				39	14	5,351
2010	30	4	8,212				45	18	5,039
2011	34	3	7,857				45	18	5,571
2012	29	3	10,244	50	15	5,245	47	15	5,473
2013	29	3	10,169	46	16	6,053	45	13	6,129
2014	32	3	9,061	38	16	7,782			
2015	37	2	8,212	35	16	8,450			
2016	43	2	7,472	32	14	9,403	35	24	8,331
2017	41	2	7,545	33	17	8,948	28	28	10,736
2018	54	2	6,455	35	17	9,139	24	30	11,963

주: 1) 1987-2016년 4월, 2017년 5·9월, 2018년 5월 지정; 집단 이름은 제2부 참조.
2) 140개 사기업집단: 1987-2016년에 지정되었으며, 54개 집단은 2017-18년에도 지정됨.
3) 다음은 분리 표시함: 6개 사기업집단 (2017-18년 처음 지정), 21개 공기업집단 (2002-16년).
4) 1987-1992년: 31위 이하 순위 및 자산총액 정보 없음, 각각 '(31)' '(0)'으로 표시함.
5) 2002-2016년: 공기업집단도 대규모기업집단으로 지정됨, 공기업집단을 제외한 순위임.

(ㅎ)

	한라			한보			한솔		
	R	A	B	R	A	B	R	A	B
1987	(31)	5	(0)	25	8	561			
1988	30	5	541	(31)	5	(0)			
1989	(31)	6	(0)	(31)	4	(0)			
1990	23	7	995	(31)	4	(0)			
1991	23	9	1,402	(31)	4	(0)			
1992	19	10	1,941	(31)	4	(0)			
1993	19	10	2,160						
1994	17	12	2,579	28	11	1,628			
1995	15	15	3,429	18	13	3,013			
1996	16	17	4,766	14	21	5,147	22	19	2,990
1997	12	18	6,640				16	23	4,346
1998	12	18	8,562				15	19	6,268
1999	17	17	5,535				12	19	8,060
2000							11	19	9,397
2001							14	19	6,983
2002							21	12	4,162
2003							25	13	3,772
2004							30	11	3,396
2005							35	10	3,150
2006							43	12	3,092
2007							43	12	3,018
2008	53	12	2,925				47	16	3,193
2009									
2010									
2011									
2012	45	23	5,779						
2013	40	23	7,541				51	22	5,211
2014	35	21	8,506				50	20	5,261
2015	34	23	8,554				50	21	5,269
2016	37	22	8,129				51	20	5,353
2017	38	19	8,176				57	20	5,327
2018	41	19	8,293				60	19	5,099

(ㅎ) [R, A, B: 순위 (위), 계열회사 수 (개), 자산총액 (10억 원)]

	한신공영			한양			한일		
	R	A	B	R	A	B	R	A	B
1987				19	4	842	12	11	1,479
1988				21	4	700	13	12	1,503
1989				30	4	637	13	12	1,681
1990	(31)	2	(0)	30	4	783	12	13	1,950
1991	(31)	3	(0)	26	4	1,118	15	13	2,212
1992	(31)	3	(0)	26	4	1,548	15	15	2,619
1993				20	4	2,147	15	15	2,747
1994							16	15	2,717
1995							20	13	2,559
1996							27	8	2,180
1997							27	7	2,599
1998									
1999									
2000									
2001									
2002									
2003									
2004									
2005									
2006									
2007									
2008									
2009									
2010									
2011									
2012									
2013									
2014									
2015									
2016									
2017									
2018									

주: 1) 1987-2016년 4월, 2017년 5·9월, 2018년 5월 지정; 집단 이름은 제2부 참조.
2) 140개 사기업집단: 1987-2016년에 지정되었으며, 54개 집단은 2017-18년에도 지정됨.
3) 다음은 분리 표시함: 6개 사기업집단 (2017-18년 처음 지정), 21개 공기업집단 (2002-16년).
4) 1987-1992년: 31위 이하 순위 및 자산총액 정보 없음, 각각 '(31)' '(0)'으로 표시함.
5) 2002-2016년: 공기업집단도 대규모기업집단으로 지정됨, 공기업집단을 제외한 순위임.

(ㅎ)

	한진			한진중공업			한화		
	R	A	B	R	A	B	R	A	B
1987	6	13	2,626				8	22	1,796
1988	5	16	3,903				8	23	2,278
1989	6	16	4,166				10	26	2,333
1990	5	17	4,721				10	27	3,033
1991	6	22	6,230				8	27	4,172
1992	6	23	7,579				9	27	5,469
1993	6	24	8,674				9	27	6,428
1994	6	21	9,398				9	29	6,837
1995	7	23	10,629				9	29	7,282
1996	7	24	12,246				9	31	9,158
1997	7	24	14,309				9	31	10,967
1998	6	25	19,457				8	31	12,469
1999	6	21	18,548				8	21	13,084
2000	5	18	20,771				9	23	11,430
2001	6	19	21,307				10	25	11,496
2002	5	21	21,596				11	26	9,892
2003	6	23	21,041				9	33	14,311
2004	6	23	25,413				9	31	15,084
2005	8	23	24,523				10	30	16,219
2006	9	22	20,702	35	3	3,739	11	31	16,526
2007	10	25	22,224	32	4	4,764	12	34	18,046
2008	11	27	26,299	29	5	5,719	12	40	20,627
2009	10	33	29,135	29	6	7,904	13	44	24,467
2010	10	37	30,387	29	7	8,630	13	48	26,391
2011	9	40	33,469	31	8	8,158	10	55	31,731
2012	9	45	37,494	36	8	8,147	10	53	34,263
2013	10	45	37,987	33	9	8,772	11	49	35,944
2014	10	48	39,522	33	10	9,025	11	51	37,063
2015	10	46	38,382	33	9	8,908	11	52	37,954
2016	11	38	37,025	39	9	7,797	8	57	54,697
2017	14	34	29,114	52	8	6,579	8	61	58,539
2018	14	28	30,307	56	7	5,705	8	76	61,319

(ㅎ) [R, A, B: 순위 (위), 계열회사 수 (개), 자산총액 (10억 원)]

	현대			현대건설			현대백화점		
	R	A	B	R	A	B	R	A	B
1987	1	32	8,038						
1988	1	34	9,517						
1989	1	37	10,831						
1990	1	39	14,279						
1991	1	42	19,074						
1992	1	43	23,116						
1993	1	45	27,517						
1994	1	48	31,669						
1995	1	48	37,221						
1996	1	46	43,743						
1997	1	57	53,597						
1998	1	62	73,520						
1999	1	62	88,806						
2000	1	35	88,649						
2001	2	26	53,632				26	15	2,858
2002	8	12	11,784				24	10	3,262
2003	11	12	10,160				24	18	3,847
2004	14	7	6,355				27	17	3,647
2005	15	7	6,072				29	20	3,781
2006	16	9	7,125				31	23	4,404
2007	17	9	8,760	23	9	6,073	27	24	4,939
2008	21	9	9,007	25	14	7,271	31	25	5,582
2009	18	11	12,574	23	14	9,337	33	22	5,868
2010	21	12	12,472	23	20	9,810	34	29	6,857
2011	21	14	13,705				30	26	8,399
2012	21	20	13,948				28	35	10,457
2013	22	20	14,965				26	35	11,517
2014	22	20	14,113				25	35	11,960
2015	22	20	12,566				23	32	12,151
2016	22	21	12,282				21	35	12,777
2017							23	29	13,371
2018							21	28	14,315

주: 1) 1987-2016년 4월, 2017년 5·9월, 2018년 5월 지정; 집단 이름은 제2부 참조.
2) 140개 사기업집단: 1987-2016년에 지정되었으며, 54개 집단은 2017-18년에도 지정됨.
3) 다음은 분리 표시함: 6개 사기업집단 (2017-18년 처음 지정), 21개 공기업집단 (2002-16년).
4) 1987-1992년: 31위 이하 순위 및 자산총액 정보 없음, 각각 '(31)' '(0)'으로 표시함.
5) 2002-2016년: 공기업집단도 대규모기업집단으로 지정됨, 공기업집단을 제외한 순위임.

(ㅎ)

	현대산업개발			현대오일뱅크			현대자동차		
	R	A	B	R	A	B	R	A	B
1987									
1988									
1989									
1990									
1991									
1992									
1993									
1994									
1995									
1996									
1997									
1998									
1999									
2000	25	7	3,420	13	3	7,150			
2001	22	9	4,070	13	2	7,243	5	16	36,136
2002	25	10	3,033	14	2	5,884	4	25	41,266
2003	28	11	2,800				4	25	44,060
2004	35	12	2,786				3	28	52,345
2005	33	12	3,274	30	2	3,748	2	28	56,039
2006	33	13	4,117	30	2	4,445	2	40	62,235
2007	35	16	4,434	34	2	4,490	2	36	66,225
2008	35	15	4,926				2	36	73,987
2009	35	16	5,736				2	41	86,945
2010	37	15	6,693	43	2	5,633	2	42	100,775
2011	37	15	7,106				2	63	126,689
2012	39	15	7,470				2	56	154,659
2013	41	15	7,388				2	57	166,694
2014	41	15	7,248				2	57	180,945
2015	42	16	6,686				2	51	194,093
2016	47	17	6,424				2	51	209,694
2017	48	19	6,880				2	53	218,625
2018	46	23	7,981				2	56	222,654

(ㅎ) [R, A, B: 순위 (위), 계열회사 수 (개), 자산총액 (10억 원)]

	현대중공업			홈플러스			효성		
	R	A	B	R	A	B	R	A	B
1987							16	15	1,002
1988							14	15	1,324
1989							16	13	1,500
1990							15	14	1,754
1991							16	14	2,113
1992							16	14	2,329
1993							16	14	2,571
1994							15	14	2,273
1995							17	15	3,040
1996							17	16	3,754
1997							17	18	4,131
1998							16	21	5,249
1999							19	17	5,178
2000							16	13	5,716
2001							18	15	4,950
2002	10	5	10,323				15	15	4,987
2003	10	6	12,379				15	15	4,958
2004	10	6	14,211				21	16	4,805
2005	11	7	15,173				25	16	4,772
2006	10	7	17,267				29	17	4,487
2007	11	7	20,573				33	23	4,596
2008	8	9	30,058	43	2	3,500	27	30	5,980
2009	7	15	40,882	37	3	5,532	26	41	8,424
2010	8	16	40,189	35	3	6,836	25	40	9,124
2011	7	21	54,406	35	3	7,242	28	39	9,719
2012	7	24	55,771	38	3	7,639	25	45	11,654
2013	7	26	56,451	36	3	8,102	27	48	11,442
2014	7	26	58,395	36	3	7,952	26	44	11,211
2015	8	27	57,472	38	4	8,089	25	45	11,190
2016	9	26	53,497				24	45	11,546
2017	9	29	54,347				25	46	11,475
2018	10	28	56,055				26	52	11,656

주: 1) 1987-2016년 4월, 2017년 5·9월, 2018년 5월 지정; 집단 이름은 제2부 참조.
2) 140개 사기업집단: 1987-2016년에 지정되었으며, 54개 집단은 2017-18년에도 지정됨.
3) 다음은 분리 표시함: 6개 사기업집단 (2017-18년 처음 지정), 21개 공기업집단 (2002-16년).
4) 1987-1992년: 31위 이하 순위 및 자산총액 정보 없음, 각각 '(31)' '(0)'으로 표시함.
5) 2002-2016년: 공기업집단도 대규모기업집단으로 지정됨, 공기업집단을 제외한 순위임.

(ㅎ)

	해태			화승		
	R	A	B	R	A	B
1987	26	13	493			
1988	27	12	574			
1989	26	10	678			
1990	(31)	9	(0)			
1991	29	9	1,023	(31)	16	(0)
1992	29	10	1,277	(31)	16	(0)
1993	28	10	1,531			
1994	26	9	1,832			
1995	24	13	2,358			
1996	25	14	2,873			
1997	24	15	3,398			
1998	24	15	3,747			
1999	24	15	3,977			
2000						
2001						
2002						
2003						
2004						
2005						
2006						
2007						
2008						
2009						
2010						
2011						
2012						
2013						
2014						
2015						
2016						
2017						
2018						

2. 6개 사기업집단: 2017-2018년 처음 지정

[R, A, B: 순위 (위), 계열회사 수 (개), 자산총액 (10억 원)]

	네이버			넥슨			넷마블		
	R	A	B	R	A	B	R	A	B
2017	51	71	6,614	56	22	5,538			
2018	49	45	7,144	52	22	6,721	57	26	5,662

	메리츠금융			SM			호반건설		
	R	A	B	R	A	B	R	A	B
2017				46	61	7,032	47	48	7,001
2018	51	8	6,932	37	65	8,616	44	42	7,988

3. 21개 공기업집단, 2002-2016년

[R, A, B: 순위 (위), 계열회사 수 (개), 자산총액 (10억 원)]

	광해방지사업단			담배인삼공사			대한주택공사		
	R	A	B	R	A	B	R	A	B
2002				9	2	3,954	5	2	14,493
2003							3	2	15,529
2004							3	2	16,877
2005							3	2	24,952
2006							3	2	30,834
2007							2	2	40,704
2008	10	3	2,142				2	2	51,137
2009							2	2	64,264
2010									
2011									
2012									
2013									
2014									
2015									
2016									

주: 1) 집단 이름은 제2부 참조.
2) 2002-2016년: 4월 지정, 공기업집단도 대규모기업집단으로 지정됨, 공기업집단 중에서의 순위임.

	부산항만공사			서울메트로			서울특별시도시철도공사		
	R	A	B	R	A	B	R	A	B
2002									
2003									
2004									
2005									
2006									
2007									
2008	8	3	3,546						
2009									
2010							7	2	7,356
2011							8	2	7,139
2012	11	2	5,025				10	2	6,863
2013	10	2	5,111				9	2	6,646
2014	12	2	5,221	11	3	6,380	10	3	6,510
2015	11	2	5,444	10	3	6,227	9	3	7,077
2016	12	2	5,543	10	4	6,271	11	3	6,111

	인천국제공항공사			인천도시공사			인천항만공사		
	R	A	B	R	A	B	R	A	B
2002									
2003									
2004									
2005									
2006									
2007									
2008							11	2	2,109
2009									
2010	6	2	8,188	8	3	6,798			
2011	7	2	7,959						
2012	9	2	7,806	8	3	10,119			
2013	8	2	7,954	7	3	10,962			
2014	9	2	7,832	8	3	11,252			
2015				8	4	11,741			
2016				9	3	10,773			

[R, A, B: 순위 (위), 계열회사 수 (개), 자산총액 (10억 원)]

	SH공사			KT			한국가스공사		
	R	A	B	R	A	B	R	A	B
2002				2	9	32,617	7	2	9,134
2003							6	2	9,361
2004							5	2	9,700
2005							5	2	10,138
2006							6	2	11,371
2007							6	3	12,320
2008							6	3	12,680
2009							5	3	22,075
2010							4	3	23,094
2011							4	3	24,467
2012							4	3	34,417
2013							4	3	39,545
2014							4	3	42,461
2015							4	2	45,245
2016	5	2	23,665				4	4	40,532

	한국농어촌공사			한국도로공사			한국석유공사		
	R	A	B	R	A	B	R	A	B
2002	8	2	4,081	3	4	26,353			
2003	7	2	4,231	2	3	28,257			
2004	6	2	4,318	2	3	30,419			
2005	7	2	4,224	2	3	32,381			
2006	7	2	4,833	2	3	34,638			
2007	7	2	4,941	3	4	37,204			
2008	7	2	5,091	3	4	38,824			
2009	8	2	5,155	3	4	42,260	7	3	13,034
2010				3	4	45,355			
2011				3	4	47,376	6	2	22,379
2012				3	3	49,332	5	2	23,874
2013				3	3	51,513			
2014				3	3	53,544	6	2	22,529
2015				3	3	55,475	7	2	20,163
2016				3	3	57,656	8	2	17,466

주: 1) 집단 이름은 제2부 참조.
2) 2002-2016년: 4월 지정, 공기업집단도 대규모기업집단으로 지정됨, 공기업집단 중에서의 순위임.

	한국수자원공사			한국전력공사			한국지역난방공사		
	R	A	B	R	A	B	R	A	B
2002	6	2	9,521	1	14	90,889			
2003	5	2	9,725	1	13	92,094			
2004				1	11	94,774			
2005				1	11	98,307			
2006				1	11	102,932			
2007				1	11	106,398			
2008				1	12	112,621	9	4	2,207
2009				1	12	117,159			
2010				2	13	123,517			
2011				2	14	131,298			
2012	6	2	23,420	1	17	165,931			
2013	5	2	24,947	1	22	176,017			
2014	5	2	25,478	1	24	186,573	13	3	5,049
2015	5	2	25,281	1	24	196,253			
2016	6	2	19,305	1	27	208,286			

	한국철도공사			한국토지공사			한국토지주택공사		
	R	A	B	R	A	B	R	A	B
2002				4	2	14,915			
2003				4	2	14,837			
2004				4	2	14,388			
2005	6	11	8,660	4	2	15,576			
2006	5	12	14,270	4	2	17,592			
2007	5	16	14,071	4	2	25,166			
2008	5	15	14,503	4	3	33,600			
2009	6	12	16,279	4	3	41,380			
2010	5	11	21,386				1	4	130,338
2011	5	11	23,050				1	4	148,167
2012	7	10	22,265				2	4	158,742
2013	6	10	20,154				2	5	168,085
2014	7	11	22,136				2	5	173,716
2015	6	11	21,939				2	5	171,782
2016	7	9	18,411				2	5	170,022

제8부

집단별 변화:
(3) 매출액, 당기순이익

1. 140개 사기업집단, 1987-2016년

(ㄱ) [R, C, D: 순위 (위), 매출액 (10억 원), 당기순이익 (10억 원)]

	갑을			강원산업			거평		
	R	C	D	R	C	D	R	C	D
1987									
1988				(31)	540	3			
1989				(31)	721	5			
1990				(31)	864	-6			
1991	(31)	408	-2	(31)	890	5			
1992	(31)	471	-9	(31)	1,069	11			
1993									
1994									
1995									
1996									
1997							28	1,387	20
1998				29	3,381	-14	28	1,852	-21
1999				26	3,004	-143			
2000									
2001									
2002									
2003									
2004									
2005									
2006									
2007									
2008									
2009									
2010									
2011									
2012									
2013									
2014									
2015									
2016									
2017									
2018									

주: 1) 1987-2016년 4월, 2017년 5·9월, 2018년 5월 지정; 집단 이름은 제2부 참조.
2) 140개 사기업집단: 1987-2016년에 지정되었으며, 54개 집단은 2017-18년에도 지정됨.
3) 다음은 분리 표시함: 6개 사기업집단 (2017-18년 처음 지정), 21개 공기업집단 (2002-16년).
4) 1987-1992년: 31위 이하 순위 정보 없음, '(31)'로 표시함.
5) 2002-2016년: 공기업집단도 대규모기업집단으로 지정됨, 공기업집단을 제외한 순위임.
6) 1993년: 매출액, 당기순이익 정보 없음.

(ㄱ) [R, C, D: 순위 (위), 매출액 (10억 원), 당기순이익 (10억 원)]

	고려통상			고합			교보생명보험		
	R	C	D	R	C	D	R	C	D
1987				24	373	5			
1988				25	447	9			
1989				28	585	8			
1990				27	671	5			
1991	(31)	163	32	28	753	0			
1992	(31)	259	9	27	976	-8			
1993				25	-	-			
1994				23	1,339	-2			
1995				22	1,699	19			
1996				24	2,315	60			
1997				21	2,563	30			
1998				17	3,304	-19			
1999				18	1,695	-1,345			
2000				22	1,002	-645			
2001				30	1,272	-1,289			
2002									
2003									
2004									
2005									
2006									
2007							53	13,235	297
2008							62	12,883	352
2009									
2010									
2011									
2012							46	14,546	674
2013							44	14,648	585
2014							42	14,763	593
2015							39	13,856	528
2016							34	14,425	686
2017							34	14,614	580
2018							30	15,566	711

주: 1) 1987-2016년 4월, 2017년 5·9월, 2018년 5월 지정; 집단 이름은 제2부 참조.
2) 140개 사기업집단: 1987-2016년에 지정되었으며, 54개 집단은 2017-18년에도 지정됨.
3) 다음은 분리 표시함: 6개 사기업집단 (2017-18년 처음 지정), 21개 공기업집단 (2002-16년).
4) 1987-1992년: 31위 이하 순위 정보 없음, '(31)'로 표시함.
5) 2002-2016년: 공기업집단도 대규모기업집단으로 지정됨, 공기업집단을 제외한 순위임.
6) 1993년: 매출액, 당기순이익 정보 없음.

(ㄱ)

	극동건설			극동정유			금강		
	R	C	D	R	C	D	R	C	D
1987	20	267	-22						
1988	22	302	-18	26	246	1			
1989	24	377	4	21	262	5			
1990	21	355	36	19	552	4	(31)	381	14
1991	20	488	57	19	859	-112	(31)	500	28
1992	24	629	9	22	978	-161	(31)	715	44
1993	26	-	-						
1994	27	801	56						
1995	28	838	57						
1996	28	976	38						
1997									
1998									
1999									
2000									
2001									
2002									
2003									
2004									
2005									
2006									
2007									
2008									
2009									
2010									
2011									
2012									
2013									
2014									
2015									
2016									
2017									
2018									

(ㄱ) [R, C, D: 순위 (위), 매출액 (10억 원), 당기순이익 (10억 원)]

	금호석유화학			금호아시아나			기아		
	R	C	D	R	C	D	R	C	D
1987				22	388	17	13	1,188	19
1988				20	692	37	10	1,922	21
1989				17	843	17	11	2,507	37
1990				16	990	-11	9	3,127	46
1991				12	1,393	-24	9	4,291	71
1992				11	1,814	-13	8	4,687	42
1993				11	-	-	8	-	-
1994				11	2,616	-61	8	6,282	31
1995				11	2,491	-18	8	7,277	-56
1996				11	3,946	8	8	9,377	-67
1997				11	4,834	-40	8	12,181	-129
1998				9	5,669	-463			
1999				9	6,235	-322			
2000				8	7,360	-232			
2001				9	6,826	-286			
2002				9	7,777	-750			
2003				12	8,230	103			
2004				11	8,433	55			
2005				12	9,889	724			
2006				13	10,900	473			
2007				9	18,076	993			
2008				10	21,872	1,427			
2009				9	25,954	-40			
2010				9	22,222	-3,867			
2011				13	18,838	1,158			
2012				16	18,598	625			
2013				19	18,221	3			
2014				18	17,083	-21			
2015				18	16,835	233			
2016	52	5,017	151	20	10,640	-138			
2017	54	5,046	94	19	10,762	264			
2018	55	6,443	309	25	8,634	297			

주: 1) 1987-2016년 4월, 2017년 5·9월, 2018년 5월 지정; 집단 이름은 제2부 참조.
2) 140개 사기업집단: 1987-2016년에 지정되었으며, 54개 집단은 2017-18년에도 지정됨.
3) 다음은 분리 표시함: 6개 사기업집단 (2017-18년 처음 지정), 21개 공기업집단 (2002-16년).
4) 1987-1992년: 31위 이하 순위 정보 없음, '(31)'로 표시함.
5) 2002-2016년: 공기업집단도 대규모기업집단으로 지정됨, 공기업집단을 제외한 순위임.
6) 1993년: 매출액, 당기순이익 정보 없음.

(ㄱ) - (ㄴ)

	계성제지			논노			농심		
	R	A	B	R	A	B	R	A	B
1987									
1988									
1989									
1990									
1991	(31)	365	-7						
1992				(31)	302	-15	(31)	663	7
1993									
1994									
1995									
1996									
1997									
1998									
1999									
2000									
2001									
2002									
2003							42	2,388	120
2004							39	2,669	233
2005							43	2,862	242
2006							44	2,823	226
2007							46	2,795	201
2008							49	2,762	180
2009									
2010									
2011									
2012									
2013									
2014									
2015									
2016									
2017									
2018									

(ㄴ) - (ㄷ) [R, C, D: 순위 (위), 매출액 (10억 원), 당기순이익 (10억 원)]

	농협			뉴코아			동국무역		
	R	C	D	R	C	D	R	C	D
1987									
1988									
1989							(31)	485	7
1990							(31)	472	6
1991							(31)	627	4
1992							(31)	654	13
1993									
1994									
1995									
1996				29	1,297	14			
1997				25	2,279	23			
1998				27	2,479	-273			
1999									
2000									
2001									
2002									
2003									
2004									
2005									
2006									
2007									
2008	67	4,094	74						
2009									
2010									
2011									
2012	34	7,339	130						
2013	9	30,772	714						
2014	9	34,759	1,034						
2015	9	39,032	770						
2016	10	46,567	1,150						
2017	10	49,619	957						
2018	9	54,006	1,325						

주: 1) 1987-2016년 4월, 2017년 5·9월, 2018년 5월 지정; 집단 이름은 제2부 참조.
2) 140개 사기업집단: 1987-2016년에 지정되었으며, 54개 집단은 2017-18년에도 지정됨.
3) 다음은 분리 표시함: 6개 사기업집단 (2017-18년 처음 지정), 21개 공기업집단 (2002-16년).
4) 1987-1992년: 31위 이하 순위 정보 없음, '(31)'로 표시함.
5) 2002-2016년: 공기업집단도 대규모기업집단으로 지정됨, 공기업집단을 제외한 순위임.
6) 1993년: 매출액, 당기순이익 정보 없음.

(ㄷ)

	동국제강			동부			동아		
	R	C	D	R	C	D	R	C	D
1987	17	1,152	1	23	1,025	-22	11	1,349	-33
1988	17	1,327	47	23	1,212	-5	12	1,497	6
1989	18	1,201	38	23	1,444	36	14	2,023	25
1990	18	1,381	40	22	1,673	26	13	2,112	42
1991	18	1,723	71	24	1,973	41	13	2,404	30
1992	18	2,187	89	23	2,428	25	14	2,909	43
1993	17	-	-	24	-	-	14	-	-
1994	18	2,689	63	25	2,948	-2	14	3,602	47
1995	16	3,052	83	26	3,377	-30	14	4,203	61
1996	18	3,406	80	23	4,141	27	15	4,671	43
1997	18	3,487	119	22	-	-	13	-	-
1998	19	3,662	40	20	5,658	47	10	6,015	-125
1999	15	4,479	-26	16	6,045	47	11	5,128	-1,643
2000	15	4,129	-8	19	5,530	101	14	3,296	144
2001	21	2,691	-111	15	7,051	288			
2002	19	2,837	43	13	6,862	9			
2003	23	3,026	49	14	7,405	0			
2004	22	3,576	156	13	7,846	-108			
2005	20	4,858	546	14	9,054	78			
2006	24	5,212	336	15	10,049	-97			
2007	25	4,840	198	18	10,588	-141			
2008	26	5,551	253	19	11,831	99			
2009	28	8,131	187	20	15,495	78			
2010	27	6,486	-29	20	15,488	205			
2011	26	8,023	129	20	17,234	271			
2012	27	8,833	-10	19	20,696	-189			
2013	30	7,779	-280	18	22,905	347			
2014	28	6,921	-100	19	24,143	-89			
2015	31	6,562	-339	21	23,319	-1,757			
2016	38	5,911	-4	36	19,897	582			
2017	45	5,158	64	36	20,840	453			
2018	50	6,137	82	43	20,054	806			

(ㄷ) [R, C, D: 순위 (위), 매출액 (10억 원), 당기순이익 (10억 원)]

	동아제약			동양			동원		
	R	C	D	R	C	D	R	C	D
1987									
1988									
1989				(31)	459	33			
1990				(31)	543	52	(31)	342	26
1991				21	831	62	30	433	39
1992	(31)	371	7	21	1,312	26	(31)	482	10
1993				21	-	-			
1994				20	1,981	95			
1995				19	2,321	66			
1996				21	2,804	15			
1997				23	3,602	-119			
1998				23	4,137	-186			
1999				21	4,965	-263			
2000				21	4,139	57			
2001				17	5,718	25			
2002				23	4,517	-395	28	1,797	-106
2003				19	3,809	-166	32	1,925	173
2004				19	3,784	-81	31	1,747	123
2005				24	3,924	154			
2006				27	4,127	115			
2007				29	4,376	177			
2008				28	4,733	203			
2009				36	5,755	-14			
2010				39	7,072	-44			
2011				38	7,087	-86			
2012				37	9,478	264			
2013				39	8,718	-258			
2014									
2015									
2016									
2017							37	5,470	256
2018							45	5,455	289

주: 1) 1987-2016년 4월, 2017년 5·9월, 2018년 5월 지정; 집단 이름은 제2부 참조.
2) 140개 사기업집단: 1987-2016년에 지정되었으며, 54개 집단은 2017-18년에도 지정됨.
3) 다음은 분리 표시함: 6개 사기업집단 (2017-18년 처음 지정), 21개 공기업집단 (2002-16년).
4) 1987-1992년: 31위 이하 순위 정보 없음, '(31)'로 표시함.
5) 2002-2016년: 공기업집단도 대규모기업집단으로 지정됨, 공기업집단을 제외한 순위임.
6) 1993년: 매출액, 당기순이익 정보 없음.

(ㄷ)

	두산			대교			대농		
	R	C	D	R	C	D	R	C	D
1987	14	1,401	16						
1988	15	1,222	29						
1989	15	1,443	23						
1990	14	1,732	16				(31)	365	6
1991	14	2,120	22				(31)	393	-5
1992	13	3,305	18				(31)	499	2
1993	13	-	-						
1994	13	3,029	-35						
1995	12	3,671	-74						
1996	12	4,073	-174						
1997	14	4,046	-108						
1998	14	3,693	59						
1999	13	2,434	-85						
2000	12	3,656	591						
2001	11	6,308	-55						
2002	12	5,990	-11						
2003	13	6,898	-439						
2004	12	6,621	54						
2005	13	7,179	163						
2006	12	11,504	384						
2007	13	12,993	346						
2008	13	14,266	811	68	1,042	41			
2009	12	17,188	-549						
2010	12	17,208	-564						
2011	12	18,742	749						
2012	12	20,599	753						
2013	13	20,011	-755						
2014	13	16,611	585						
2015	13	15,983	60						
2016	12	14,268	-1,607						
2017	13	11,961	-33						
2018	13	12,685	123						

(ㄷ) [R, C, D: 순위 (위), 매출액 (10억 원), 당기순이익 (10억 원)]

	대림			대상			대성		
	R	C	D	R	C	D	R	C	D
1987	9	1,440	27	27	563	17			
1988	11	1,259	35	29	594	21			
1989	12	1,178	-2	29	954	33			
1990	11	1,376	34	28	971	30	(31)	430	7
1991	11	1,835	49	(31)	1,036	38	(31)	482	7
1992	12	2,497	45	(31)	1,415	34	(31)	521	10
1993	12	-	-	30	-	-			
1994	12	2,565	39	29	1,706	25			
1995	13	3,074	69	30	1,674	36			
1996	13	4,127	55						
1997	15	4,970	-6	29	2,116	-30			
1998	13	6,728	-43	26	1,599	-16			
1999	14	6,259	-92	27	1,685	191			
2000	17	5,675	156						
2001	16	5,086	336						
2002	16	5,234	62	27	1,869	-7	32	2,107	39
2003	17	5,363	210	41	1,977	-141	38	2,053	65
2004	20	5,682	299				41	2,376	81
2005	21	7,354	593				41	2,366	102
2006	20	7,683	449				45	2,788	132
2007	20	7,885	391				47	3,082	151
2008	20	9,142	638				45	3,187	139
2009	22	10,525	142						
2010	19	10,627	411						
2011	22	11,386	390				43	3,919	172
2012	20	13,597	153				41	4,934	93
2013	21	15,521	553				37	5,441	31
2014	20	15,038	290				40	5,671	-267
2015	19	14,803	-475				47	4,879	-331
2016	19	13,874	57						
2017	18	14,331	139						
2018	18	17,333	252						

주: 1) 1987-2016년 4월, 2017년 5·9월, 2018년 5월 지정; 집단 이름은 제2부 참조.
2) 140개 사기업집단: 1987-2016년에 지정되었으며, 54개 집단은 2017-18년에도 지정됨.
3) 다음은 분리 표시함: 6개 사기업집단 (2017-18년 처음 지정), 21개 공기업집단 (2002-16년).
4) 1987-1992년: 31위 이하 순위 정보 없음, '(31)'로 표시함.
5) 2002-2016년: 공기업집단도 대규모기업집단으로 지정됨, 공기업집단을 제외한 순위임.
6) 1993년: 매출액, 당기순이익 정보 없음.

(ㄷ)

	대신			대우			㈜대우		
	R	C	D	R	C	D	R	C	D
1987				2	7,197	25			
1988				2	8,313	2			
1989				2	9,184	-99			
1990	(31)	190	47	2	9,545	75			
1991	(31)	314	81	3	11,232	169			
1992	(31)	535	-1	3	13,411	20			
1993				3	-	-			
1994				2	20,779	312			
1995				3	20,557	339			
1996				4	29,413	410			
1997				4	38,630	350			
1998				3	50,183	107			
1999				2	62,794	-614			
2000							7	22,378	-20,220
2001									
2002									
2003									
2004									
2005									
2006									
2007									
2008									
2009									
2010									
2011									
2012									
2013									
2014									
2015									
2016									
2017									
2018									

(ㄷ) [R, C, D: 순위 (위), 매출액 (10억 원), 당기순이익 (10억 원)]

	대우건설			대우자동차			대우자동차판매		
	R	C	D	R	C	D	R	C	D
1987									
1988									
1989									
1990									
1991									
1992									
1993									
1994									
1995									
1996									
1997									
1998									
1999									
2000									
2001									
2002									
2003				27	3,015	0			
2004	15	4,319	160	37	289	67			
2005	22	4,849	245	42	338	44			
2006	23	5,140	400						
2007							55	3,269	22
2008							64	3,760	69
2009									
2010									
2011	24	6,942	-760						
2012	26	7,303	170						
2013	28	8,563	151						
2014	27	8,953	-739						
2015	26	10,223	114						
2016	27	10,213	148						
2017	29	11,269	-756						
2018	33	11,661	205						

주: 1) 1987-2016년 4월, 2017년 5·9월, 2018년 5월 지정; 집단 이름은 제2부 참조.
2) 140개 사기업집단: 1987-2016년에 지정되었으며, 54개 집단은 2017-18년에도 지정됨.
3) 다음은 분리 표시함: 6개 사기업집단 (2017-18년 처음 지정), 21개 공기업집단 (2002-16년).
4) 1987-1992년: 31위 이하 순위 정보 없음, '(31)'로 표시함.
5) 2002-2016년: 공기업집단도 대규모기업집단으로 지정됨, 공기업집단을 제외한 순위임.
6) 1993년: 매출액, 당기순이익 정보 없음.

(ㄷ)

	대우전자			대우조선해양			대전피혁		
	R	C	D	R	C	D	R	C	D
1987									
1988									
1989									
1990									
1991							(31)	573	-4
1992							(31)	654	1
1993									
1994									
1995									
1996									
1997									
1998									
1999									
2000	24	4,008	-2,923						
2001	28	3,403	-984						
2002									
2003				26	3,370	259			
2004				26	4,338	255			
2005				23	4,821	243			
2006				25	4,941	127			
2007				22	5,721	68			
2008				22	7,777	311			
2009				15	12,072	420			
2010				16	13,535	632			
2011				19	13,526	804			
2012				18	14,954	740			
2013				20	14,439	105			
2014				17	15,725	202			
2015				17	17,110	112			
2016				18	15,736	-3,770			
2017				20	13,589	-2,947			
2018				23	11,453	739			

(ㄷ) [R, C, D: 순위 (위), 매출액 (10억 원), 당기순이익 (10억 원)]

	대주건설			대한유화			대한전선		
	R	C	D	R	C	D	R	C	D
1987									
1988									
1989									
1990									
1991				(31)	272	17			
1992				(31)	281	-8	(31)	429	17
1993									
1994									
1995									
1996									
1997									
1998									
1999									
2000									
2001									
2002									
2003							31	1,396	61
2004							32	1,643	87
2005							38	1,948	40
2006							41	1,972	309
2007							40	2,593	170
2008	55	1,141	54				30	2,966	152
2009							25	4,828	-120
2010							31	4,300	-529
2011							39	4,215	-1,194
2012							49	3,912	-753
2013									
2014									
2015									
2016									
2017									
2018									

주: 1) 1987-2016년 4월, 2017년 5·9월, 2018년 5월 지정; 집단 이름은 제2부 참조.
2) 140개 사기업집단: 1987-2016년에 지정되었으며, 54개 집단은 2017-18년에도 지정됨.
3) 다음은 분리 표시함: 6개 사기업집단 (2017-18년 처음 지정), 21개 공기업집단 (2002-16년).
4) 1987-1992년: 31위 이하 순위 정보 없음, '(31)'로 표시함.
5) 2002-2016년: 공기업집단도 대규모기업집단으로 지정됨, 공기업집단을 제외한 순위임.
6) 1993년: 매출액, 당기순이익 정보 없음.
7) 1987년: 라이프 - 매출액, 당기순이익 정보 없음.

(ㄷ) - (ㄹ)

	대한조선공사			대한해운			라이프		
	R	C	D	R	C	D	R	C	D
1987	28	342	-9				29	-	-
1988	(31)	298	-246						
1989									
1990									
1991				(31)	116	4			
1992				(31)	156	5			
1993									
1994									
1995									
1996									
1997									
1998									
1999									
2000									
2001									
2002									
2003									
2004									
2005									
2006									
2007									
2008				65	2,038	384			
2009									
2010									
2011									
2012									
2013									
2014									
2015									
2016									
2017									
2018									

(ㄹ) - (ㅁ) [R, C, D: 순위 (위), 매출액 (10억 원), 당기순이익 (10억 원)]

	롯데			문화방송			미래에셋		
	R	C	D	R	C	D	R	C	D
1987	10	1,627	52						
1988	9	1,922	94						
1989	9	2,444	81						
1990	8	2,833	89						
1991	10	3,562	108						
1992	10	4,384	107						
1993	10	-	-						
1994	10	5,575	126						
1995	10	6,303	230						
1996	10	6,416	132						
1997	10	7,209	53						
1998	11	7,896	148						
1999	10	8,102	217						
2000	6	10,191	319						
2001	8	12,937	517						
2002	7	15,316	710						
2003	7	18,914	879	39	1,344	153			
2004	7	17,417	1,219	43	1,342	146			
2005	5	26,615	2,022	46	1,352	131			
2006	5	27,651	2,423	49	1,384	87			
2007	5	28,895	3,352	50	1,442	82			
2008	5	31,824	2,695	56	1,584	164	44	2,817	403
2009	6	36,599	2,173						
2010	5	39,570	3,069				42	5,239	449
2011	5	47,537	3,393				40	5,344	564
2012	5	55,193	3,034				35	5,388	553
2013	5	59,491	2,606				34	6,545	459
2014	5	64,825	1,914				30	6,813	342
2015	5	66,723	1,580				30	7,772	621
2016	5	68,283	1,713				25	8,752	367
2017	5	73,973	3,042				21	8,135	-407
2018	5	72,181	3,202				20	13,988	604

주: 1) 1987-2016년 4월, 2017년 5·9월, 2018년 5월 지정; 집단 이름은 제2부 참조.
2) 140개 사기업집단: 1987-2016년에 지정되었으며, 54개 집단은 2017-18년에도 지정됨.
3) 다음은 분리 표시함: 6개 사기업집단 (2017-18년 처음 지정), 21개 공기업집단 (2002-16년).
4) 1987-1992년: 31위 이하 순위 정보 없음, '(31)'로 표시함.
5) 2002-2016년: 공기업집단도 대규모기업집단으로 지정됨, 공기업집단을 제외한 순위임.
6) 1993년: 매출액, 당기순이익 정보 없음.

(ㅂ)

	범양상선			벽산			보광		
	R	C	D	R	C	D	R	C	D
1987	15	497	-59						
1988	18	488	-41	(31)	289	-3			
1989	22	554	17	(31)	344	0.1			
1990	26	556	4	(31)	458	-32			
1991	(31)	631	-4	(31)	647	13			
1992	(31)	709	1	30	876	17			
1993				29	-	-			
1994				30	1,030	9			
1995				29	1,121	10			
1996				30	1,253	13			
1997									
1998									
1999									
2000									
2001									
2002									
2003									
2004									
2005									
2006									
2007									
2008							59	2,556	-80
2009									
2010									
2011									
2012									
2013									
2014									
2015									
2016									
2017									
2018									

(ㅂ) - (ㅅ) [R, C, D: 순위 (위), 매출액 (10억 원), 당기순이익 (10억 원)]

	봉명			부영			삼립식품		
	R	C	D	R	C	D	R	C	D
1987									
1988	(31)	324	0						
1989	(31)	346	3						
1990	(31)	283	-5						
1991	(31)	334	39						
1992	(31)	407	18				(31)	386	-10
1993									
1994									
1995									
1996									
1997									
1998									
1999									
2000									
2001									
2002				34	743	33			
2003				33	848	52			
2004				38	595	11			
2005				36	414	-28			
2006				39	616	17			
2007				39	935	40			
2008				38	771	55			
2009									
2010				24	1,322	108			
2011				23	1,355	-103			
2012				23	2,664	371			
2013				23	2,818	552			
2014				21	2,153	421			
2015				20	2,483	353			
2016				16	2,020	267			
2017				16	2,388	94			
2018				16	1,299	-486			

주: 1) 1987-2016년 4월, 2017년 5·9월, 2018년 5월 지정; 집단 이름은 제2부 참조.
2) 140개 사기업집단: 1987-2016년에 지정되었으며, 54개 집단은 2017-18년에도 지정됨.
3) 다음은 분리 표시함: 6개 사기업집단 (2017-18년 처음 지정), 21개 공기업집단 (2002-16년).
4) 1987-1992년: 31위 이하 순위 정보 없음, '(31)'로 표시함.
5) 2002-2016년: 공기업집단도 대규모기업집단으로 지정됨, 공기업집단을 제외한 순위임.
6) 1993년: 매출액, 당기순이익 정보 없음.

(ㅅ)

	삼미			삼보컴퓨터			삼성		
	R	C	D	R	C	D	R	C	D
1987	18	758	15				3	13,565	79
1988	16	960	17				4	17,676	123
1989	19	1,166	34				4	18,356	247
1990	17	1,156	0				4	22,165	335
1991	17	1,158	-13				4	25,260	245
1992	17	1,405	-4				2	31,200	255
1993	18	-	-				2	-	-
1994	19	1,357	-171				3	43,088	420
1995	25	1,242	-172				2	51,830	1,387
1996	26	1,720	-125				2	66,283	2,995
1997							2	75,605	174
1998							2	84,718	204
1999							3	98,957	31
2000							2	108,827	2,450
2001							1	130,337	8,327
2002							1	128,739	5,320
2003				36	3,528	-1,167	1	144,410	10,744
2004							1	120,998	7,418
2005							1	139,175	13,274
2006							1	142,570	9,449
2007							1	150,455	12,356
2008							1	160,658	12,363
2009							1	188,960	11,774
2010							1	220,120	17,664
2011							1	254,562	24,498
2012							1	273,001	20,243
2013							1	302,940	29,537
2014							1	333,892	24,150
2015							1	302,897	20,999
2016							1	271,880	18,779
2017							1	279,652	15,575
2018							1	315,852	35,538

(ㅅ) [R, C, D: 순위 (위), 매출액 (10억 원), 당기순이익 (10억 원)]

	삼양			삼천리			삼환기업		
	R	C	D	R	C	D	R	C	D
1987							30	332	6
1988							(31)	359	8
1989	(31)	568	17				(31)	300	8
1990	(31)	644	10				(31)	369	-19
1991	(31)	721	-4				(31)	441	13
1992	(31)	884	43	(31)	288	3	(31)	627	10
1993									
1994									
1995									
1996									
1997									
1998									
1999	30	2,175	0						
2000									
2001									
2002									
2003									
2004	45	2,140	96						
2005	47	2,720	181						
2006	48	2,914	177						
2007	51	3,101	97						
2008	60	3,204	16						
2009									
2010									
2011									
2012									
2013									
2014				49	4,617	255			
2015				45	4,569	143			
2016				50	4,470	229			
2017				53	3,641	154			
2018				53	3,946	509			

주: 1) 1987-2016년 4월, 2017년 5·9월, 2018년 5월 지정; 집단 이름은 제2부 참조.
2) 140개 사기업집단: 1987-2016년에 지정되었으며, 54개 집단은 2017-18년에도 지정됨.
3) 다음은 분리 표시함: 6개 사기업집단 (2017-18년 처음 지정), 21개 공기업집단 (2002-16년).
4) 1987-1992년: 31위 이하 순위 정보 없음, '(31)'로 표시함.
5) 2002-2016년: 공기업집단도 대규모기업집단으로 지정됨, 공기업집단을 제외한 순위임.
6) 1993년: 매출액, 당기순이익 정보 없음.

(ㅅ)

	쌍방울			쌍용			쌍용양회		
	R	C	D	R	C	D	R	C	D
1987				5	2,967	17			
1988				6	3,366	117			
1989				8	3,681	136			
1990				7	4,167	120			
1991				7	5,101	110			
1992	(31)	418	13	7	6,974	79			
1993				7	-	-			
1994				7	8,383	81			
1995				6	11,399	132			
1996				6	15,524	77			
1997				6	20,157	-127			
1998				7	21,770	-10			
1999				7	18,296	-3,140			
2000				10	11,072	-108			
2001				12	6,784	-1,464			
2002									
2003									
2004									
2005									
2006				42	1,454	-38			
2007							44	1,465	-48
2008							54	1,454	21
2009									
2010									
2011									
2012									
2013									
2014									
2015									
2016									
2017									
2018									

(ㅅ) [R, C, D: 순위 (위), 매출액 (10억 원), 당기순이익 (10억 원)]

	서통			선명			성신양회		
	R	C	D	R	C	D	R	C	D
1987									
1988									
1989									
1990							(31)	356	11
1991							(31)	377	-4
1992	(31)	252	-6				(31)	474	17
1993									
1994									
1995									
1996									
1997									
1998									
1999									
2000									
2001									
2002									
2003									
2004									
2005									
2006									
2007									
2008				66	371	109			
2009									
2010									
2011									
2012									
2013									
2014									
2015									
2016									
2017									
2018									

주: 1) 1987-2016년 4월, 2017년 5·9월, 2018년 5월 지정; 집단 이름은 제2부 참조.
2) 140개 사기업집단: 1987-2016년에 지정되었으며, 54개 집단은 2017-18년에도 지정됨.
3) 다음은 분리 표시함: 6개 사기업집단 (2017-18년 처음 지정), 21개 공기업집단 (2002-16년).
4) 1987-1992년: 31위 이하 순위 정보 없음, '(31)'로 표시함.
5) 2002-2016년: 공기업집단도 대규모기업집단으로 지정됨, 공기업집단을 제외한 순위임.
6) 1993년: 매출액, 당기순이익 정보 없음.

(ㅅ)

	성우			씨앤			CJ		
	R	C	D	R	C	D	R	C	D
1987									
1988									
1989									
1990									
1991									
1992	(31)	237	10						
1993									
1994									
1995									
1996									
1997									
1998									
1999							28	3,016	-30
2000							23	3,161	51
2001							19	3,916	-34
2002							18	4,900	130
2003							18	5,999	227
2004							18	5,634	224
2005							18	6,078	258
2006							18	6,030	213
2007							19	6,870	123
2008				63	1,287	-7	17	7,803	-9
2009							19	8,769	278
2010							18	9,630	699
2011							16	10,984	1,020
2012							14	15,188	934
2013							15	17,327	609
2014							15	17,703	278
2015							15	18,527	533
2016							15	19,985	464
2017							15	21,830	552
2018							15	23,103	648

(ㅅ) [R, C, D: 순위 (위), 매출액 (10억 원), 당기순이익 (10억 원)]

	신동아			신세계			신아		
	R	C	D	R	C	D	R	C	D
1987	(31)	884	-63						
1988	(31)	1,177	-19						
1989									
1990									
1991									
1992	(31)	3,460	4				(31)	418	2
1993									
1994									
1995									
1996									
1997									
1998									
1999									
2000				29	2,983	28			
2001				24	4,442	96			
2002				22	6,106	242			
2003				16	7,637	316			
2004				16	7,191	373			
2005				16	8,004	401			
2006				17	8,995	531			
2007				15	10,885	549			
2008				16	11,558	629			
2009				21	11,151	679			
2010				22	12,368	699			
2011				18	13,837	1,253			
2012				17	12,432	3,805			
2013				16	16,887	674			
2014				14	17,048	688			
2015				14	17,612	575			
2016				14	19,001	959			
2017				11	21,377	646			
2018				11	24,041	962			

주: 1) 1987-2016년 4월, 2017년 5·9월, 2018년 5월 지정; 집단 이름은 제2부 참조.
2) 140개 사기업집단: 1987-2016년에 지정되었으며, 54개 집단은 2017-18년에도 지정됨.
3) 다음은 분리 표시함: 6개 사기업집단 (2017-18년 처음 지정), 21개 공기업집단 (2002-16년).
4) 1987-1992년: 31위 이하 순위 정보 없음, '(31)'로 표시함.
5) 2002-2016년: 공기업집단도 대규모기업집단으로 지정됨, 공기업집단을 제외한 순위임.
6) 1993년: 매출액, 당기순이익 정보 없음.

(ㅅ)

	신호			새한			세아		
	R	C	D	R	C	D	R	C	D
1987									
1988									
1989									
1990									
1991									
1992									
1993									
1994									
1995									
1996									
1997	30	1,221	-5						
1998	25	1,938	124	30	1,603	-15			
1999	29	1,211	-457	25	1,866	-15			
2000				27	1,753	-94			
2001									
2002									
2003									
2004							33	2,260	159
2005							32	2,959	246
2006							36	3,228	282
2007							38	3,319	269
2008							40	3,886	197
2009							38	5,429	375
2010							44	4,056	16
2011							44	5,468	410
2012							42	6,522	364
2013							42	6,224	181
2014							44	5,728	-79
2015							41	6,037	289
2016							40	5,970	255
2017							39	5,578	199
2018							40	7,600	279

(ㅅ) - (ㅇ) [R, C, D: 순위 (위), 매출액 (10억 원), 당기순이익 (10억 원)]

	셀트리온			아남			아모레퍼시픽		
	R	C	D	R	C	D	R	C	D
1987									
1988							(31)	445	16
1989				(31)	337	7	(31)	572	25
1990				(31)	373	4	29	633	30
1991				(31)	394	4	(31)	727	16
1992				(31)	611	9	(31)	937	5
1993									
1994									
1995									
1996									
1997				26	1,995	12			
1998				21	2,463	-302			
1999				23	2,964	-471			
2000				26	1,499	-57			
2001									
2002									
2003									
2004									
2005									
2006									
2007							48	1,650	193
2008							50	1,842	255
2009									
2010									
2011									
2012									
2013							52	3,437	375
2014							48	3,786	388
2015							46	4,401	518
2016	48	897	158				46	5,160	675
2017	49	1,459	278				43	6,001	831
2018	38	1,982	588				48	5,171	487

주: 1) 1987-2016년 4월, 2017년 5·9월, 2018년 5월 지정; 집단 이름은 제2부 참조.
2) 140개 사기업집단: 1987-2016년에 지정되었으며, 54개 집단은 2017-18년에도 지정됨.
3) 다음은 분리 표시함: 6개 사기업집단 (2017-18년 처음 지정), 21개 공기업집단 (2002-16년).
4) 1987-1992년: 31위 이하 순위 정보 없음, '(31)'로 표시함.
5) 2002-2016년: 공기업집단도 대규모기업집단으로 지정됨, 공기업집단을 제외한 순위임.
6) 1993년: 매출액, 당기순이익 정보 없음.

(ㅇ)

	영풍			오리온			OCI		
	R	C	D	R	C	D	R	C	D
1987									
1988									
1989									
1990	(31)	552	27				(31)	362	10
1991	(31)	592	32				(31)	429	18
1992	(31)	594	47				(31)	518	13
1993									
1994									
1995									
1996									
1997									
1998									
1999									
2000	30	2,071	72						
2001	25	2,579	16				27	2,066	77
2002	26	2,541	-15				31	1,791	-142
2003	29	2,732	76				35	2,123	86
2004	34	2,850	31				42	2,270	79
2005	39	3,255	241				44	2,586	87
2006	37	3,905	184				47	2,598	65
2007	36	5,334	552	54	1,450	249	42	2,998	142
2008	32	5,785	639	61	1,412	268	41	3,496	220
2009							27	5,443	518
2010	41	5,130	647				32	5,237	553
2011	36	6,306	807				29	6,341	900
2012	33	8,479	839				24	7,804	921
2013	31	9,002	875				25	6,195	-182
2014	29	8,324	589				23	5,650	-377
2015	28	7,757	467				24	5,877	-263
2016	28	7,224	415				23	5,936	164
2017	26	8,331	560				24	6,161	487
2018	22	9,939	751				27	6,110	263

(ㅇ) [R, C, D: 순위 (위), 매출액 (10억 원), 당기순이익 (10억 원)]

	우방			우성건설			웅진		
	R	C	D	R	C	D	R	C	D
1987									
1988				24	263	-4			
1989				27	396	-16			
1990				24	567	1			
1991				25	619	-5			
1992	(31)	249	4	25	841	38			
1993				27	-	-			
1994				24	1,069	-12			
1995				27	1,209	-21			
1996									
1997									
1998									
1999									
2000									
2001									
2002									
2003									
2004									
2005									
2006									
2007									
2008							36	4,004	75
2009							34	4,407	84
2010							33	4,573	270
2011							32	5,335	106
2012							31	6,017	-183
2013							49	3,652	-3,518
2014									
2015									
2016									
2017									
2018									

주: 1) 1987-2016년 4월, 2017년 5·9월, 2018년 5월 지정; 집단 이름은 제2부 참조.
2) 140개 사기업집단: 1987-2016년에 지정되었으며, 54개 집단은 2017-18년에도 지정됨.
3) 다음은 분리 표시함: 6개 사기업집단 (2017-18년 처음 지정), 21개 공기업집단 (2002-16년).
4) 1987-1992년: 31위 이하 순위 정보 없음, '(31)'로 표시함.
5) 2002-2016년: 공기업집단도 대규모기업집단으로 지정됨, 공기업집단을 제외한 순위임.
6) 1993년: 매출액, 당기순이익 정보 없음.

(ㅇ)

	유원건설			유진			이랜드		
	R	C	D	R	C	D	R	C	D
1987									
1988									
1989									
1990									
1991									
1992	(31)	335	12						
1993									
1994									
1995									
1996									
1997									
1998									
1999									
2000									
2001									
2002									
2003									
2004									
2005							40	1,139	171
2006							46	2,178	227
2007							26	2,666	108
2008				48	2,789	101	33	4,456	-266
2009									
2010									
2011				47	4,766	135			
2012				52	4,938	-36	51	3,764	117
2013							50	4,427	56
2014							45	4,695	166
2015							43	4,711	149
2016							42	4,980	189
2017							42	5,169	-9
2018				59	2,902	212	42	4,701	681

(ㅇ) [R, C, D: 순위 (위), 매출액 (10억 원), 당기순이익 (10억 원)]

	애경			S-Oil			SK		
	R	C	D	R	C	D	R	C	D
1987							7	5,323	59
1988							7	5,603	73
1989							7	5,726	99
1990							6	6,087	95
1991							5	7,611	51
1992							5	9,407	-9
1993							5	-	-
1994							5	12,792	34
1995							5	14,657	90
1996							5	17,402	183
1997							5	26,797	255
1998							5	30,691	103
1999							5	37,449	68
2000				18	5,752	288	4	38,039	727
2001							4	47,596	969
2002							3	50,319	1,157
2003							3	53,415	1,862
2004							4	49,847	3,845
2005							4	56,137	4,564
2006							3	64,520	4,562
2007							3	70,479	4,278
2008	51	1,941	86				3	69,067	4,897
2009				30	23,187	444	3	105,171	2,904
2010				26	17,639	243	3	95,118	2,625
2011				27	20,771	717	3	112,003	4,969
2012				22	32,197	1,203	3	155,252	6,431
2013				24	35,017	596	3	158,530	3,765
2014				24	31,415	304	3	156,868	4,547
2015				27	28,830	-276	3	165,469	5,757
2016				26	18,163	651	3	137,798	13,626
2017				22	16,591	1,221	3	125,920	6,838
2018				19	21,179	1,259	3	158,080	17,355

주: 1) 1987-2016년 4월, 2017년 5·9월, 2018년 5월 지정; 집단 이름은 제2부 참조.
2) 140개 사기업집단: 1987-2016년에 지정되었으며, 54개 집단은 2017-18년에도 지정됨.
3) 다음은 분리 표시함: 6개 사기업집단 (2017-18년 처음 지정), 21개 공기업집단 (2002-16년).
4) 1987-1992년: 31위 이하 순위 정보 없음, '(31)'로 표시함.
5) 2002-2016년: 공기업집단도 대규모기업집단으로 지정됨, 공기업집단을 제외한 순위임.
6) 1993년: 매출액, 당기순이익 정보 없음.

(ㅇ)

	STX			LS			LG		
	R	C	D	R	C	D	R	C	D
1987							4	9,181	117
1988							3	10,748	149
1989							3	13,211	211
1990							3	13,467	192
1991							2	16,199	159
1992							4	18,995	61
1993							4	-	-
1994							4	24,981	329
1995							4	29,570	822
1996							3	41,618	1,414
1997							3	48,635	308
1998							4	61,000	-364
1999							4	64,641	-671
2000							3	62,016	3,840
2001							3	75,287	2,037
2002							2	79,966	1,627
2003							2	85,045	2,911
2004				17	7,344	126	2	70,940	3,557
2005	28	4,969	274	19	8,696	575	3	63,116	5,498
2006	26	6,468	355	19	9,648	462	4	64,033	3,338
2007	24	7,694	295	16	13,223	677	4	66,493	1,209
2008	15	11,754	853	18	15,006	681	4	72,686	5,120
2009	14	19,025	976	17	19,180	223	4	83,911	4,309
2010	14	15,796	-210	15	19,433	473	4	94,638	7,332
2011	14	18,359	353	15	24,941	734	4	107,113	4,639
2012	13	20,168	146	15	29,198	495	4	111,804	2,094
2013	14	18,834	-1,413	17	29,315	581	4	115,884	2,410
2014				16	26,966	435	4	116,468	2,155
2015				16	25,508	250	4	115,926	2,882
2016				17	21,939	123	4	114,290	3,285
2017				17	20,807	486	4	114,610	3,963
2018				17	22,510	655	4	127,396	7,124

(ㅈ) [R, C, D: 순위 (위), 매출액 (10억 원), 당기순이익 (10억 원)]

	조양상선			중앙일보			중흥건설		
	R	C	D	R	C	D	R	C	D
1987									
1988									
1989									
1990									
1991	(31)	1,491	0						
1992	(31)	1,975	-2						
1993									
1994									
1995									
1996									
1997									
1998									
1999									
2000									
2001									
2002									
2003									
2004									
2005									
2006				52	2,540	34			
2007									
2008									
2009									
2010									
2011									
2012									
2013									
2014									
2015							49	3,261	468
2016							41	4,569	613
2017							35	5,438	710
2018							34	6,821	1,013

주: 1) 1987-2016년 4월, 2017년 5·9월, 2018년 5월 지정; 집단 이름은 제2부 참조.
2) 140개 사기업집단: 1987-2016년에 지정되었으며, 54개 집단은 2017-18년에도 지정됨.
3) 다음은 분리 표시함: 6개 사기업집단 (2017-18년 처음 지정), 21개 공기업집단 (2002-16년).
4) 1987-1992년: 31위 이하 순위 정보 없음, '(31)'로 표시함.
5) 2002-2016년: 공기업집단도 대규모기업집단으로 지정됨, 공기업집단을 제외한 순위임.
6) 1993년: 매출액, 당기순이익 정보 없음.

(ㅈ) - (ㅊ)

	GS			진로			청구		
	R	C	D	R	C	D	R	C	D
1987									
1988									
1989									
1990				(31)	367	-21			
1991				(31)	456	-29			
1992				28	540	-14	(31)	368	6
1993				23	-	-			
1994				22	895	-75			
1995				23	1,098	-73			
1996				19	1,239	-106			
1997				19	1,481	-154			
1998				22	1,618	-477			
1999				22	1,170	-409			
2000				28	971	-552			
2001									
2002									
2003									
2004									
2005	9	23,059	1,345						
2006	8	27,614	1,589						
2007	8	31,135	1,609						
2008	7	34,517	1,631						
2009	8	49,772	684						
2010	7	43,898	1,967						
2011	8	52,924	2,843						
2012	8	67,228	2,336						
2013	8	70,442	1,933						
2014	8	68,477	-143						
2015	7	63,491	-668						
2016	7	52,139	929						
2017	7	50,236	2,135						
2018	7	58,526	2,681						

(ㅊ) - (ㅋ) [R, C, D: 순위 (위), 매출액 (10억 원), 당기순이익 (10억 원)]

	충남방적			카카오			코닝정밀소재		
	R	C	D	R	C	D	R	C	D
1987									
1988									
1989									
1990									
1991									
1992	(31)	302	2						
1993									
1994									
1995									
1996									
1997									
1998									
1999									
2000									
2001									
2002									
2003									
2004									
2005									
2006									
2007									
2008									
2009									
2010									
2011									
2012									
2013									
2014							43	2,439	831
2015									
2016				53	1,367	107			
2017				50	1,635	78			
2018				39	2,264	296			

주: 1) 1987-2016년 4월, 2017년 5·9월, 2018년 5월 지정; 집단 이름은 제2부 참조.
2) 140개 사기업집단: 1987-2016년에 지정되었으며, 54개 집단은 2017-18년에도 지정됨.
3) 다음은 분리 표시함: 6개 사기업집단 (2017-18년 처음 지정), 21개 공기업집단 (2002-16년).
4) 1987-1992년: 31위 이하 순위 정보 없음, '(31)'로 표시함.
5) 2002-2016년: 공기업집단도 대규모기업집단으로 지정됨, 공기업집단을 제외한 순위임.
6) 1993년: 매출액, 당기순이익 정보 없음.

(ㅋ)

	코오롱			KCC			KT		
	R	C	D	R	C	D	R	C	D
1987	21	1,020	21						
1988	19	1,173	20						
1989	20	1,317	20						
1990	20	1,529	25						
1991	22	1,854	29						
1992	20	2,149	23						
1993	22	-	-						
1994	21	2,580	47						
1995	21	3,206	42						
1996	20	3,778	41						
1997	20	4,471	8						
1998	18	5,313	-36						
1999	20	4,462	-215						
2000	20	3,995	287						
2001	20	3,631	-8						
2002	17	4,073	-3	30	1,986	101			
2003	20	3,932	36	30	2,194	180	5	17,834	2,499
2004	24	4,194	-137	28	2,452	240	5	17,483	1,207
2005	26	4,547	-405	31	2,639	215	6	18,849	1,491
2006	32	4,683	87	34	2,785	289	7	19,281	1,500
2007	28	5,180	81	30	2,931	295	7	19,652	1,617
2008	34	5,342	51	23	3,046	282	9	20,961	1,193
2009	32	6,849	135	31	3,679	245	11	22,372	533
2010	36	6,675	154	28	4,492	444	11	18,995	560
2011	33	8,563	308	25	4,515	397	11	24,512	1,306
2012	30	8,207	326	32	4,702	353	11	28,784	1,534
2013	32	10,495	153	35	4,590	213	12	27,804	911
2014	31	9,919	34	34	4,388	102	12	27,874	47
2015	32	9,167	-43	29	4,564	314	12	27,492	-905
2016	33	8,814	-200	30	4,487	106	13	26,283	958
2017	32	8,524	191	31	4,825	203	12	26,763	1,109
2018	31	9,067	57	29	5,302	53	12	27,328	827

(ㅋ) - (ㅌ) [R, C, D: 순위 (위), 매출액 (10억 원), 당기순이익 (10억 원)]

	KT&G			통일			태광		
	R	C	D	R	C	D	R	C	D
1987									
1988				28	352	-4	(31)	877	57
1989				25	432	-9	(31)	1,193	55
1990				25	481	-82	(31)	1,541	66
1991				27	624	-70	(31)	1,778	59
1992				(31)	625	-72	(31)	2,324	69
1993									
1994									
1995									
1996									
1997									
1998									
1999									
2000									
2001							29	3,805	16
2002							29	3,386	-182
2003	21	5,095	385				34	3,288	63
2004	25	5,728	527				36	3,359	-31
2005	27	3,079	549				37	3,632	65
2006	28	2,678	587				38	4,760	19
2007	37	2,836	743				41	5,015	-105
2008	39	3,075	775				42	5,347	81
2009	40	3,408	1,033						
2010	40	3,653	903						
2011	41	3,482	1,104				46	9,294	472
2012	40	3,710	921				43	11,173	387
2013	38	3,810	834				43	11,721	288
2014	37	3,583	555				39	12,098	343
2015	36	3,866	812				40	12,100	288
2016	31	4,061	1,051				44	13,011	251
2017	27	4,436	1,161				44	13,539	271
2018	28	4,563	1,083				36	13,324	494

주: 1) 1987-2016년 4월, 2017년 5·9월, 2018년 5월 지정; 집단 이름은 제2부 참조.
2) 140개 사기업집단: 1987-2016년에 지정되었으며, 54개 집단은 2017-18년에도 지정됨.
3) 다음은 분리 표시함: 6개 사기업집단 (2017-18년 처음 지정), 21개 공기업집단 (2002-16년).
4) 1987-1992년: 31위 이하 순위 정보 없음, '(31)'로 표시함.
5) 2002-2016년: 공기업집단도 대규모기업집단으로 지정됨, 공기업집단을 제외한 순위임.
6) 1993년: 매출액, 당기순이익 정보 없음.

(ㅌ) - (ㅍ)

	태영			POSCO			풍산		
	R	C	D	R	C	D	R	C	D
1987									
1988							(31)	524	11
1989				5	4,078	139	(31)	601	6
1990							(31)	639	-25
1991							(31)	790	6
1992	(31)	279	-7				(31)	801	5
1993									
1994									
1995									
1996									
1997									
1998									
1999									
2000									
2001				7	16,278	1,725			
2002				6	15,893	961			
2003				8	16,988	1,200			
2004				8	19,517	2,103			
2005				7	26,681	4,044			
2006	50	1,765	107	6	31,034	4,337			
2007	49	1,974	114	6	28,982	3,572			
2008	46	2,263	143	6	32,267	4,081			
2009				5	44,396	4,795			
2010				6	42,479	3,686			
2011				6	66,141	5,002			
2012	48	3,636	161	6	79,661	3,849			
2013	48	3,780	104	6	75,868	3,447			
2014	46	3,723	71	6	71,220	1,933			
2015	44	3,283	-46	6	72,094	952			
2016	45	3,308	47	6	61,680	1,075			
2017	40	3,677	-16	6	54,856	1,030			
2018	47	5,244	118	6	63,745	3,069			

(ㅍ) - (ㅎ) [R, C, D: 순위 (위), 매출액 (10억 원), 당기순이익 (10억 원)]

	프라임			하나로텔레콤			하림		
	R	C	D	R	C	D	R	C	D
1987									
1988									
1989									
1990									
1991									
1992									
1993									
1994									
1995									
1996									
1997									
1998									
1999									
2000									
2001				23	379	-304			
2002				20	1,038	-269			
2003				22	1,647	-132			
2004				29	1,437	-169			
2005				34	1,545	12			
2006				40	1,842	-297			
2007				45	1,845	-106			
2008	58	1,067	2,101	52	2,035	-114			
2009									
2010									
2011									
2012									
2013									
2014									
2015									
2016							29	6,208	195
2017							30	6,377	321
2018							32	7,068	417

주: 1) 1987-2016년 4월, 2017년 5·9월, 2018년 5월 지정; 집단 이름은 제2부 참조.
2) 140개 사기업집단: 1987-2016년에 지정되었으며, 54개 집단은 2017-18년에도 지정됨.
3) 다음은 분리 표시함: 6개 사기업집단 (2017-18년 처음 지정), 21개 공기업집단 (2002-16년).
4) 1987-1992년: 31위 이하 순위 정보 없음, '(31)'로 표시함.
5) 2002-2016년: 공기업집단도 대규모기업집단으로 지정됨, 공기업집단을 제외한 순위임.
6) 1993년: 매출액, 당기순이익 정보 없음.

(ㅎ)

	하이닉스			하이트진로			한국유리		
	R	C	D	R	C	D	R	C	D
1987									
1988									
1989									
1990							(31)	348	20
1991							(31)	349	1
1992				(31)	215	3	(31)	405	11
1993									
1994									
1995									
1996									
1997									
1998									
1999									
2000									
2001									
2002									
2003				37	2,034	122			
2004				40	995	100			
2005				45	1,023	114			
2006	14	5,888	1,833	22	1,743	586			
2007	14	7,770	2,016	31	1,808	217			
2008	14	8,645	327	37	1,913	304			
2009	16	6,721	-4,716						
2010	17	7,756	-350	38	2,265	535			
2011	17	12,295	2,638	42	2,149	113			
2012				44	1,457	75			
2013				47	2,125	397			
2014				47	2,027	54			
2015				48	1,991	27			
2016				49	2,045	80			
2017				55	2,000	83			
2018				58	2,013	26			

(ㅎ) [R, C, D: 순위 (위), 매출액 (10억 원), 당기순이익 (10억 원)]

	한국GM			한국타이어			한국투자금융		
	R	C	D	R	C	D	R	C	D
1987									
1988									
1989									
1990									
1991									
1992				(31)	564	30			
1993									
1994									
1995									
1996									
1997									
1998									
1999									
2000									
2001									
2002				33	1,661	28			
2003				40	1,852	71			
2004	23	4,317	-223	44	2,008	104			
2005	17	6,090	-173	48	2,207	167			
2006	21	7,569	65	51	2,443	219			
2007	21	9,636	592	52	2,531	168			
2008	24	12,550	541	57	2,824	166			
2009	24	12,359	-881				39	2,715	636
2010	30	9,576	-339				45	4,246	-136
2011	34	12,649	587				45	4,148	482
2012	29	15,114	126	50	4,671	315	47	2,745	66
2013	29	15,975	-109	46	2,185	3,493	45	2,979	574
2014	32	15,624	102	38	4,782	681			
2015	37	12,940	-358	35	4,707	632			
2016	43	11,980	-979	32	4,444	621	35	5,034	551
2017	41	12,294	-630	33	4,251	536	28	6,886	1,744
2018	54	10,804	-1,158	35	4,244	420	24	7,108	850

주: 1) 1987-2016년 4월, 2017년 5·9월, 2018년 5월 지정; 집단 이름은 제2부 참조.
2) 140개 사기업집단: 1987-2016년에 지정되었으며, 54개 집단은 2017-18년에도 지정됨.
3) 다음은 분리 표시함: 6개 사기업집단 (2017-18년 처음 지정), 21개 공기업집단 (2002-16년).
4) 1987-1992년: 31위 이하 순위 정보 없음, '(31)'로 표시함.
5) 2002-2016년: 공기업집단도 대규모기업집단으로 지정됨, 공기업집단을 제외한 순위임.
6) 1993년: 매출액, 당기순이익 정보 없음.

(ㅎ)

	한라			한보			한솔		
	R	C	D	R	C	D	R	C	D
1987	(31)	214	-9	25	327	2			
1988	30	306	-9	(31)	268	-44			
1989	(31)	468	-1	(31)	263	-25			
1990	23	666	17	(31)	286	-20			
1991	23	819	-11	(31)	354	-5			
1992	19	1,150	15	(31)	438	-27			
1993	19	-	-						
1994	17	2,057	-59	28	608	130			
1995	15	3,027	-68	18	1,312	71			
1996	16	4,156	7	14	2,990	-46	22	1,992	36
1997	12	5,297	23				16	2,700	2
1998	12	6,163	-882				15	3,474	-34
1999	17	3,447	-62				12	3,993	-226
2000							11	4,588	-184
2001							14	4,136	-200
2002							21	2,561	-668
2003							25	2,807	-30
2004							30	2,515	-132
2005							35	2,509	50
2006							43	2,718	48
2007							43	2,987	-117
2008	53	3,214	149				47	3,067	-1
2009									
2010									
2011									
2012	45	5,725	167						
2013	40	6,491	-123				51	4,355	-27
2014	35	6,297	-246				50	4,252	-16
2015	34	4,187	1,423				50	2,882	-66
2016	37	6,259	33				51	3,993	79
2017	38	6,845	223				57	4,039	-81
2018	41	6,834	111				60	4,101	-130

(ㅎ) [R, C, D: 순위 (위), 매출액 (10억 원), 당기순이익 (10억 원)]

	한신공영			한양			한일		
	R	C	D	R	C	D	R	C	D
1987				19	481	-4	12	993	-62
1988				21	314	-5	13	990	-5
1989				30	304	-3	13	985	27
1990	(31)	406	3	30	296	-0.3	12	956	-23
1991	(31)	652	8	26	467	8	15	987	-21
1992	(31)	819	13	26	857	5	15	986	-18
1993				20	-	-	15	-	-
1994							16	1,137	-112
1995							20	1,240	-3
1996							27	1,195	-65
1997							27	1,277	-122
1998									
1999									
2000									
2001									
2002									
2003									
2004									
2005									
2006									
2007									
2008									
2009									
2010									
2011									
2012									
2013									
2014									
2015									
2016									
2017									
2018									

주: 1) 1987-2016년 4월, 2017년 5·9월, 2018년 5월 지정; 집단 이름은 제2부 참조.
2) 140개 사기업집단: 1987-2016년에 지정되었으며, 54개 집단은 2017-18년에도 지정됨.
3) 다음은 분리 표시함: 6개 사기업집단 (2017-18년 처음 지정), 21개 공기업집단 (2002-16년).
4) 1987-1992년: 31위 이하 순위 정보 없음, '(31)'로 표시함.
5) 2002-2016년: 공기업집단도 대규모기업집단으로 지정됨, 공기업집단을 제외한 순위임.
6) 1993년: 매출액, 당기순이익 정보 없음.

(ㅎ)

	한진			한진중공업			한화		
	R	C	D	R	C	D	R	C	D
1987	6	2,194	9				8	1,971	33
1988	5	2,560	50				8	2,080	-38
1989	6	2,795	54				10	2,190	61
1990	5	2,872	51				10	2,354	39
1991	6	3,498	-1				8	2,844	28
1992	6	4,666	9				9	3,534	-44
1993	6	-	-				9	-	-
1994	6	6,526	71				9	5,416	-157
1995	7	7,653	151				9	5,579	-84
1996	7	8,959	134				9	8,270	-66
1997	7	9,972	-161				9	10,088	-212
1998	6	11,907	-494				8	11,606	-365
1999	6	14,336	373				8	9,741	-517
2000	5	13,198	462				9	6,091	467
2001	6	14,555	-557				10	7,952	336
2002	5	15,231	-751				11	7,820	-732
2003	6	15,789	225				9	19,684	834
2004	6	16,770	121				9	19,511	1,211
2005	8	17,078	1,272				10	20,555	1,246
2006	9	15,135	819	35	2,360	30	11	20,558	1,336
2007	10	15,764	944	32	3,260	121	12	20,921	1,096
2008	11	17,535	248	29	4,006	138	12	23,154	877
2009	10	21,416	-1,824	29	4,715	172	13	27,799	835
2010	10	12,074	-1,541	29	4,128	86	13	28,989	1,092
2011	9	23,530	1,033	31	3,778	-18	10	30,860	1,262
2012	9	24,035	-1,134	36	3,328	-85	10	35,095	995
2013	10	25,502	-518	33	3,080	31	11	35,055	1,016
2014	10	24,766	-925	33	3,113	-196	11	38,461	951
2015	10	23,268	-855	33	3,319	-228	11	36,924	364
2016	11	22,315	-307	39	3,316	-541	8	52,364	1,314
2017	14	15,092	-756	52	3,055	-811	8	55,864	3,206
2018	14	15,531	1,222	56	2,586	-335	8	59,524	3,237

(ㅎ) [R, C, D: 순위 (위), 매출액 (10억 원), 당기순이익 (10억 원)]

	현대			현대건설			현대백화점		
	R	C	D	R	C	D	R	C	D
1987	1	11,893	52						
1988	1	14,356	151						
1989	1	16,043	231						
1990	1	17,348	298						
1991	1	22,658	315						
1992	1	29,919	449						
1993	1	-	-						
1994	1	39,031	354						
1995	1	47,001	506						
1996	1	59,068	1,159						
1997	1	69,798	125						
1998	1	81,420	-891						
1999	1	94,208	-11,322						
2000	1	95,047	934						
2001	2	78,188	-7,191				26	3,126	131
2002	8	36,517	-1,025				24	3,494	156
2003	11	25,476	-224				24	4,517	164
2004	14	5,483	-111				27	2,674	198
2005	15	6,840	330				29	2,517	228
2006	16	6,524	551				31	2,688	393
2007	17	6,965	483	23	5,559	420	27	2,894	394
2008	21	8,372	481	25	6,280	316	31	3,030	449
2009	18	12,649	892	23	8,319	454	33	3,167	518
2010	21	10,727	-919	23	10,727	545	34	3,420	587
2011	21	12,758	764				30	3,405	756
2012	21	11,095	-509				28	4,740	757
2013	22	11,703	-950				26	5,250	686
2014	22	11,596	-1,034				25	5,623	715
2015	22	10,606	-32				23	6,044	636
2016	22	11,481	-517				21	6,837	626
2017							23	7,073	599
2018							21	7,389	674

주: 1) 1987-2016년 4월, 2017년 5·9월, 2018년 5월 지정; 집단 이름은 제2부 참조.
2) 140개 사기업집단: 1987-2016년에 지정되었으며, 54개 집단은 2017-18년에도 지정됨.
3) 다음은 분리 표시함: 6개 사기업집단 (2017-18년 처음 지정), 21개 공기업집단 (2002-16년).
4) 1987-1992년: 31위 이하 순위 정보 없음, '(31)'로 표시함.
5) 2002-2016년: 공기업집단도 대규모기업집단으로 지정됨, 공기업집단을 제외한 순위임.
6) 1993년: 매출액, 당기순이익 정보 없음.

(ㅎ)

	현대산업개발			현대오일뱅크			현대자동차		
	R	C	D	R	C	D	R	C	D
1987									
1988									
1989									
1990									
1991									
1992									
1993									
1994									
1995									
1996									
1997									
1998									
1999									
2000	25	2,111	81	13	7,097	-118			
2001	22	2,024	46	13	11,031	-457	5	36,446	1,232
2002	25	2,753	-100	14	10,836	-535	4	45,904	2,859
2003	28	2,677	110				4	55,381	2,767
2004	35	3,080	219				3	56,610	2,797
2005	33	3,041	205	30	6,227	405	2	67,008	3,364
2006	33	2,908	327	30	8,180	277	2	73,769	5,797
2007	35	3,039	257	34	9,399	69	2	77,555	3,771
2008	35	3,309	332				2	84,351	3,908
2009	35	3,470	225				2	96,304	4,370
2010	37	2,944	30	43	10,868	222	2	94,652	8,429
2011	37	3,638	88				2	129,643	13,540
2012	39	4,250	223				2	156,255	11,804
2013	41	3,526	22				2	163,801	13,396
2014	41	4,497	-206				2	158,798	14,725
2015	42	4,704	68				2	165,631	12,677
2016	47	4,860	209				2	171,409	12,227
2017	48	5,413	307				2	170,203	11,376
2018	46	6,624	430				2	171,033	7,731

(ㅎ) [R, C, D: 순위 (위), 매출액 (10억 원), 당기순이익 (10억 원)]

	현대중공업			홈플러스			효성		
	R	C	D	R	C	D	R	C	D
1987							16	1,513	25
1988							14	1,844	30
1989							16	2,133	6
1990							15	2,363	-4
1991							16	2,680	4
1992							16	3,046	25
1993							16	-	-
1994							15	3,649	11
1995							17	4,163	20
1996							17	4,995	26
1997							17	5,478	35
1998							16	6,286	17
1999							19	1,917	-104
2000							16	3,847	102
2001							18	4,258	57
2002	10	8,481	-131				15	4,455	72
2003	10	10,287	-253				15	4,527	70
2004	10	10,611	217				21	4,926	60
2005	11	12,006	216				25	5,570	81
2006	10	14,225	386				29	5,718	-25
2007	11	17,151	1,154				33	5,929	152
2008	8	21,047	2,754	43	4,066	28	27	7,519	301
2009	7	27,993	3,491	37	6,158	-410	26	9,215	152
2010	8	32,554	2,853	35	5,479	-56	25	9,540	252
2011	7	49,769	5,370	35	7,676	79	28	11,130	126
2012	7	61,439	3,254	38	8,399	294	25	12,386	-162
2013	7	63,417	1,516	36	8,992	381	27	12,543	84
2014	7	60,804	367	36	8,730	582	26	12,336	-387
2015	8	58,622	-2,571	38	9,159	499	25	11,939	231
2016	9	49,400	-1,363				24	12,116	377
2017	9	42,818	1,228				25	12,234	595
2018	10	41,747	5,750				26	12,966	492

주: 1) 1987-2016년 4월, 2017년 5·9월, 2018년 5월 지정; 집단 이름은 제2부 참조.
2) 140개 사기업집단: 1987-2016년에 지정되었으며, 54개 집단은 2017-18년에도 지정됨.
3) 다음은 분리 표시함: 6개 사기업집단 (2017-18년 처음 지정), 21개 공기업집단 (2002-16년).
4) 1987-1992년: 31위 이하 순위 정보 없음, '(31)'로 표시함.
5) 2002-2016년: 공기업집단도 대규모기업집단으로 지정됨, 공기업집단을 제외한 순위임.
6) 1993년: 매출액, 당기순이익 정보 없음.

(ㅎ)

	해태			화승		
	R	C	D	R	C	D
1987	26	521	-10			
1988	27	660	-2			
1989	26	832	5			
1990	(31)	820	4			
1991	29	967	7	(31)	1,049	7
1992	29	1,260	9	(31)	1,072	-17
1993	28	-	-			
1994	26	1,656	21			
1995	24	2,175	2			
1996	25	2,592	-3			
1997	24	2,716	36			
1998	24	3,259	-202			
1999	24	2,657	-874			
2000						
2001						
2002						
2003						
2004						
2005						
2006						
2007						
2008						
2009						
2010						
2011						
2012						
2013						
2014						
2015						
2016						
2017						
2018						

2. 6개 사기업집단: 2017-2018년 처음 지정

[R, C, D: 순위 (위), 매출액 (10억 원), 당기순이익 (10억 원)]

	네이버			넥슨			넷마블		
	R	C	D	R	C	D	R	C	D
2017	51	4,989	622	56	1,891	833			
2018	49	4,215	829	52	2,372	1,054	57	2,217	292

	메리츠금융			SM			호반건설		
	R	C	D	R	C	D	R	C	D
2017				46	3,615	223	47	5,448	945
2018	51	13,366	1,018	37	4,730	202	44	6,777	1,628

3. 21개 공기업집단, 2002-2016년

[R, C, D: 순위 (위), 매출액 (10억 원), 당기순이익 (10억 원)]

	광해방지사업단			담배인삼공사			대한주택공사		
	R	C	D	R	C	D	R	C	D
2002				9	4,888	363	5	3,510	-326
2003							3	3,272	134
2004							3	2,919	203
2005							3	3,350	235
2006							3	4,157	243
2007							2	5,448	193
2008	10	1,074	294				2	6,632	560
2009							2	8,145	266
2010									
2011									
2012									
2013									
2014									
2015									
2016									

주: 1) 집단 이름은 제2부 참조.
2) 2002-2016년: 4월 지정, 공기업집단도 대규모기업집단으로 지정됨, 공기업집단 중에서의 순위임.

	부산항만공사			서울메트로			서울특별시도시철도공사		
	R	C	D	R	C	D	R	C	D
2002									
2003									
2004									
2005									
2006									
2007									
2008	8	181	39						
2009									
2010							7	524	-214
2011							8	541	-222
2012	11	283	66				10	551	-282
2013	10	274	47				9	626	-198
2014	12	292	72	11	1,101	-128	10	645	-286
2015	11	358	107	10	1,172	-155	9	709	-270
2016	12	448	130	10	1,254	-140	11	752	-273

	인천국제공항공사			인천도시공사			인천항만공사		
	R	C	D	R	C	D	R	C	D
2002									
2003									
2004									
2005									
2006									
2007									
2008							11	62	2
2009									
2010	6	1,257	261	8	512	34			
2011	7	1,343	318						
2012	9	1,559	272	8	465	-40			
2013	8	1,687	504	7	712	-60			
2014	9	1,702	474	8	1,303	-243			
2015				8	1,218	21			
2016				9	1,142	7			

[R, C, D: 순위 (위), 매출액 (10억 원), 당기순이익 (10억 원)]

	SH공사			KT			한국가스공사		
	R	C	D	R	C	D	R	C	D
2002				2	16,616	1,528	7	7,296	300
2003							6	7,358	300
2004							5	8,284	290
2005							5	9,254	327
2006							6	11,195	253
2007							6	13,027	244
2008							6	14,391	371
2009							5	23,314	337
2010							4	19,557	242
2011							4	22,770	214
2012							4	28,431	200
2013							4	34,720	504
2014							4	37,634	-262
2015							4	36,924	108
2016	5	2,524	117				4	25,670	65

	한국농어촌공사			한국도로공사			한국석유공사		
	R	C	D	R	C	D	R	C	D
2002	8	2,057	6	3	2,445	43			
2003	7	2,328	7	2	2,478	47			
2004	6	2,590	9	2	2,603	65			
2005	7	2,427	8	2	2,485	50			
2006	7	2,726	40	2	2,528	48			
2007	7	2,481	11	3	2,821	60			
2008	7	2,446	11	3	3,364	56			
2009	8	2,639	37	3	3,343	67	7	1,759	201
2010				3	3,645	62			
2011				3	3,386	67	6	2,534	209
2012				3	5,741	100	5	1,277	106
2013				3	6,978	82			
2014				3	6,993	81	6	1,134	162
2015				3	7,666	120	7	1,041	-2,703
2016				3	8,612	133	8	1,269	-4,956

주: 1) 집단 이름은 제2부 참조.
2) 2002-2016년: 4월 지정, 공기업집단도 대규모기업집단으로 지정됨, 공기업집단 중에서의 순위임.

	한국수자원공사			한국전력공사			한국지역난방공사		
	R	C	D	R	C	D	R	C	D
2002	6	1,280	102	1	31,218	2,918			
2003	5	1,544	292	1	35,801	5,049			
2004				1	38,104	4,308			
2005				1	40,417	4,477			
2006				1	43,566	4,231			
2007				1	46,752	3,604			
2008				1	50,711	3,167	9	749	18
2009				1	57,930	-3,162			
2010				2	60,543	1,416			
2011				2	69,989	2,350			
2012	6	6,327	293	1	77,373	-2,189			
2013	5	3,627	308	1	87,439	-2,131			
2014	5	3,593	341	1	90,806	638	13	2,911	120
2015	5	3,666	296	1	94,668	3,574			
2016	6	3,660	-5,804	1	94,740	14,653			

	한국철도공사			한국토지공사			한국토지주택공사		
	R	C	D	R	C	D	R	C	D
2002				4	3,640	100			
2003				4	5,056	380			
2004				4	4,603	450			
2005	6	3,228	-182	4	4,362	496			
2006	5	3,701	613	4	4,398	554			
2007	5	3,871	-542	4	5,513	592			
2008	5	3,880	143	4	6,947	989			
2009	6	4,067	507	4	9,119	1,176			
2010	5	4,073	664				1	6,882	459
2011	5	4,242	412				1	11,725	367
2012	7	4,614	165				2	15,311	781
2013	6	5,136	-2,864				2	18,426	1,217
2014	7	5,421	-4,427				2	18,326	692
2015	6	5,680	-407				2	21,291	712
2016	7	5,714	586				2	23,803	948

부록 1
60개 대규모기업집단, 2018년

1. 60개 대규모기업집단, 2018년 5월: 현황 (1)

순위	집단	동일인	대규모기업집단 지정 연도 (년)	지정 연도 수 (년)
1	삼성	이재용	1987-2018	32
2	현대자동차	정몽구	2001-18	18
3	SK	최태원	1987-2018	32
4	LG	구본무	1987-2018	32
5	롯데	신동빈	1987-2018	32
6	POSCO	㈜POSCO	1989, 2001-18	19
7	GS	허창수	2005-18	14
8	한화	김승연	1987-2018	32
9	농협	농업협동조합 중앙회	2008, 2012-18	8
10	현대중공업	정몽준	2002-18	17
11	신세계	이명희	2000-18	19
12	KT	㈜KT	2003-18	16
13	두산	박용곤	1987-2018	32
14	한진	조양호	1987-2018	32
15	CJ	이재현	1999-2018	20
16	부영	이중근	2002-08, 2010-18	16
17	LS	구자홍	2004-18	15
18	대림	이준용	1987-2018	32
19	S-Oil	S-Oil㈜	2000, 2009-18	11
20	미래에셋	박현주	2008, 2010-18	10
21	현대백화점	정지선	2001-18	18
22	영풍	장형진	1990-92, 2000-08, 2010-18	21
23	대우조선해양	대우조선해양㈜	2003-18	16
24	한국투자금융	김남구	2009-13, 2016-18	8
25	금호아시아나	박삼구	1987-2018	32
26	효성	조석래	1987-2018	32
27	OCI	이우현	1990-92, 2001-18	21
28	KT&G	㈜KT&G	2003-18	16
29	KCC	정몽진	2002-18	17
30	교보생명보험	신창재	2007-08, 2012-18	9

순위	집단	동일인	대규모기업집단 지정 연도 (년)	지정 연도 수 (년)
31	코오롱	이웅열	1987-2018	32
32	하림	김홍국	2016-18	3
33	대우건설	㈜대우건설	2004-06, 2011-18	11
34	중흥건설	정창선	2015-18	4
35	한국타이어	조양래	1992, 2002-08, 2012-18	15
36	태광	이호진	1988-92, 2001-08, 2011-18	21
37	SM	우오현	2017-18	2
38	셀트리온	서정진	2016-18	3
39	카카오	김범수	2016-18	3
40	세아	이순형	2004-18	15
41	한라	정몽원	1987-99, 2008, 2012-18	21
42	이랜드	박성수	2005-08, 2012-18	11
43	DB	김준기	1987-2018	32
44	호반건설	김상열	2017-18	2
45	동원	김재철	1990-92, 2002-04, 2017-18	8
46	현대산업개발	정몽규	2000-18	19
47	태영	윤세영	1992, 2006-08, 2012-18	11
48	아모레퍼시픽	서경배	1988-92, 2007-08, 2013-18	13
49	네이버	이해진	2017-18	2
50	동국제강	장세주	1987-2018	32
51	메리츠금융	조정호	2018	1
52	넥슨	김정주	2017-18	2
53	삼천리	이만득	1992, 2014-18	6
54	한국GM	한국GM㈜	2004-18	15
55	금호석유화학	박찬구	2016-18	3
56	한진중공업	조남호	2006-18	13
57	넷마블	방준혁	2018	1
58	하이트진로	박문덕	1992, 2003-08, 2010-18	16
59	유진	유경선	2008, 2011-12, 2018	4
60	한솔	이인희	1996-2008, 2013-18	19

2. 60개 대규모기업집단, 2018년 5월: 현황 (2)

(개, 10억 원)

순위	집단	계열회사 수	자산총액	매출액	당기순이익
1	삼성	62	399,479	315,852	35,538
2	현대자동차	56	222,654	171,033	7,731
3	SK	101	189,531	158,080	17,355
4	LG	70	123,135	127,396	7,124
5	롯데	107	116,188	72,181	3,202
6	POSCO	40	79,709	63,745	3,069
7	GS	71	65,036	58,526	2,681
8	한화	76	61,319	59,524	3,237
9	농협	49	58,089	54,006	1,325
10	현대중공업	28	56,055	41,747	5,750
11	신세계	39	34,090	24,041	962
12	KT	36	30,736	27,328	827
13	두산	26	30,518	12,685	123
14	한진	28	30,307	15,531	1,222
15	CJ	80	28,310	23,103	648
16	부영	24	22,440	1,299	-486
17	LS	48	21,048	22,510	655
18	대림	27	18,644	17,333	252
19	S-Oil	3	15,240	21,179	1,259
20	미래에셋	38	14,996	13,988	604
21	현대백화점	28	14,315	7,389	674
22	영풍	24	12,259	9,939	751
23	대우조선해양	5	12,194	11,453	739
24	한국투자금융	30	11,963	7,108	850
25	금호아시아나	26	11,885	8,634	297
26	효성	52	11,656	12,966	492
27	OCI	21	11,323	6,110	263
28	KT&G	9	11,045	4,563	1,083
29	KCC	17	10,969	5,302	53
30	교보생명보험	14	10,901	15,566	711

(개, 10억 원)

순위	집단	계열회사 수	자산총액	매출액	당기순이익
31	코오롱	39	10,841	9,067	57
32	하림	58	10,515	7,068	417
33	대우건설	15	9,671	11,661	205
34	중흥건설	61	9,598	6,821	1,013
35	한국타이어	17	9,139	4,244	420
36	태광	25	8,691	13,324	494
37	SM	65	8,616	4,730	202
38	셀트리온	9	8,572	1,982	588
39	카카오	72	8,540	2,264	296
40	세아	21	8,469	7,600	279
41	한라	19	8,293	6,834	111
42	이랜드	30	8,250	4,701	681
43	DB	20	8,010	20,054	806
44	호반건설	42	7,988	6,777	1,628
45	동원	22	7,982	5,455	289
46	현대산업개발	23	7,981	6,624	430
47	태영	48	7,869	5,244	118
48	아모레퍼시픽	12	7,725	5,171	487
49	네이버	45	7,144	4,215	829
50	동국제강	10	6,963	6,137	82
51	메리츠금융	8	6,932	13,366	1,018
52	넥슨	22	6,721	2,372	1,054
53	삼천리	17	6,471	3,946	509
54	한국GM	2	6,455	10,804	-1,158
55	금호석유화학	11	5,756	6,443	309
56	한진중공업	7	5,705	2,586	-335
57	넷마블	26	5,662	2,217	292
58	하이트진로	12	5,639	2,013	26
59	유진	71	5,328	2,902	212
60	한솔	19	5,099	4,101	-130

〈그림 1〉 삼성그룹 소유지분도, 2018년 5월

[순위] 1위, [계열회사] 62개, [동일인] 이재용

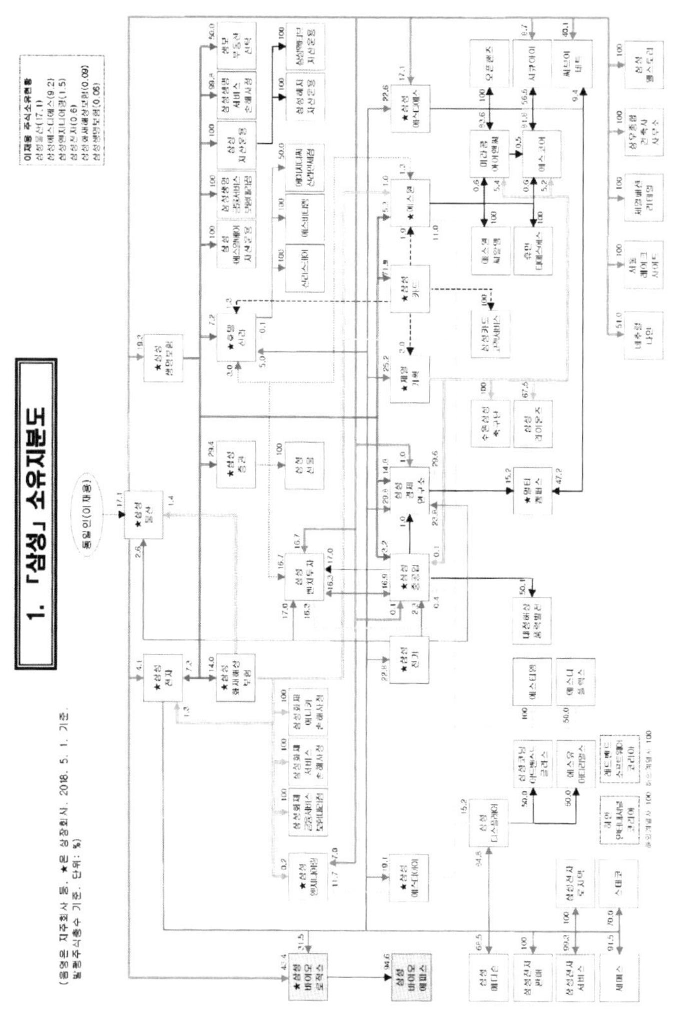

〈그림 2〉 현대자동차그룹 소유지분도, 2018년 5월

[순위] 2위, [계열회사] 56개, [동일인] 정몽구

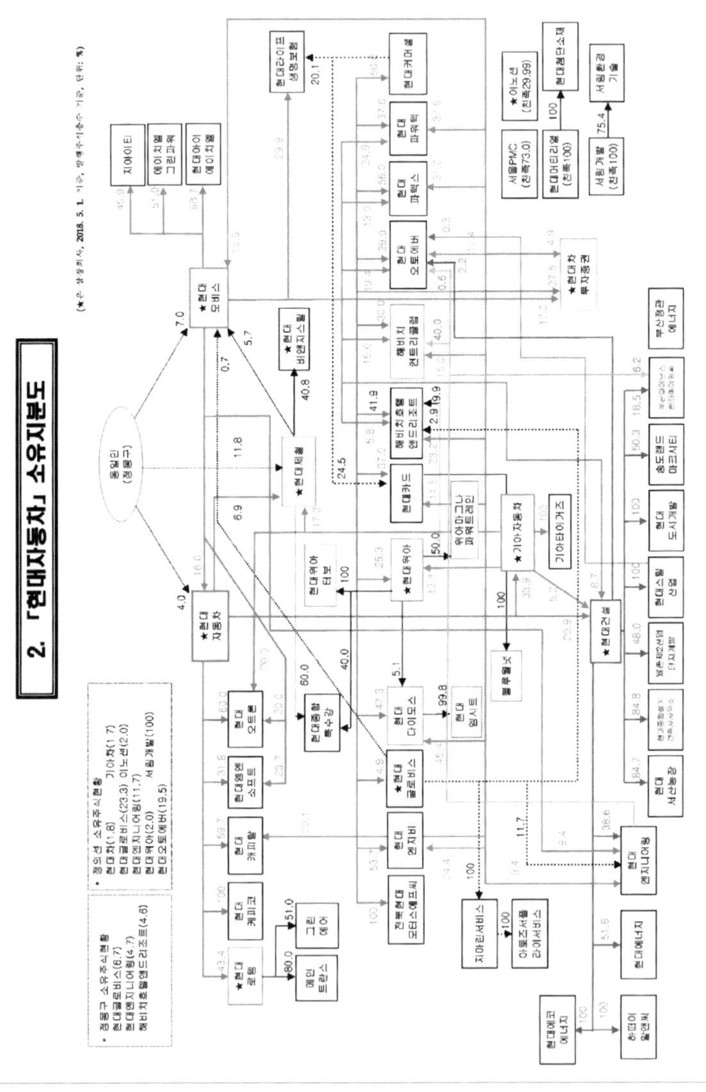

〈그림 3〉 SK그룹 소유지분도, 2018년 5월

[순위] 3위, [계열회사] 101개, [동일인] 최태원

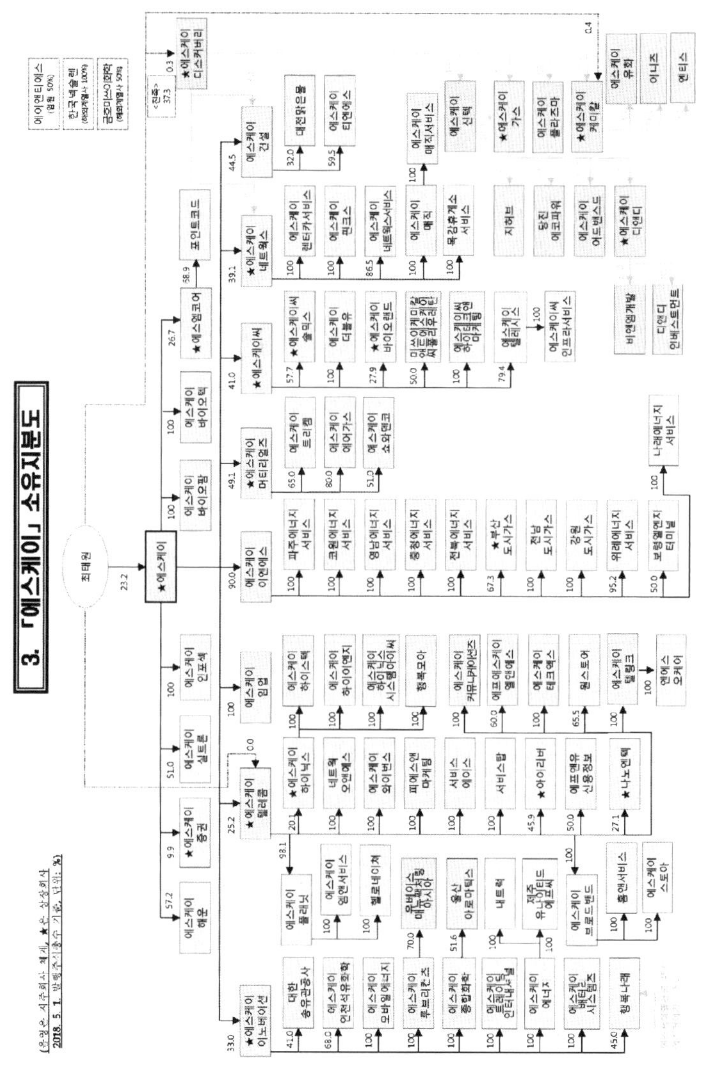

〈그림 4〉 LG그룹 소유지분도, 2018년 5월

[순위] 4위, [계열회사] 70개, [동일인] 구본무

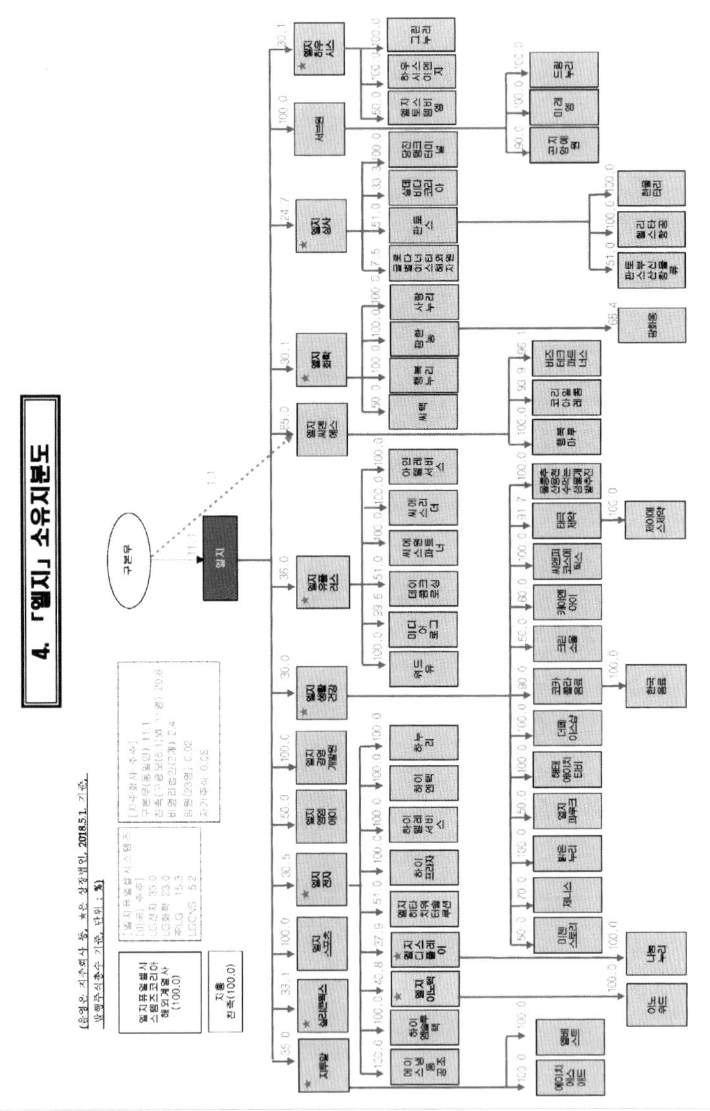

〈그림 5〉 롯데그룹 소유지분도, 2018년 5월

[순위] 5위, [계열회사] 107개, [동일인] 신동빈

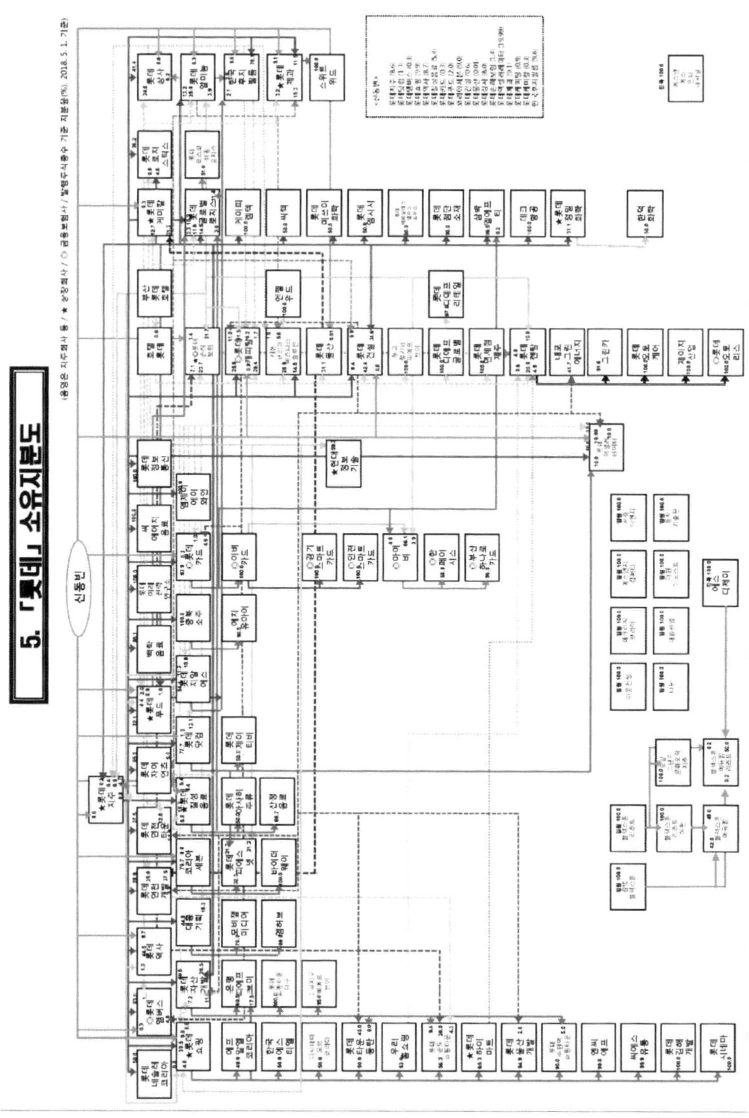

〈그림 6〉 POSCO그룹 소유지분도, 2018년 5월

[순위] 6위, [계열회사] 40개, [동일인] ㈜POSCO

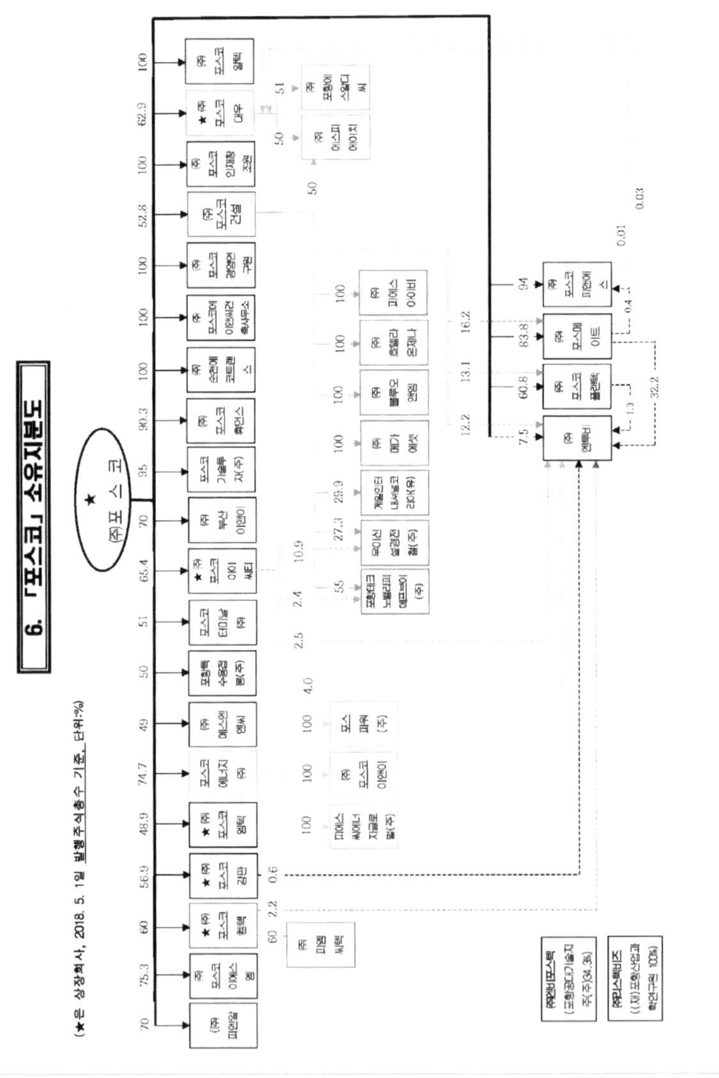

<그림 7> GS그룹 소유지분도, 2018년 5월

[순위] 7위, [계열회사] 71개, [동일인] 허창수

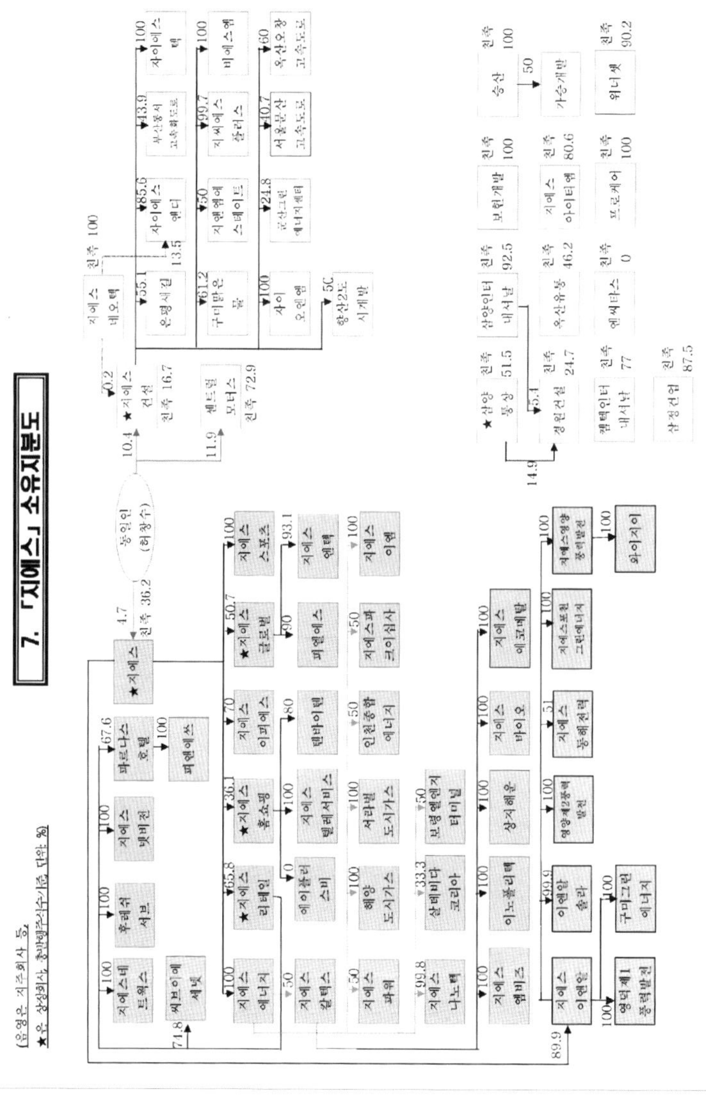

〈그림 8〉 한화그룹 소유지분도, 2018년 5월

[순위] 8위, [계열회사] 76개, [동일인] 김승연

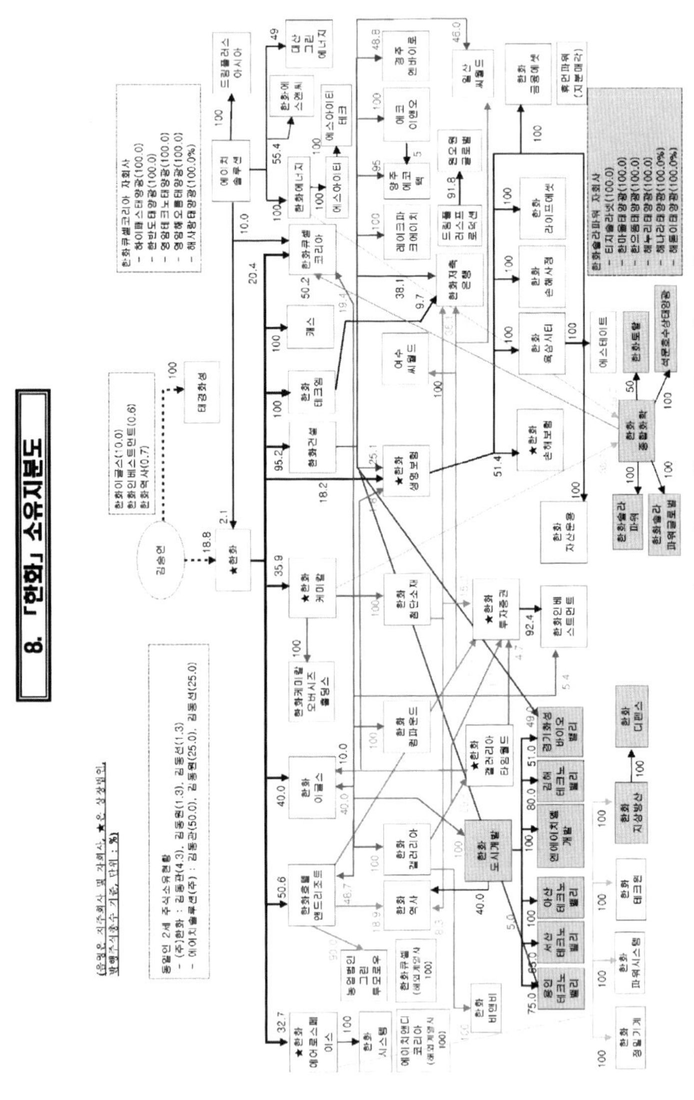

〈그림 9〉 농협그룹 소유지분도, 2018년 5월

[순위] 9위, [계열회사] 49개, [동일인] 농업협동조합중앙회

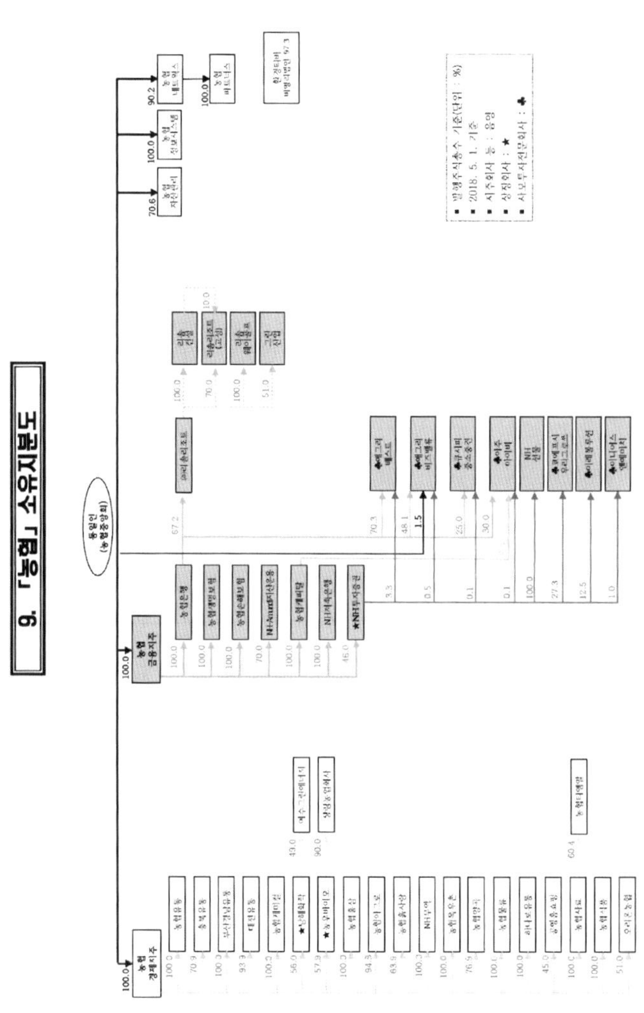

〈그림 10〉 현대중공업그룹 소유지분도, 2018년 5월

[순위] 10위, [계열회사] 28개, [동일인] 정몽준

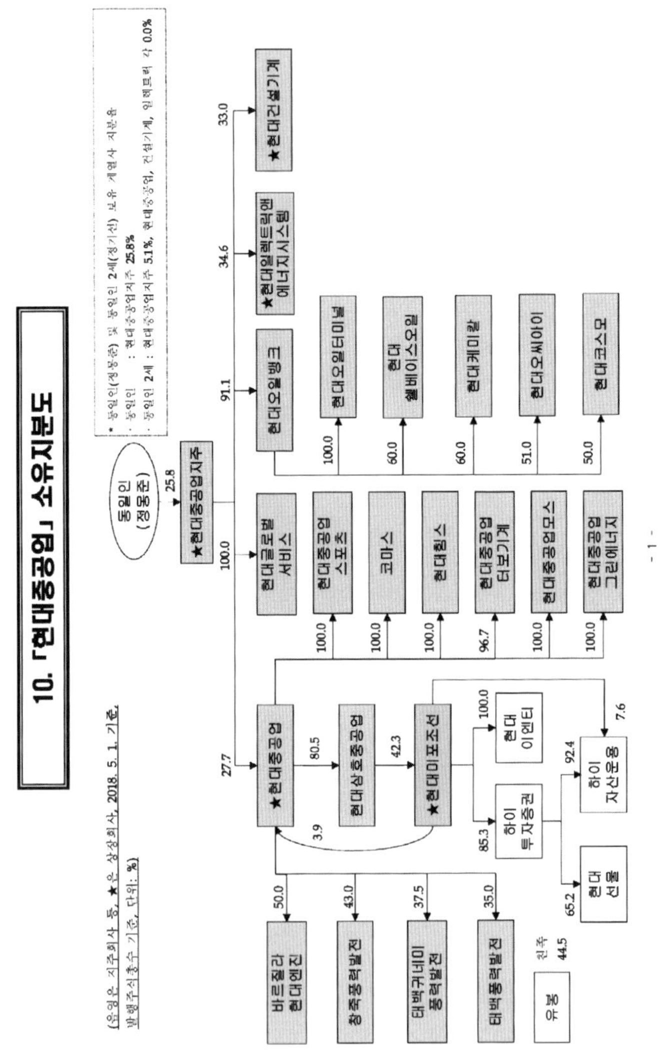

〈그림 11〉 신세계그룹 소유지분도, 2018년 5월

[순위] 11위, [계열회사] 39개, [동일인] 이명희

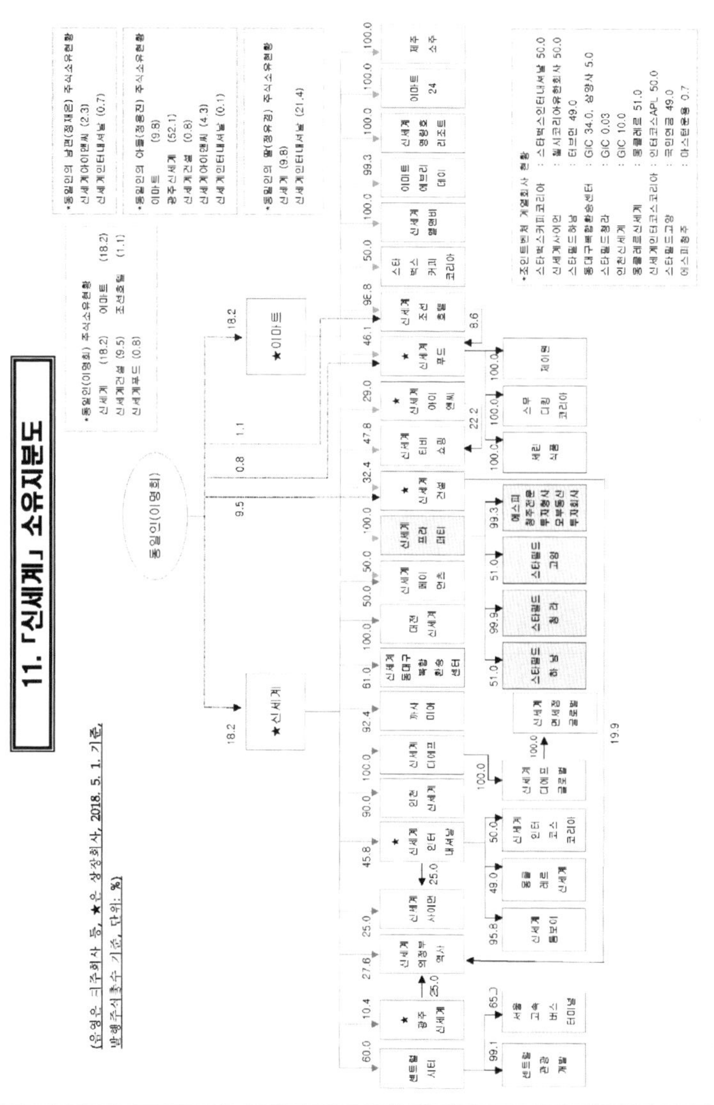

〈그림 12〉 KT그룹 소유지분도, 2018년 5월

[순위] 12위, [계열회사] 36개, [동일인] ㈜KT

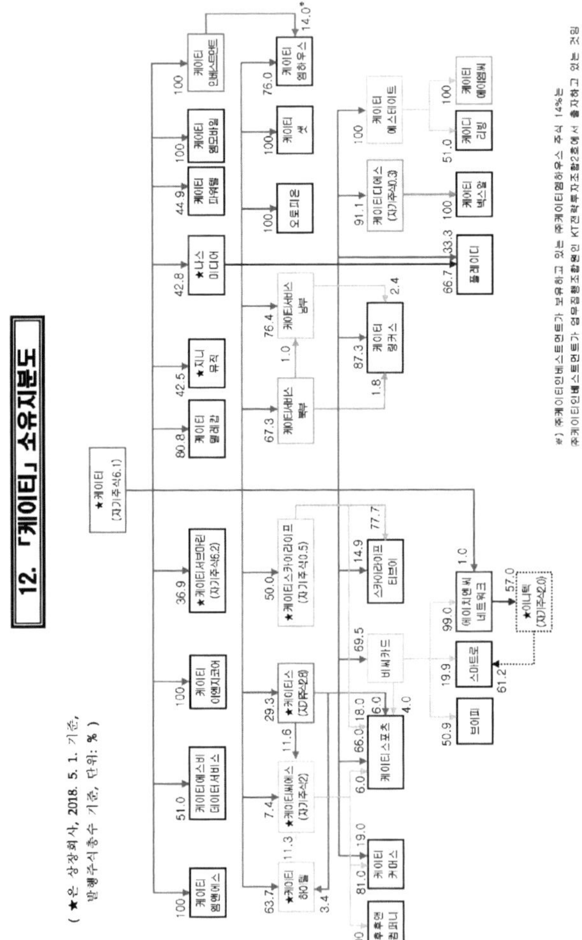

〈그림 13〉 두산그룹 소유지분도, 2018년 5월

[순위] 13위, [계열회사] 26개, [동일인] 박용곤

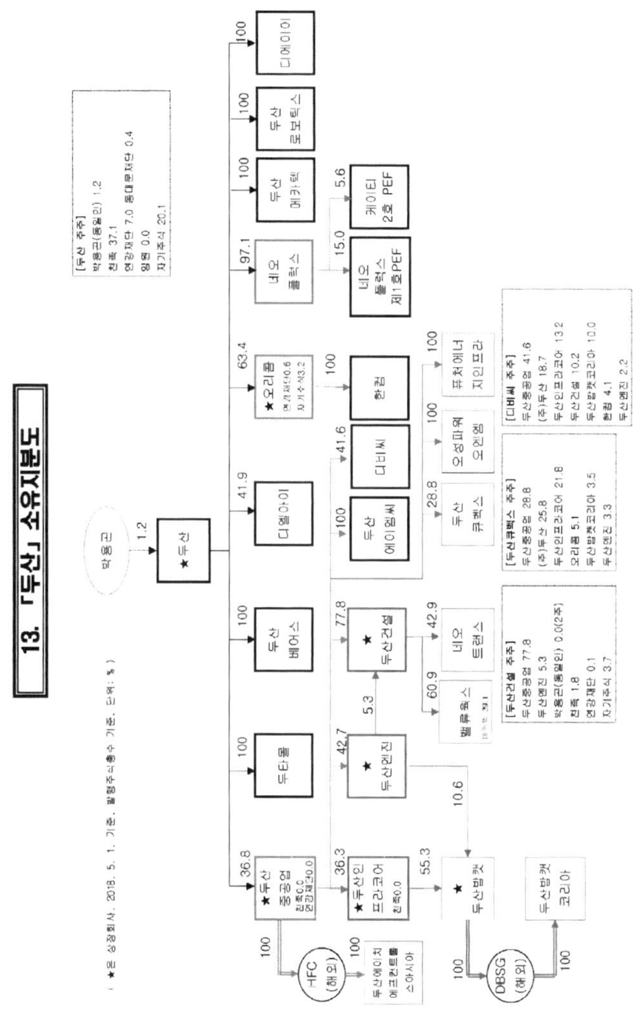

〈그림 14〉 한진그룹 소유지분도, 2018년 5월

[순위] 14위, [계열회사] 28개, [동일인] 조양호

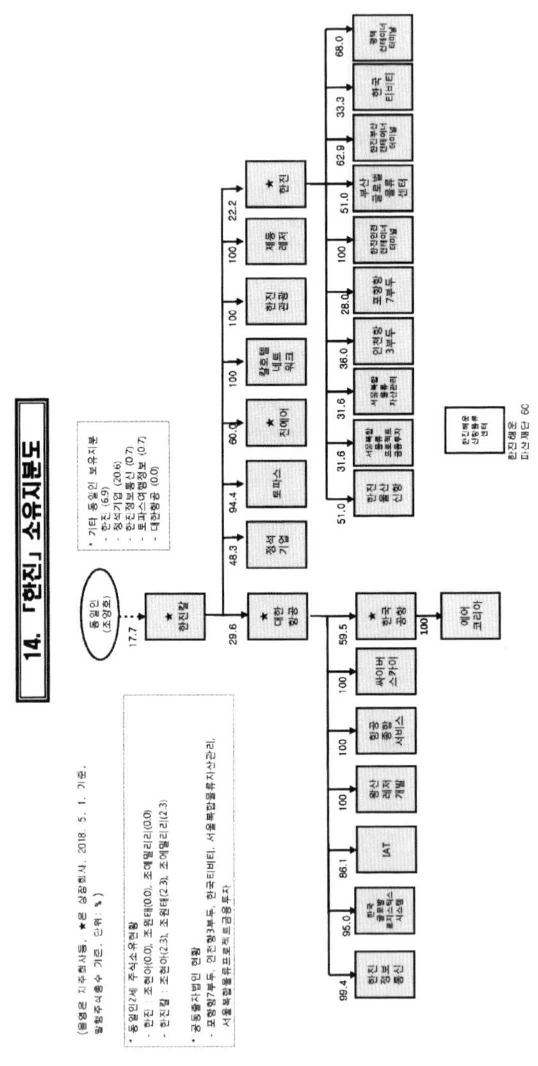

〈그림 15〉 CJ그룹 소유지분도, 2018년 5월

[순위] 15위, [계열회사] 80개, [동일인] 이재현

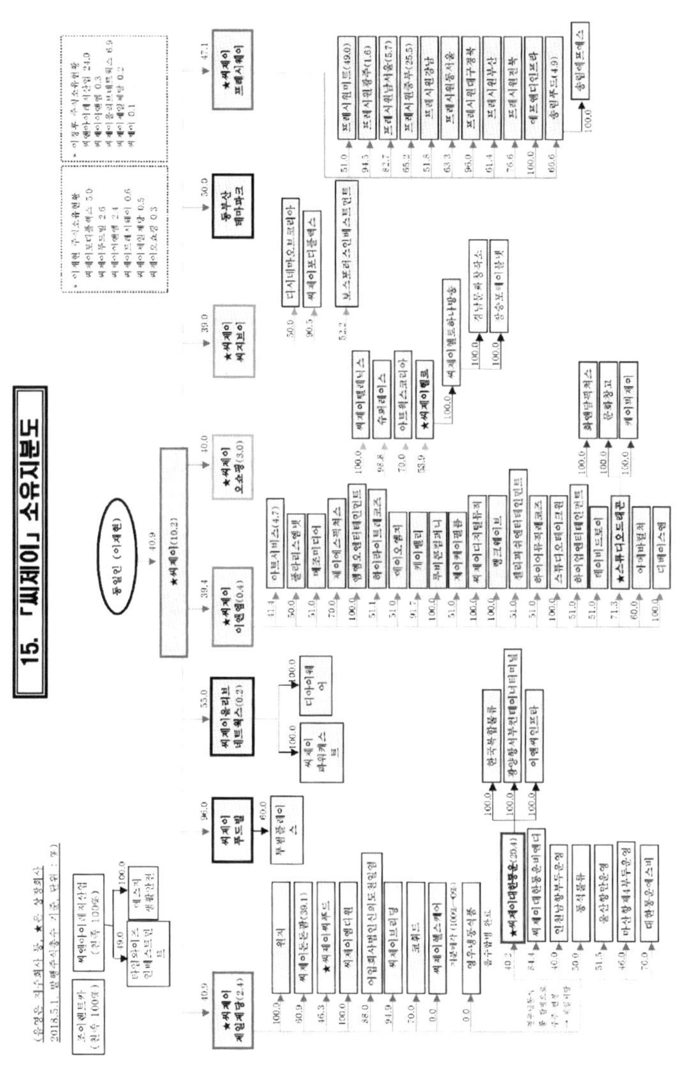

〈그림 16〉 부영그룹 소유지분도, 2018년 5월

[순위] 16위, [계열회사] 24개, [동일인] 이중근

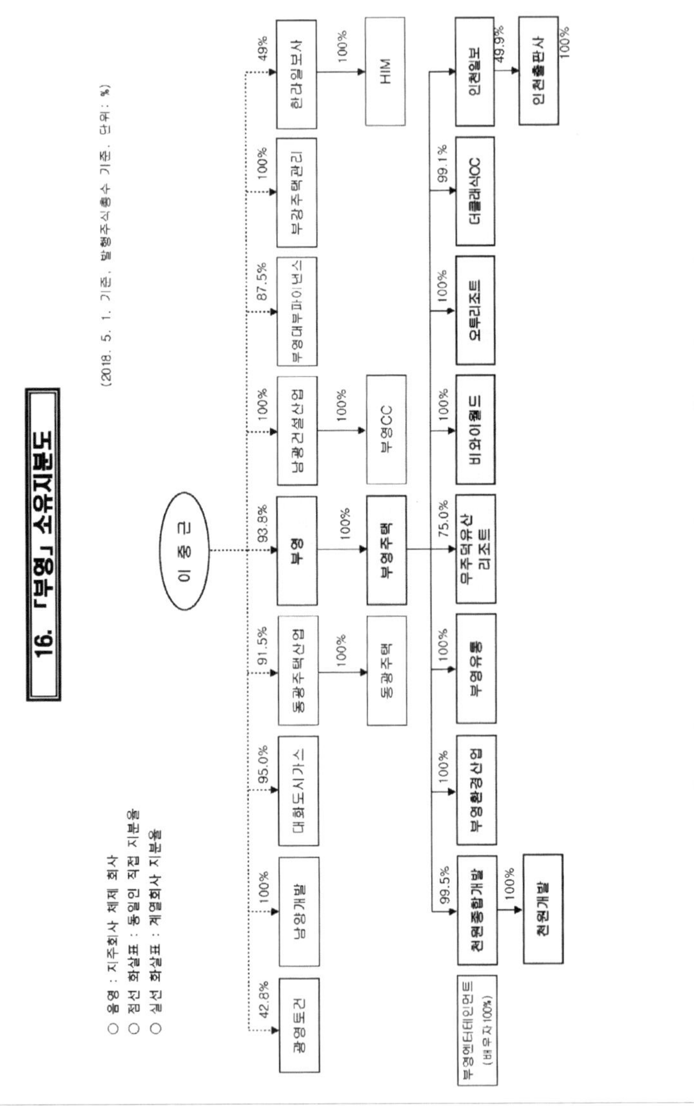

〈그림 17〉 LS그룹 소유지분도, 2018년 5월

[순위] 17위, [계열회사] 48개, [동일인] 구자홍

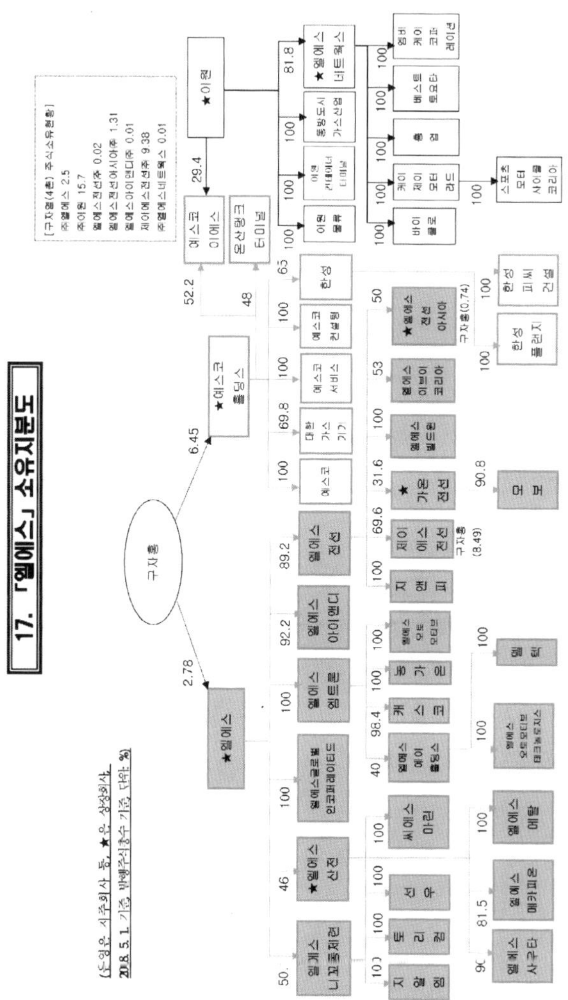

〈그림 18〉 대림그룹 소유지분도, 2018년 5월

[순위] 18위, [계열회사] 27개, [동일인] 이준용

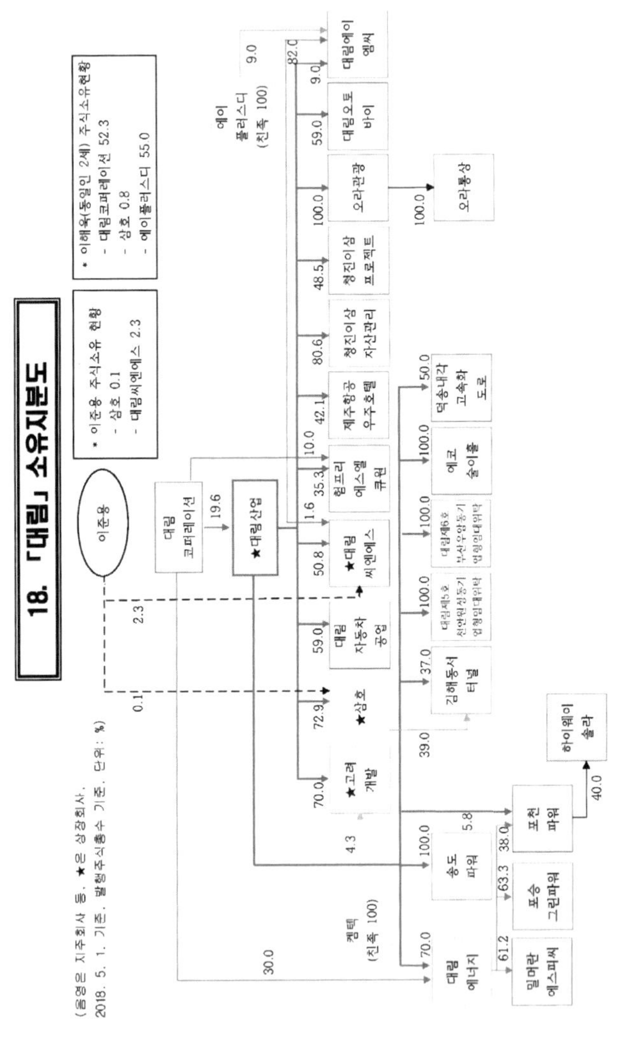

〈그림 19〉 S-Oil그룹 소유지분도, 2018년 5월

[순위] 19위, [계열회사] 3개, [동일인] S-Oil㈜

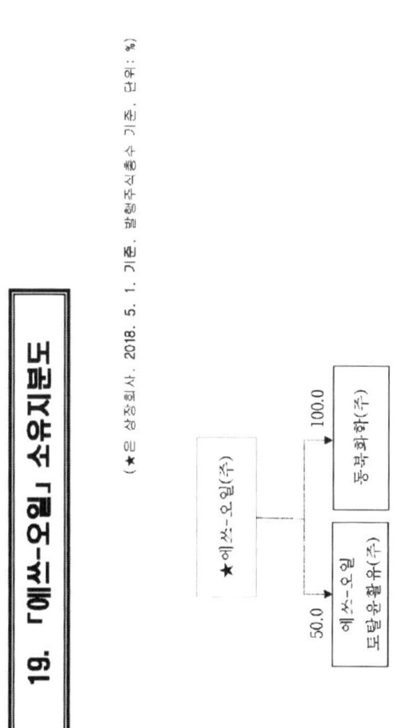

〈그림 20〉 미래에셋그룹 소유지분도, 2018년 5월

[순위] 20위, [계열회사] 38개, [동일인] 박현주

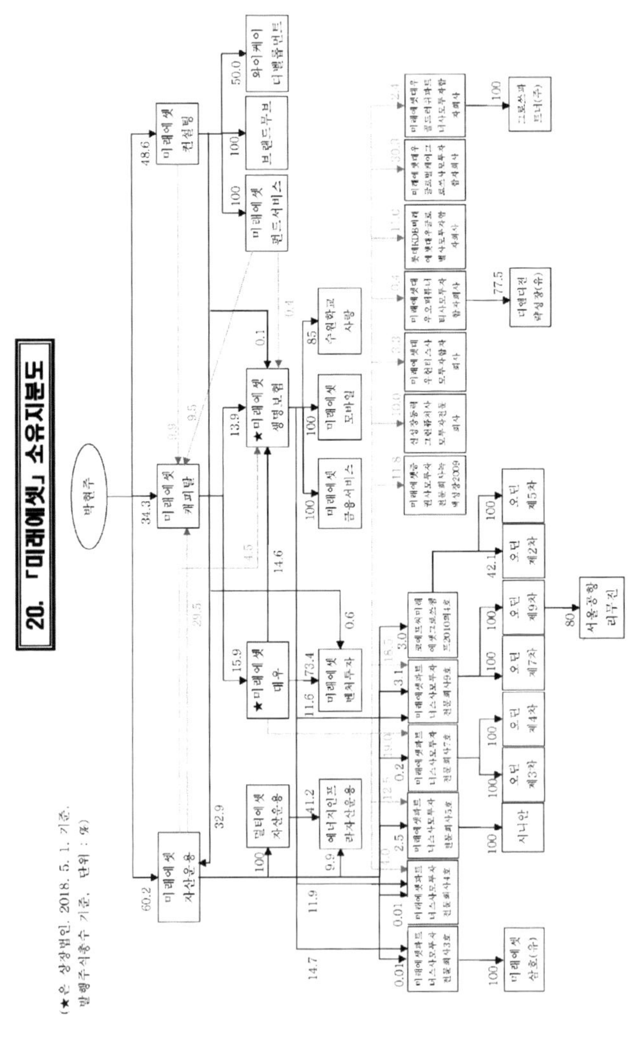

〈그림 21〉 현대백화점그룹 소유지분도, 2018년 5월

[순위] 21위, [계열회사] 28개, [동일인] 정지선

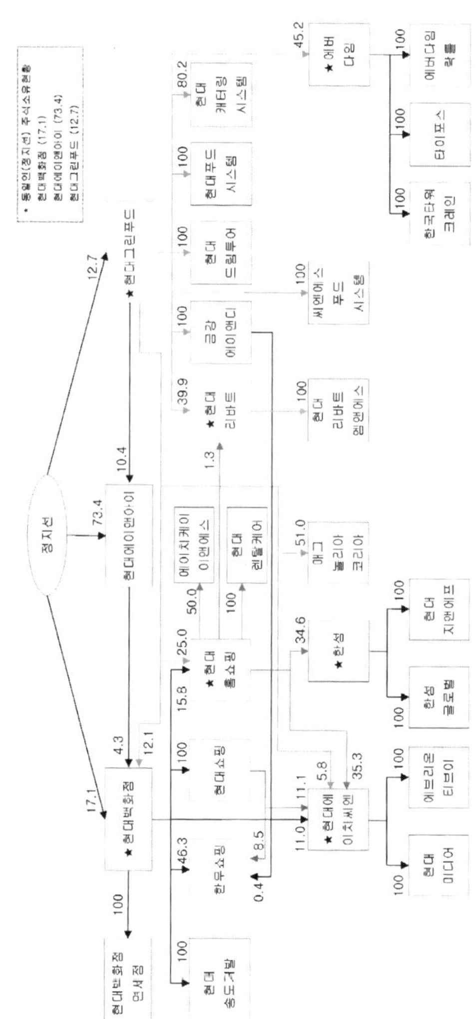

〈그림 22〉 영풍그룹 소유지분도, 2018년 5월

[순위] 22위, [계열회사] 24개, [동일인] 장형진

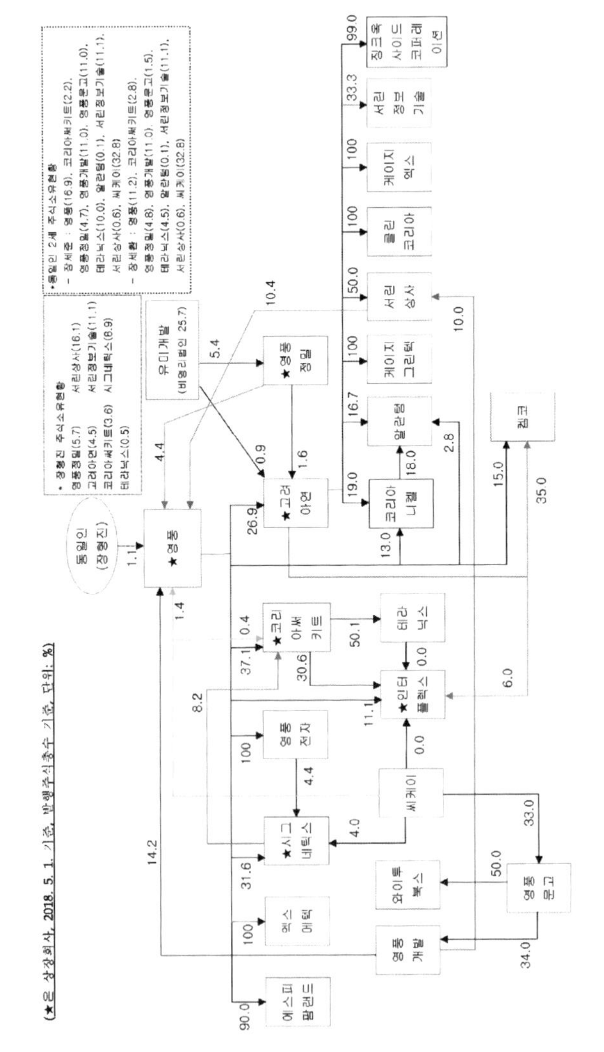

〈그림 23〉 대우조선해양그룹 소유지분도, 2018년 5월

[순위] 23위, [계열회사] 5개, [동일인] 대우조선해양㈜

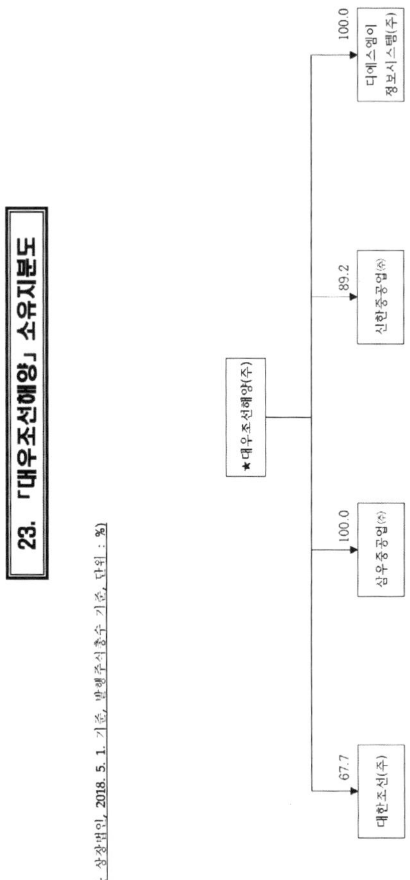

〈그림 24〉 한국투자금융그룹 소유지분도, 2018년 5월

[순위] 24위, [계열회사] 30개, [동일인] 김남구

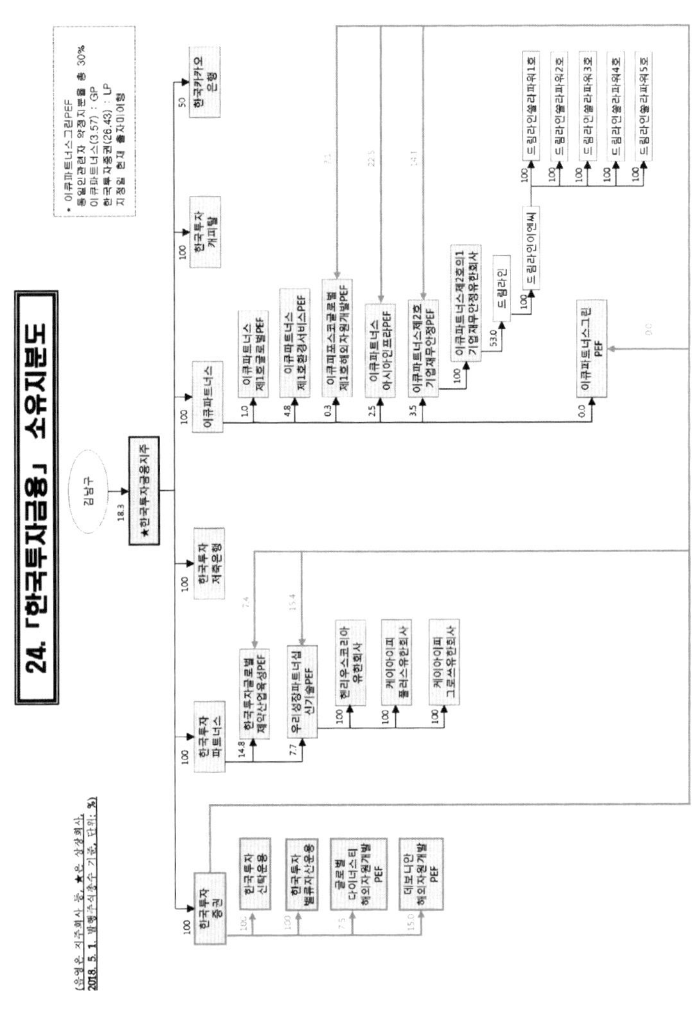

〈그림 25〉 금호아시아나그룹 소유지분도, 2018년 5월

[순위] 25위, [계열회사] 26개, [동일인] 박삼구

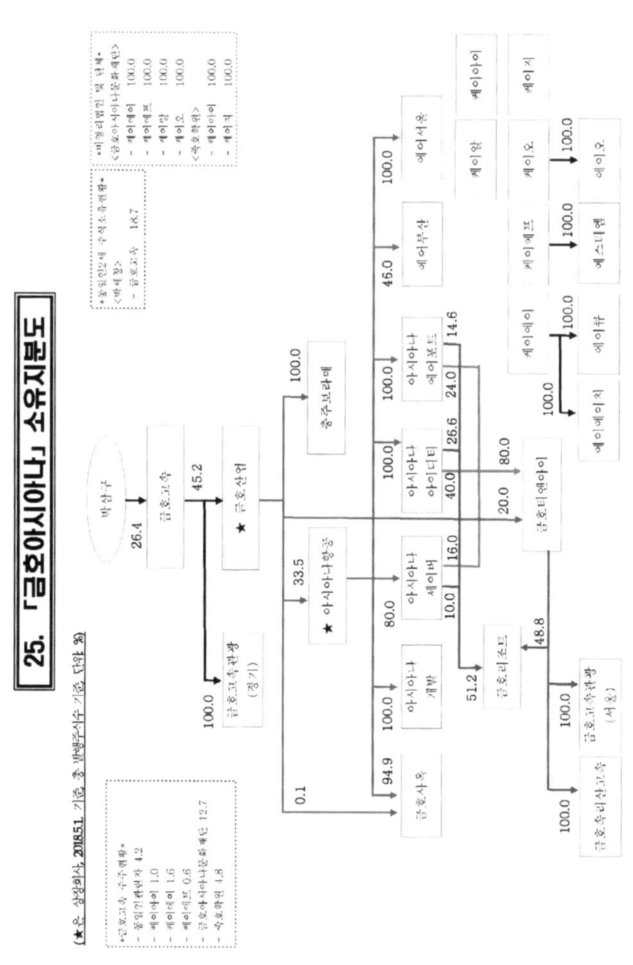

〈그림 26〉 효성그룹 소유지분도, 2018년 5월

[순위] 26위, [계열회사] 52개, [동일인] 조석래

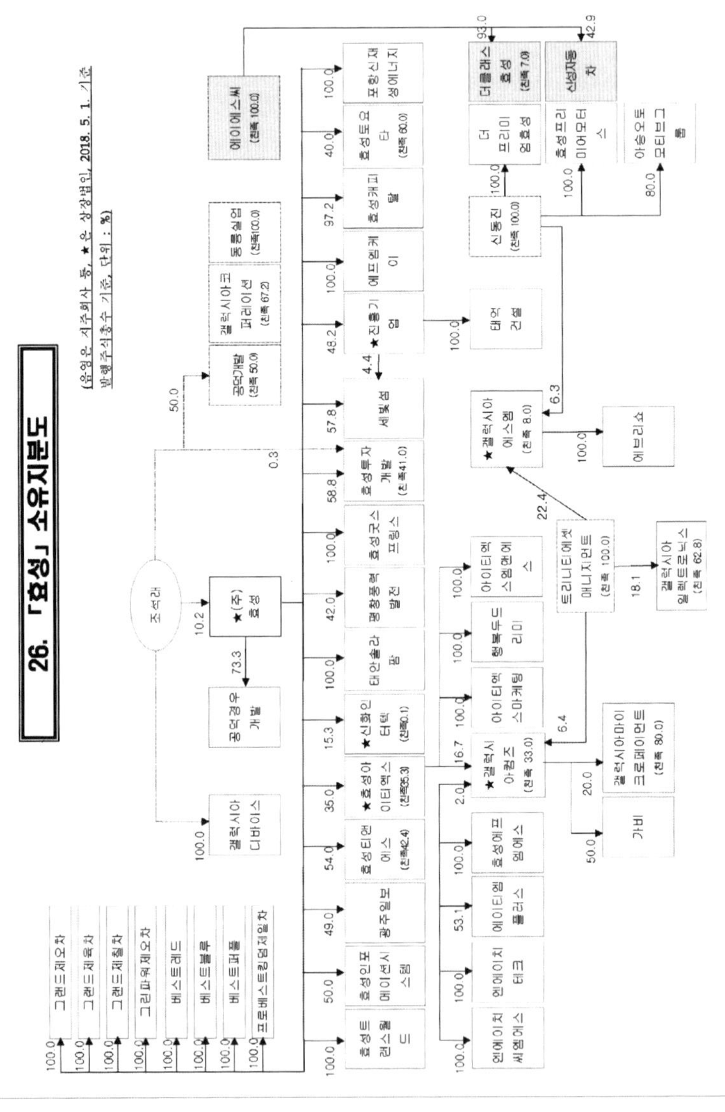

〈그림 27〉 OCI그룹 소유지분도, 2018년 5월

[순위] 27위, [계열회사] 21개, [동일인] 이우현

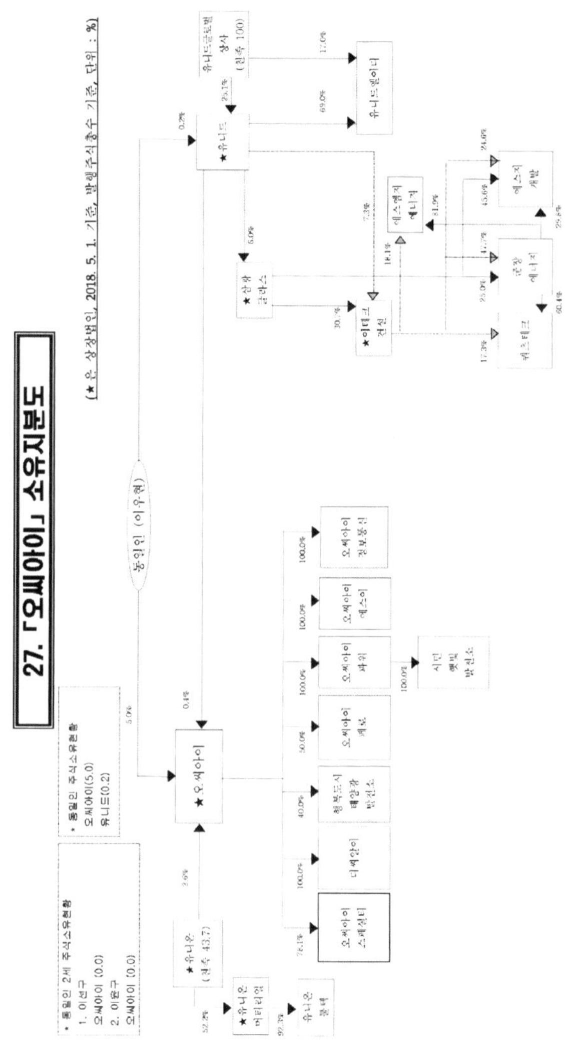

〈그림 28〉 KT&G그룹 소유지분도, 2018년 5월

[순위] 28위, [계열회사] 9개, [동일인] ㈜KT&G

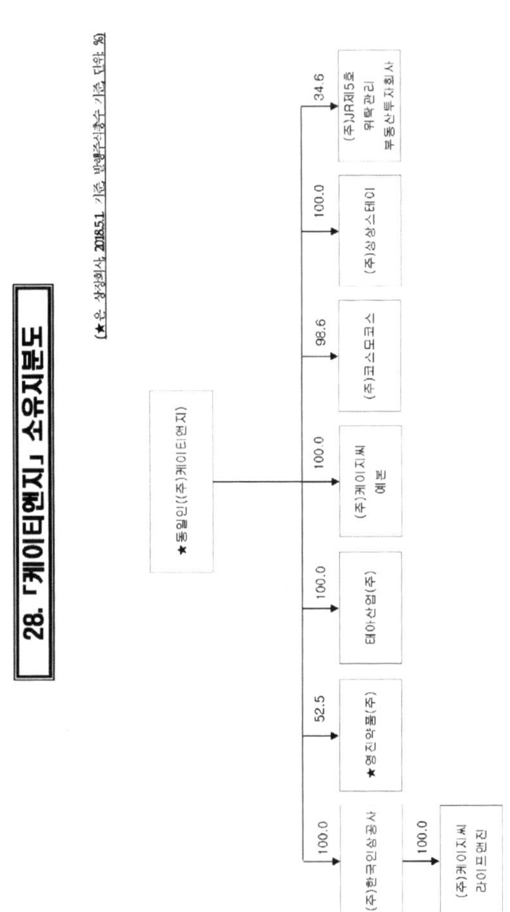

〈그림 29〉 KCC그룹 소유지분도, 2018년 5월

[순위] 29위, [계열회사] 17개, [동일인] 정몽진

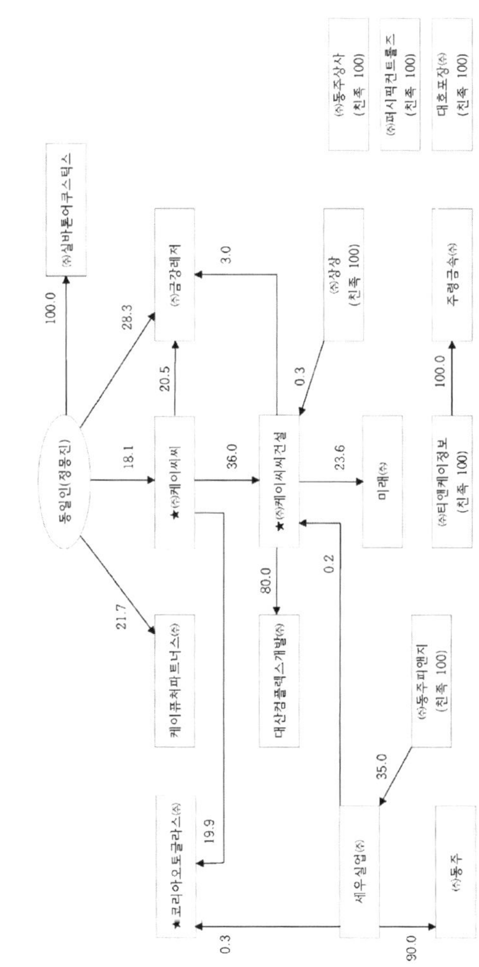

〈그림 30〉 교보생명보험그룹 소유지분도, 2018년 5월

[순위] 30위, [계열회사] 14개, [동일인] 신창재

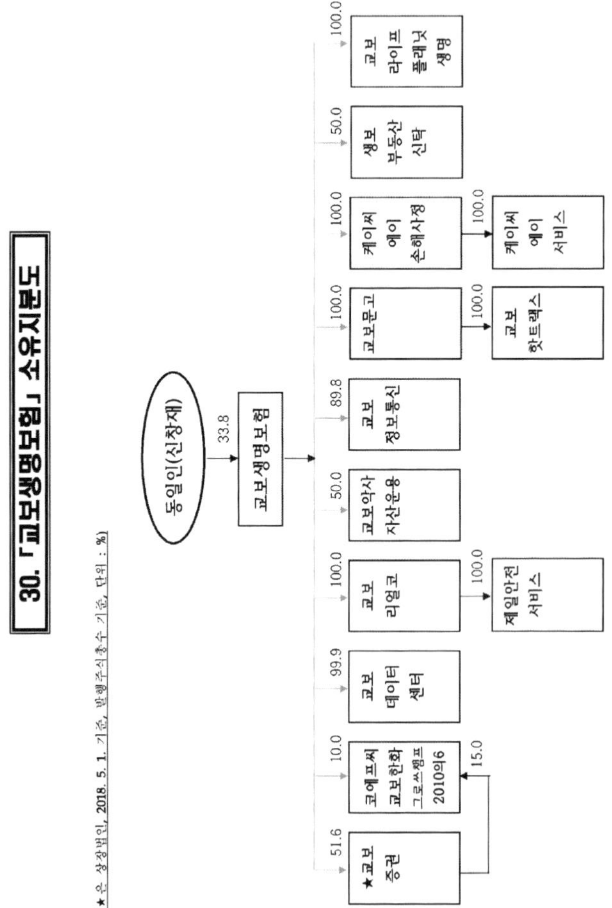

〈그림 31〉 코오롱그룹 소유지분도, 2018년 5월

[순위] 31위, [계열회사] 39개, [동일인] 이웅열

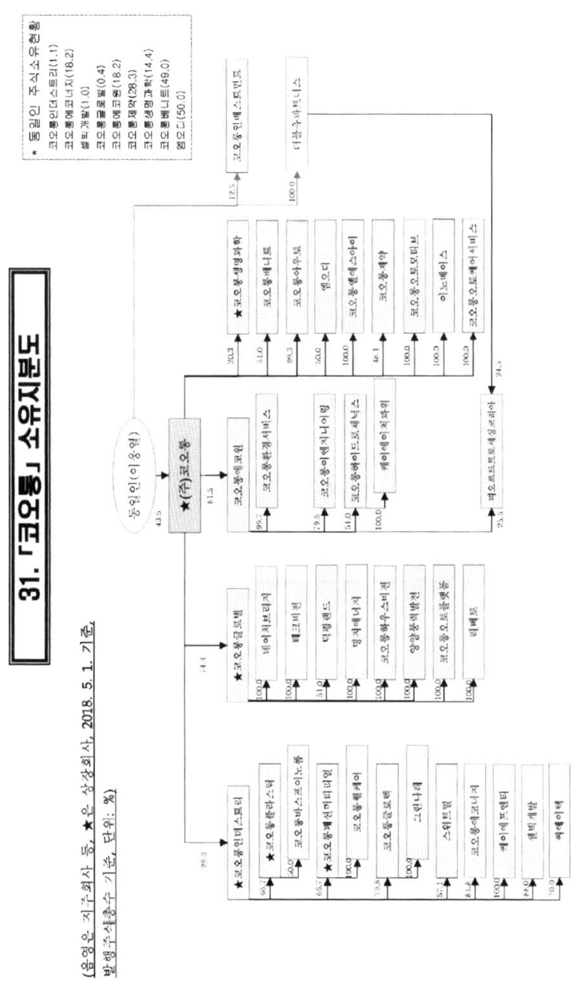

〈그림 32〉 하림그룹 소유지분도, 2018년 5월

[순위] 32위, [계열회사] 58개, [동일인] 김홍국

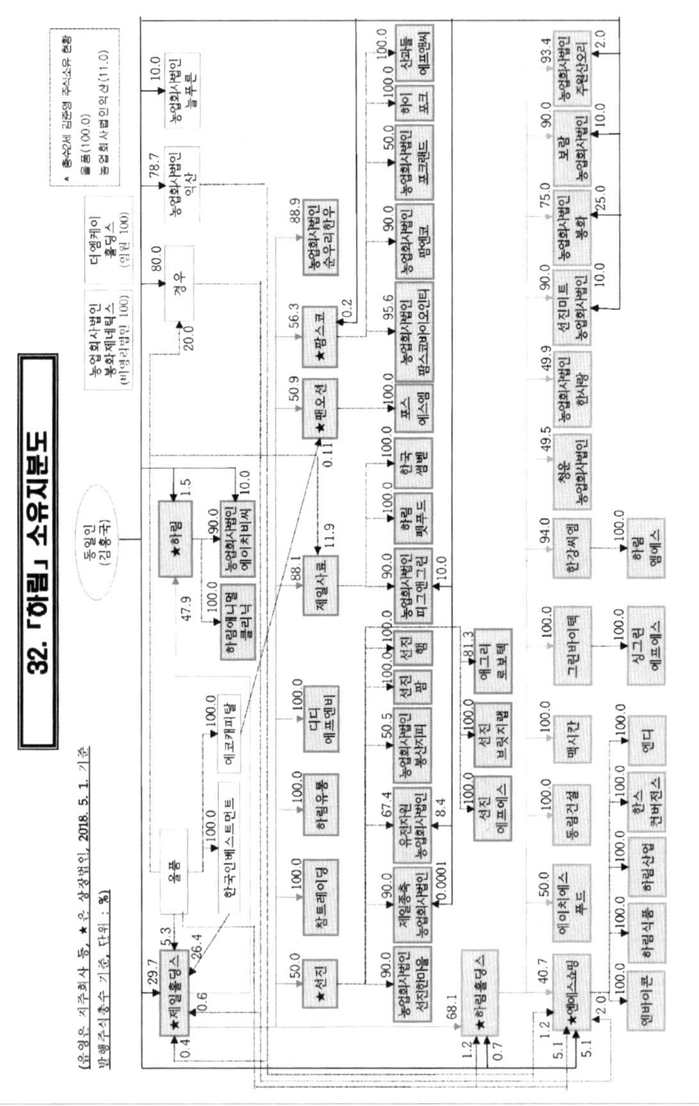

〈그림 33〉 대우건설그룹 소유지분도, 2018년 5월

[순위] 33위, [계열회사] 15개, [동일인] ㈜대우건설

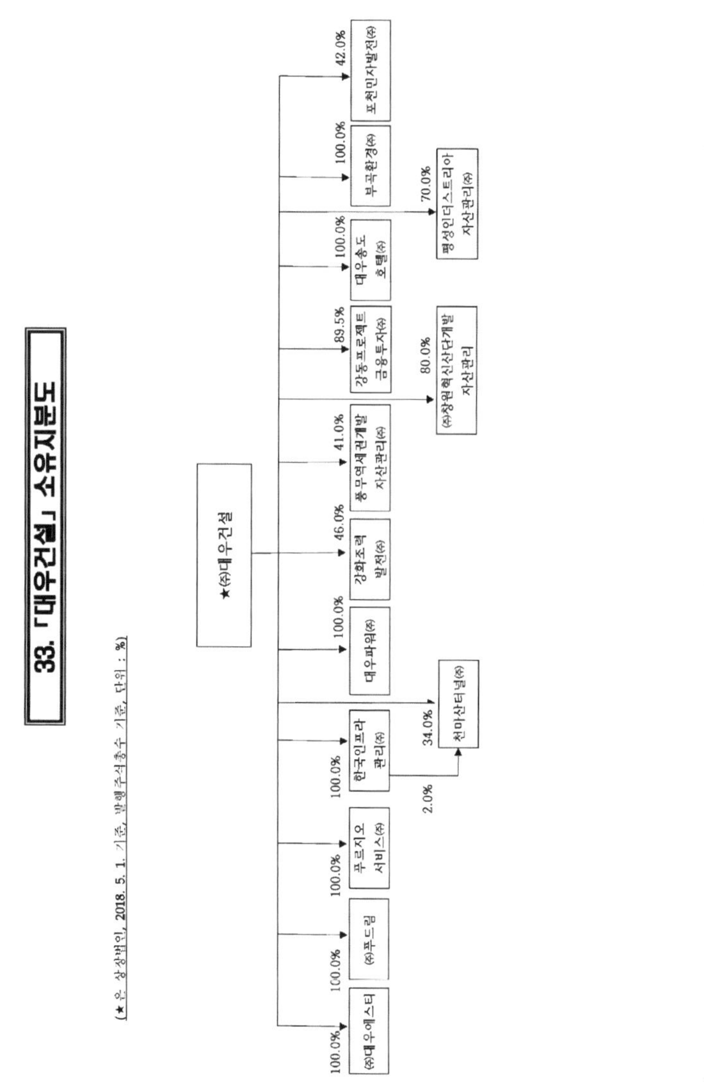

〈그림 34〉 중흥건설그룹 소유지분도, 2018년 5월

[순위] 34위, [계열회사] 61개, [동일인] 정창선

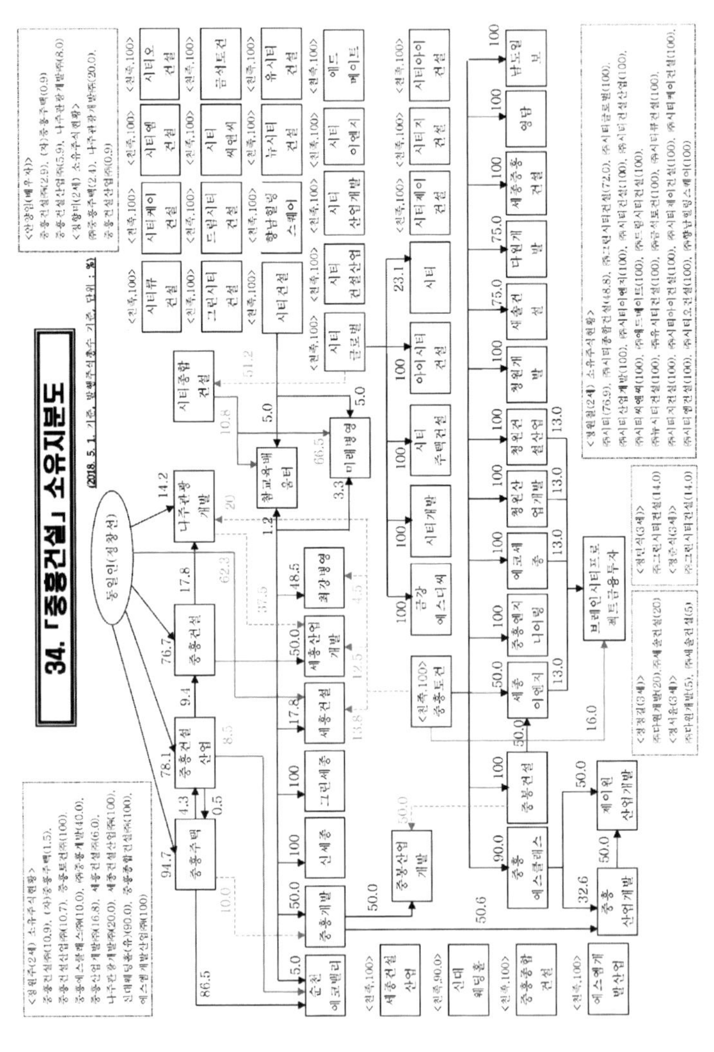

〈그림 35〉 한국타이어그룹 소유지분도, 2018년 5월

[순위] 35위, [계열회사] 17개, [동일인] 조양래

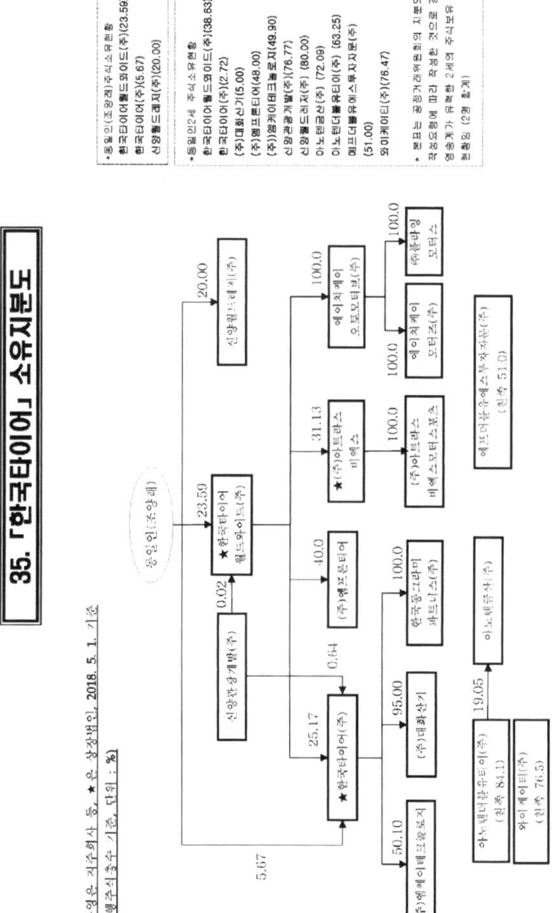

〈그림 36〉 태광그룹 소유지분도, 2018년 5월

[순위] 36위, [계열회사] 25개, [동일인] 이호진

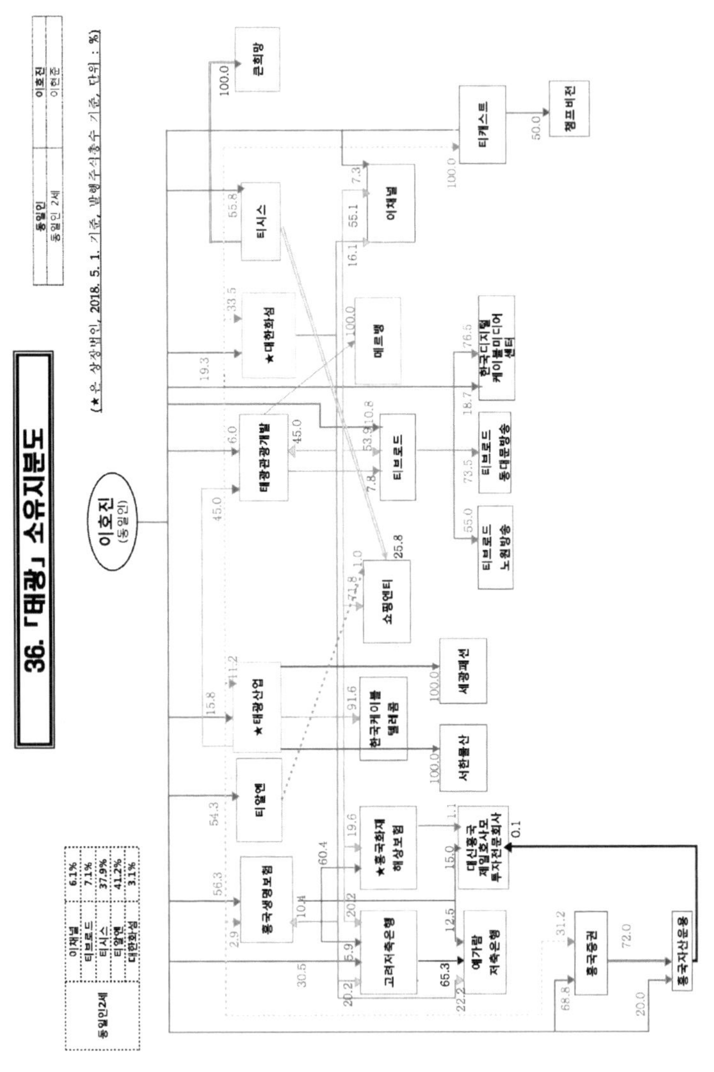

〈그림 37〉 SM그룹 소유지분도, 2018년 5월

[순위] 37위, [계열회사] 65개, [동일인] 우오현

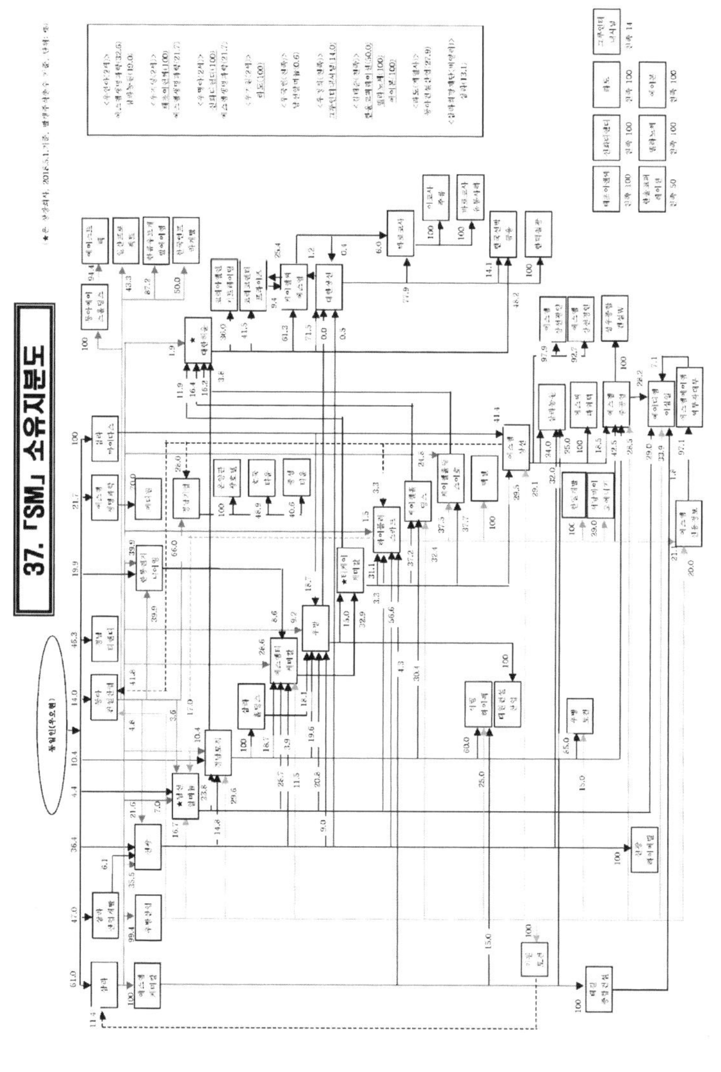

〈그림 38〉 셀트리온그룹 소유지분도, 2018년 5월

[순위] 38위, [계열회사] 9개, [동일인] 서정진

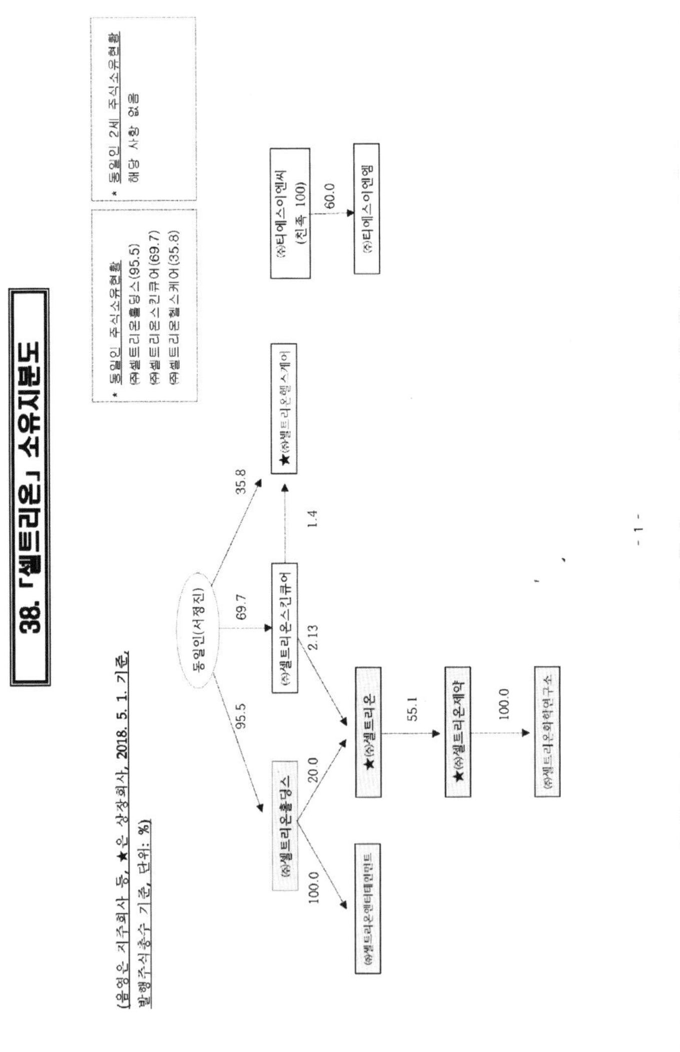

〈그림 39〉 카카오그룹 소유지분도, 2018년 5월

[순위] 39위, [계열회사] 72개, [동일인] 김범수

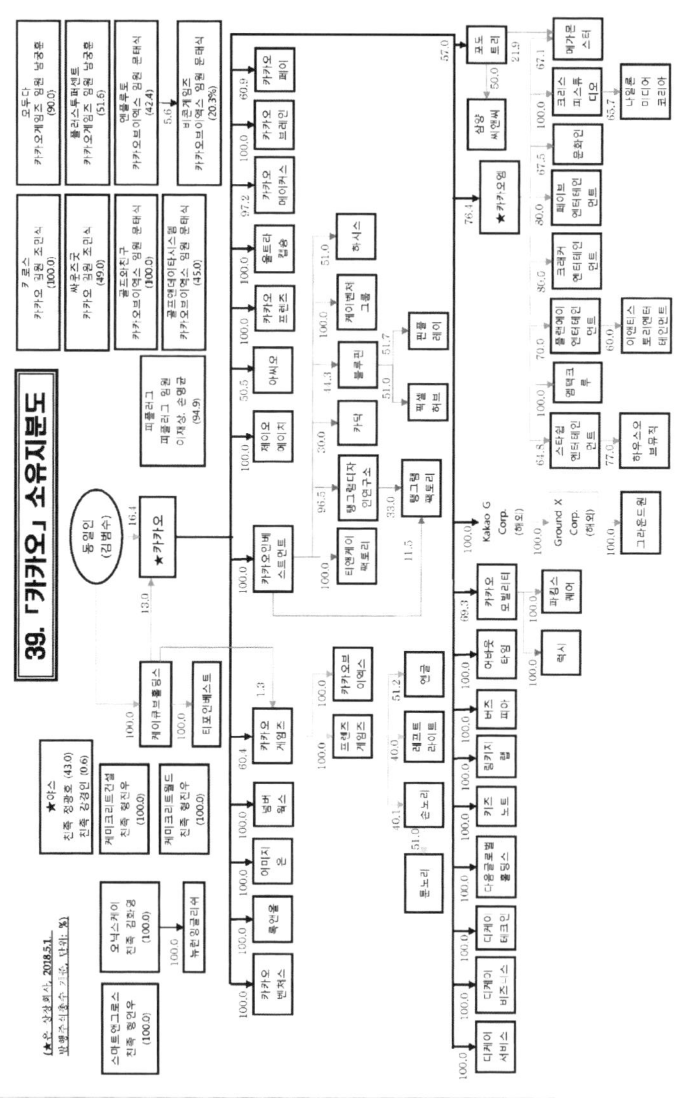

〈그림 40〉 세아그룹 소유지분도, 2018년 5월

[순위] 40위, [계열회사] 21개, [동일인] 이순형

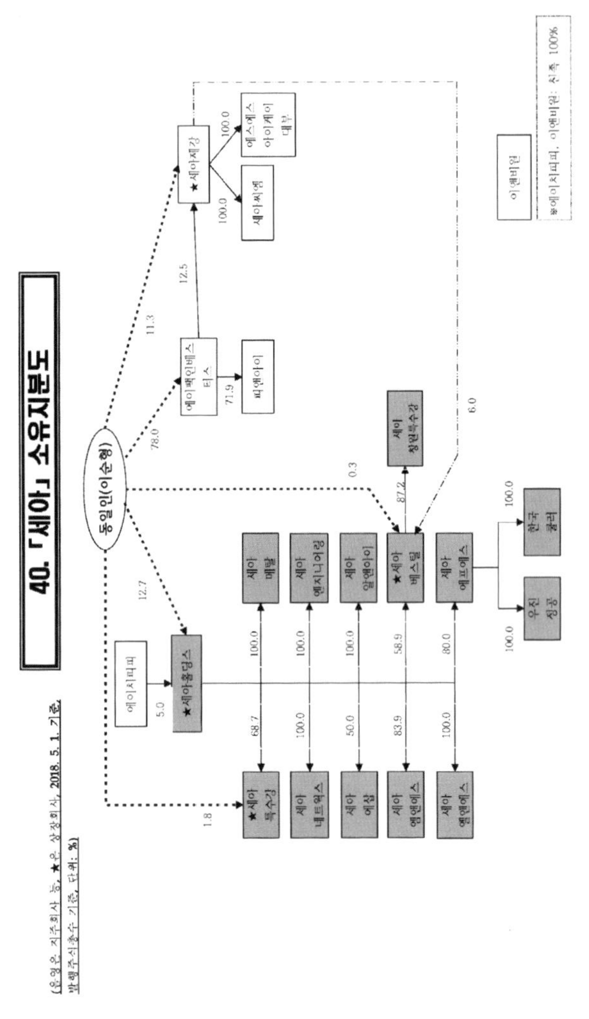

〈그림 41〉 한라그룹 소유지분도, 2018년 5월

[순위] 41위, [계열회사] 19개, [동일인] 정몽원

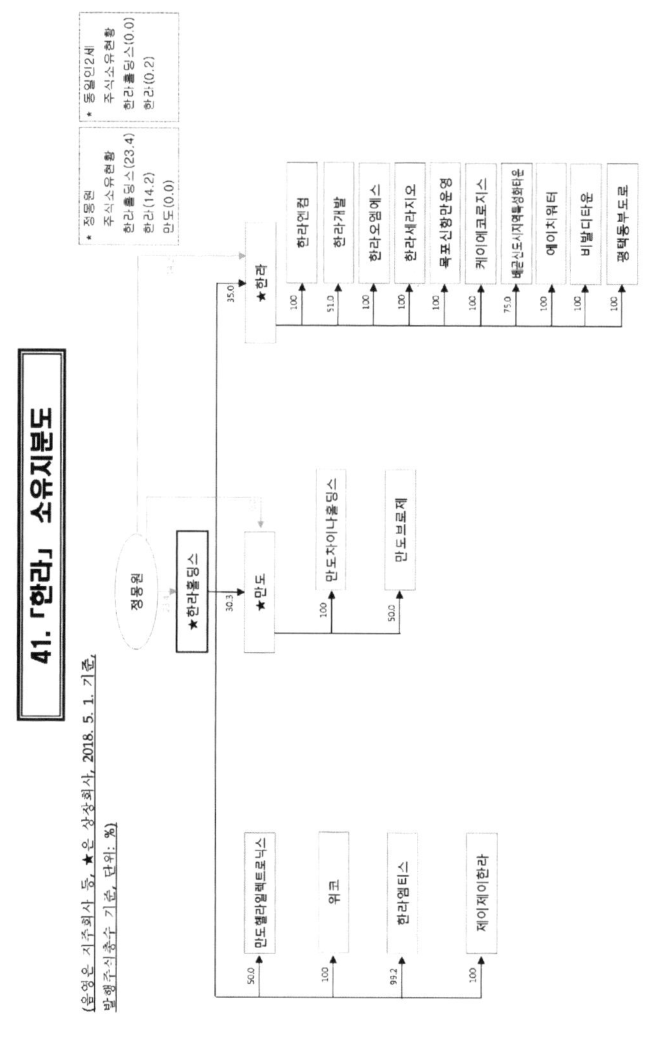

〈그림 42〉 이랜드그룹 소유지분도, 2018년 5월

[순위] 42위, [계열회사] 30개, [동일인] 박성수

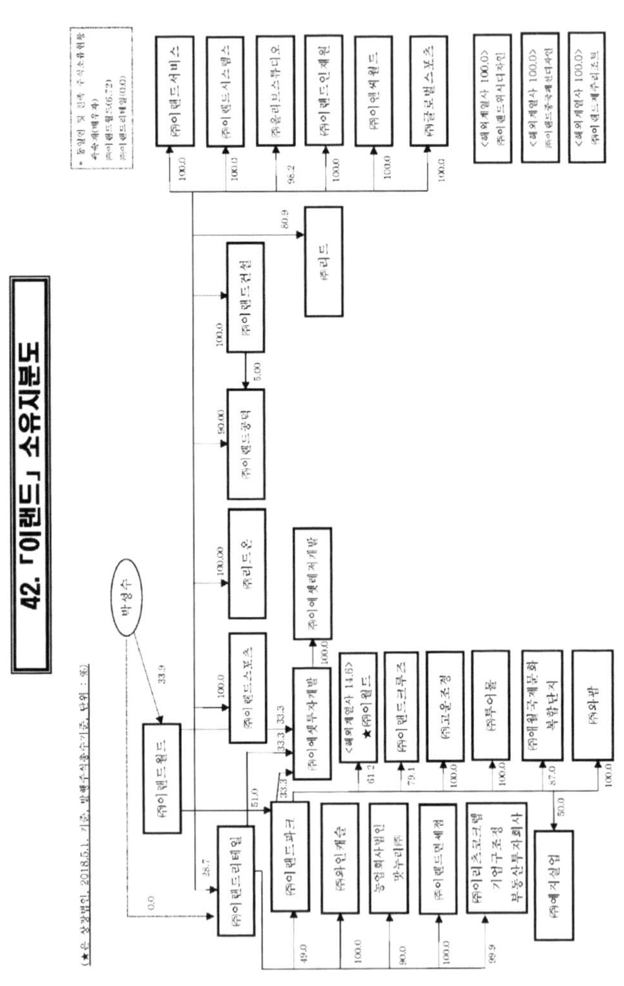

〈그림 43〉 DB그룹 소유지분도, 2018년 5월

[순위] 43위, [계열회사] 20개, [동일인] 김준기

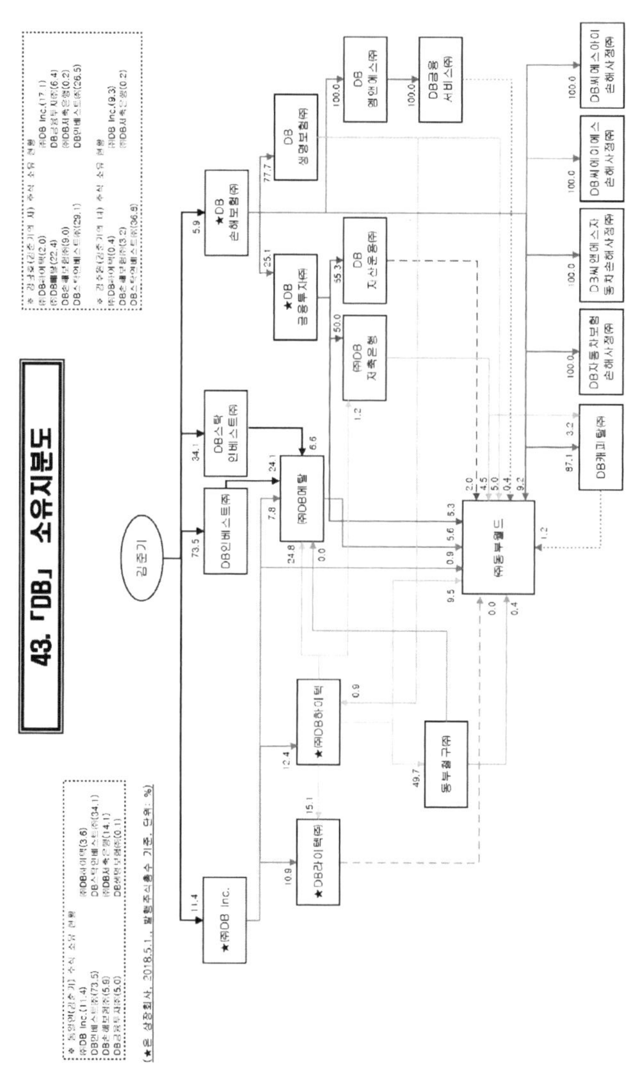

〈그림 44〉 호반건설그룹 소유지분도, 2018년 5월

[순위] 44위, [계열회사] 42개, [동일인] 김상열

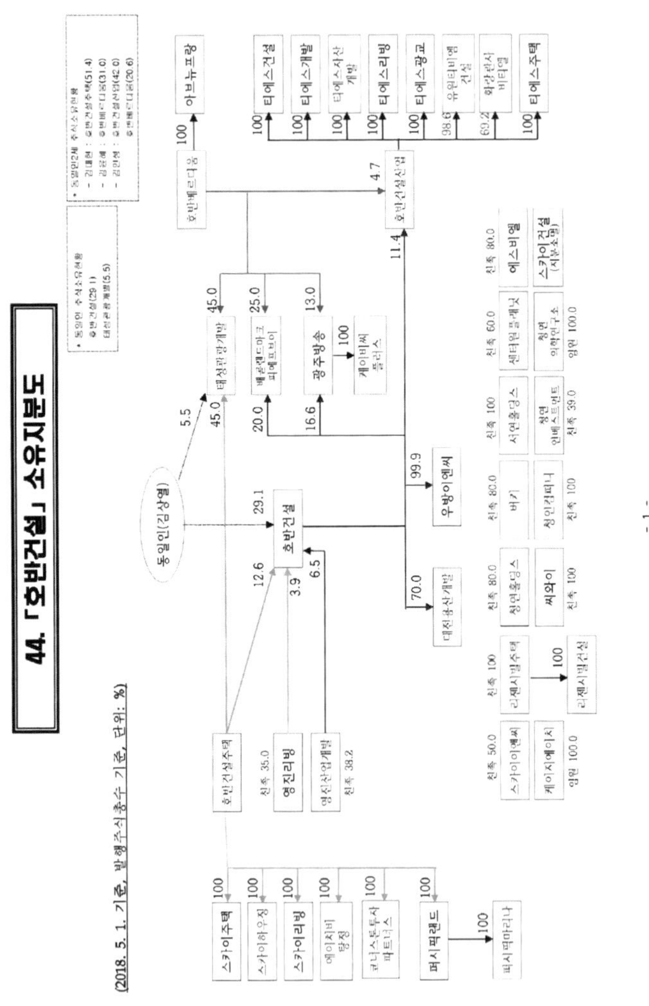

〈그림 45〉 동원그룹 소유지분도, 2018년 5월

[순위] 45위, [계열회사] 22개, [동일인] 김재철

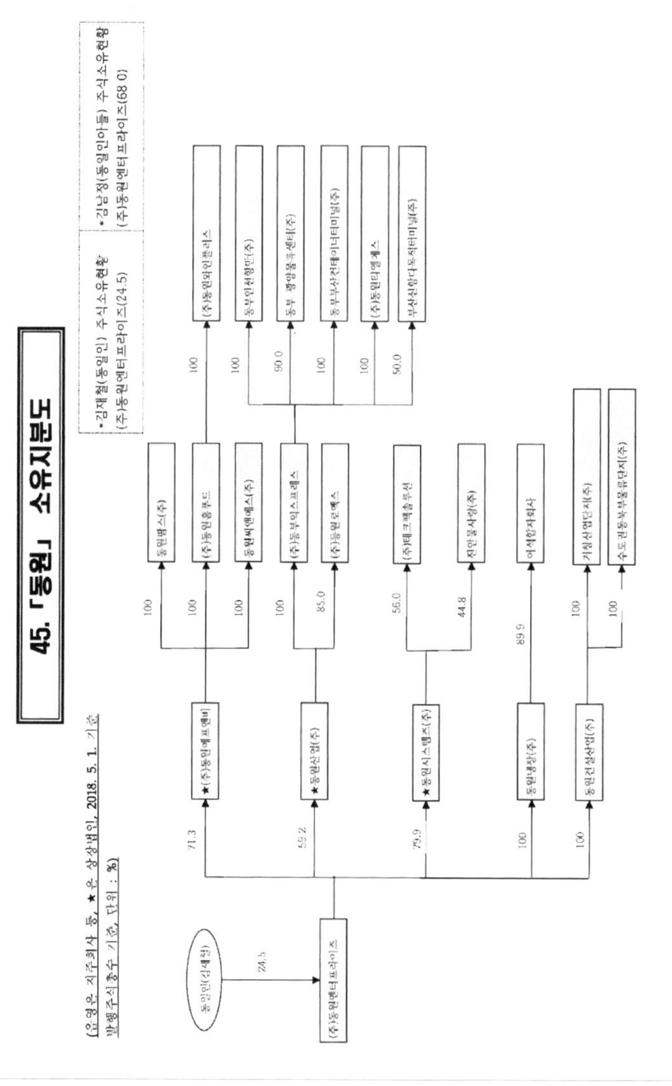

〈그림 46〉 현대산업개발그룹 소유지분도, 2018년 5월

[순위] 46위, [계열회사] 23개, [동일인] 정몽규

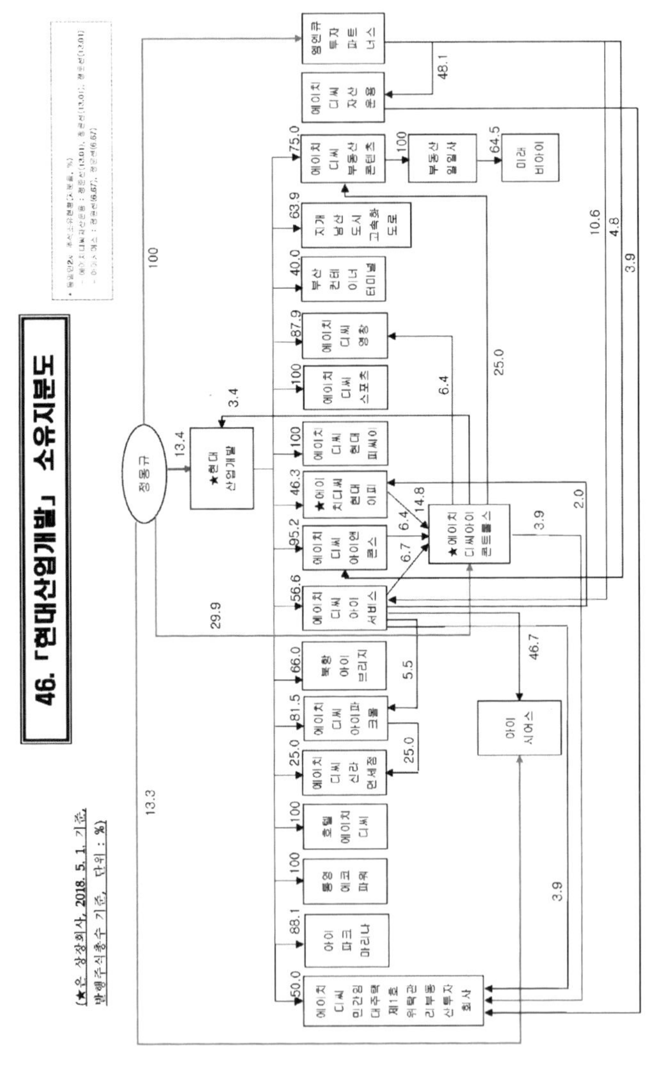

〈그림 47〉 태영그룹 소유지분도, 2018년 5월

[순위] 47위, [계열회사] 48개, [동일인] 윤세영

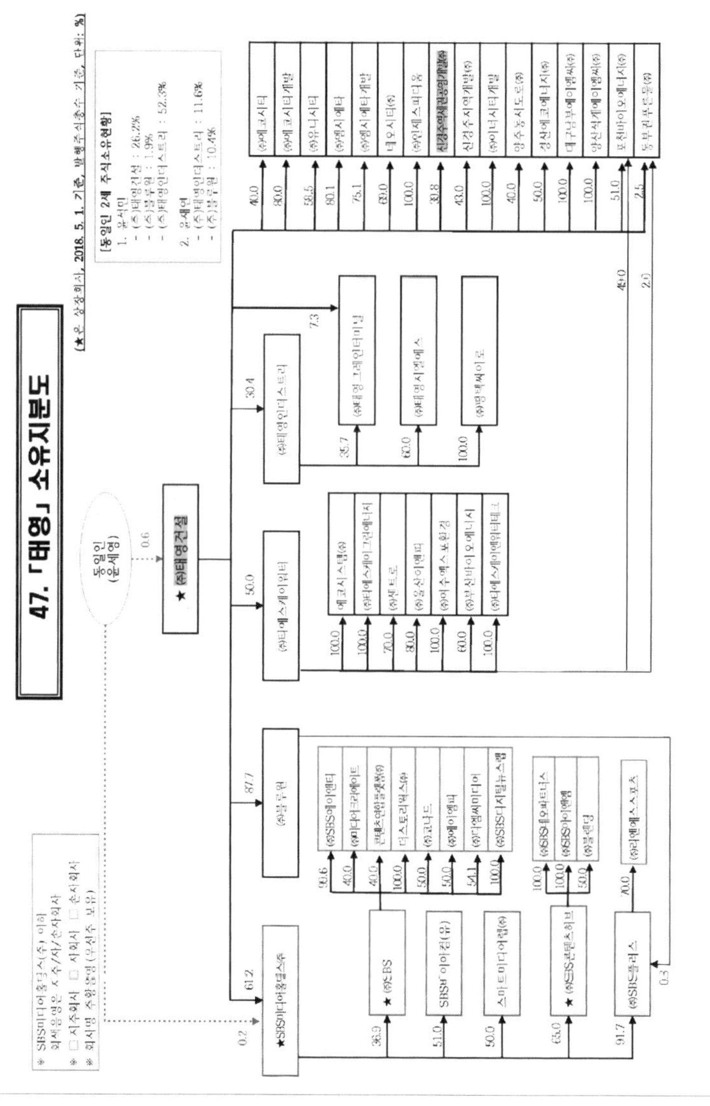

〈그림 48〉 아모레퍼시픽그룹 소유지분도, 2018년 5월

[순위] 48위, [계열회사] 12개, [동일인] 서경배

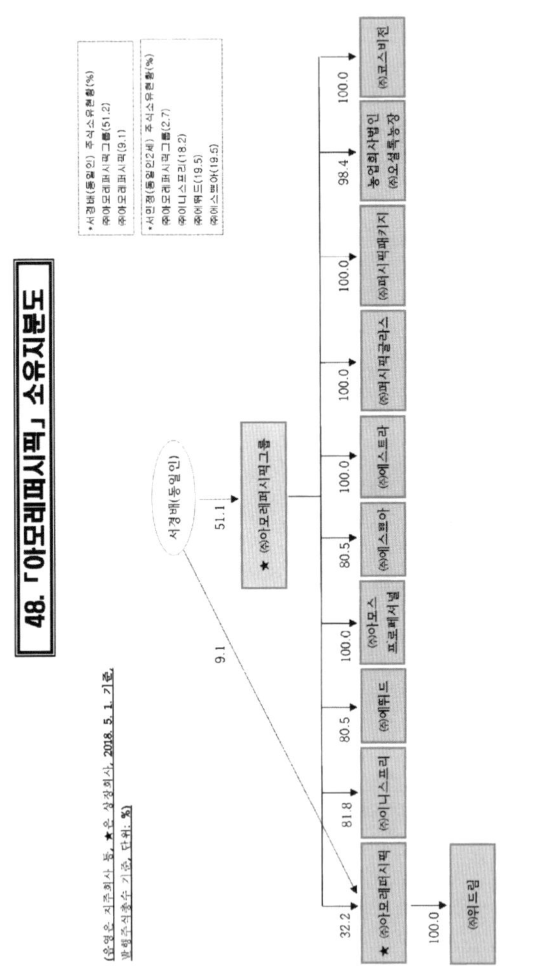

〈그림 49〉 네이버그룹 소유지분도, 2018년 5월

[순위] 49위, [계열회사] 45개, [동일인] 이해진

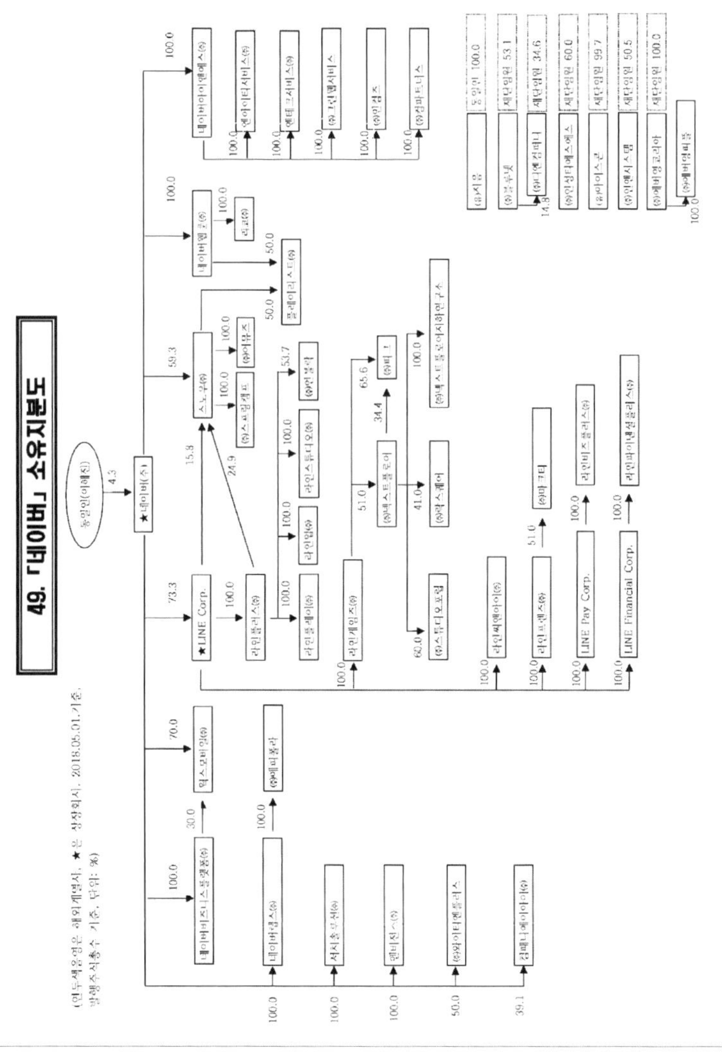

〈그림 50〉 동국제강그룹 소유지분도, 2018년 5월

[순위] 50위, [계열회사] 10개, [동일인] 장세주

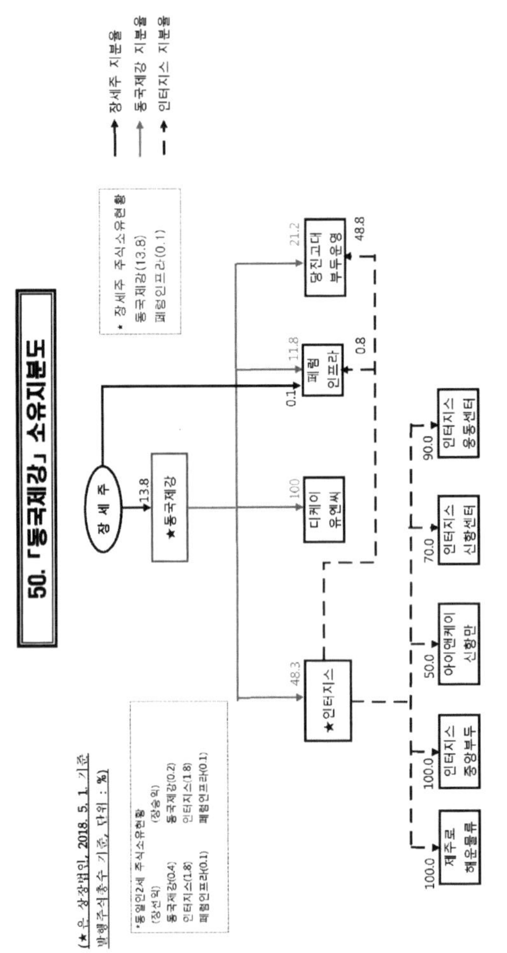

〈그림 51〉 메리츠금융그룹 소유지분도, 2018년 5월

[순위] 51위, [계열회사] 8개, [동일인] 조정호

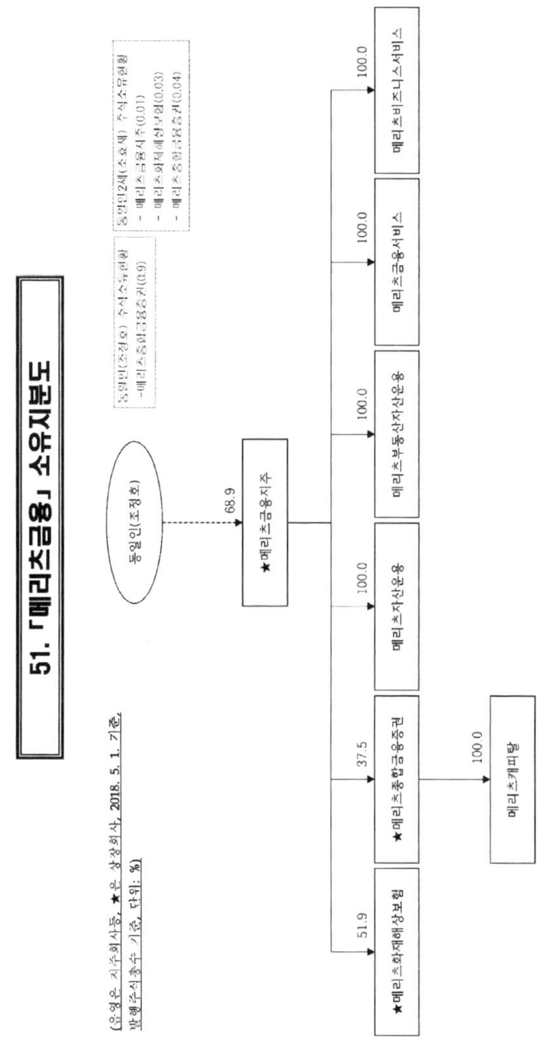

〈그림 52〉 넥슨그룹 소유지분도, 2018년 5월

[순위] 52위, [계열회사] 22개, [동일인] 김정주

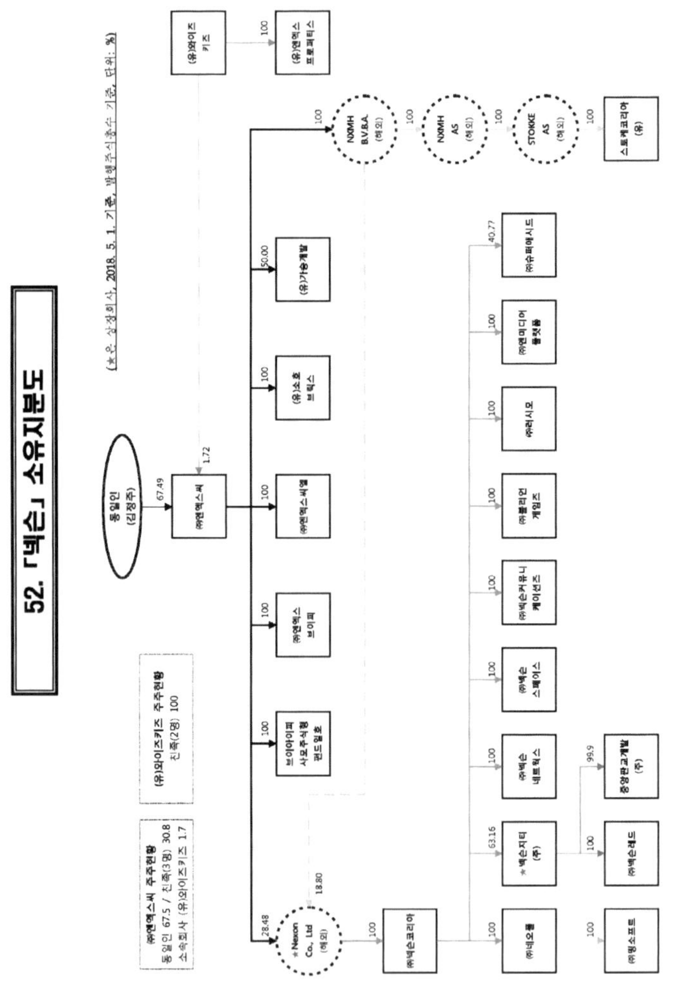

〈그림 53〉 삼천리그룹 소유지분도, 2018년 5월

[순위] 53위, [계열회사] 17개, [동일인] 이만득

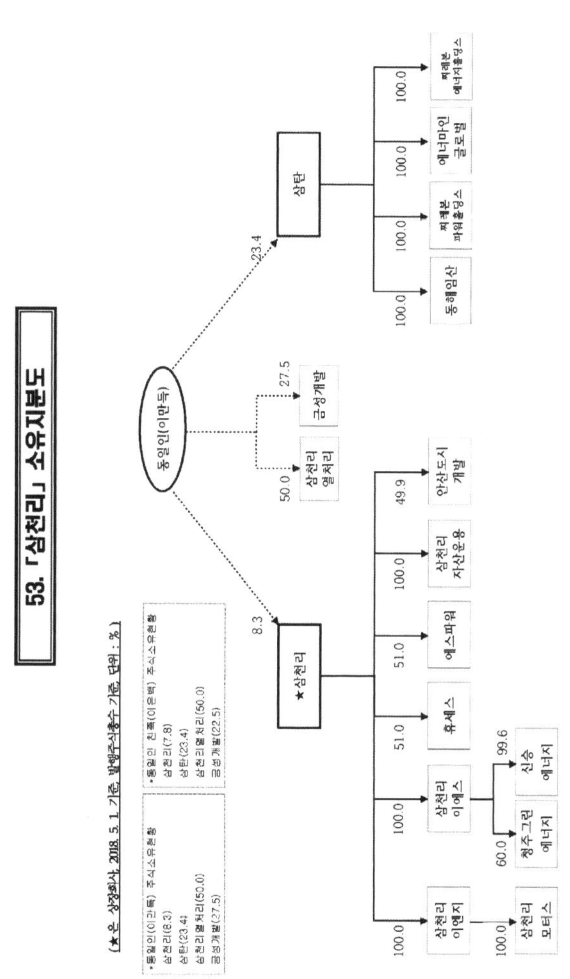

〈그림 54〉 한국GM그룹 소유지분도, 2018년 5월

[순위] 54위, [계열회사] 2개, [동일인] 한국GM㈜

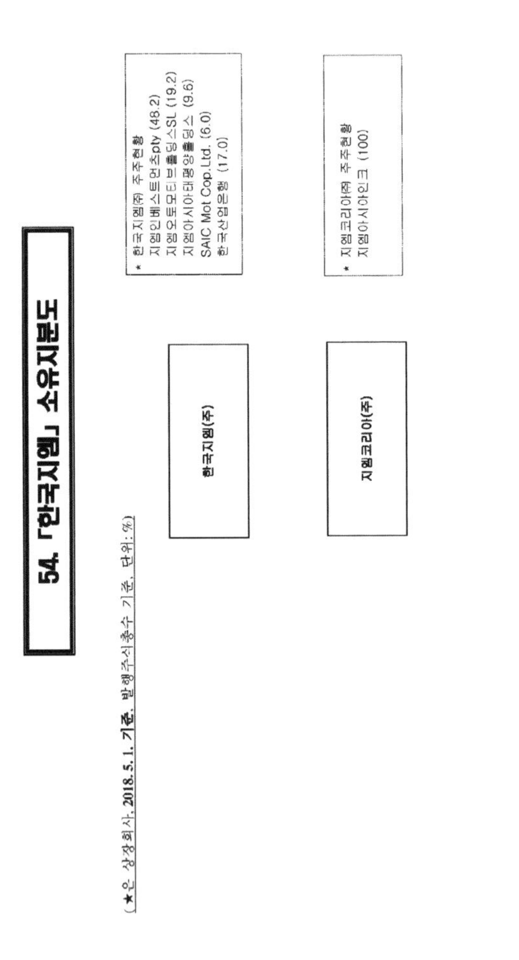

〈그림 55〉 금호석유화학그룹 소유지분도, 2018년 5월

[순위] 55위, [계열회사] 11개, [동일인] 박찬구

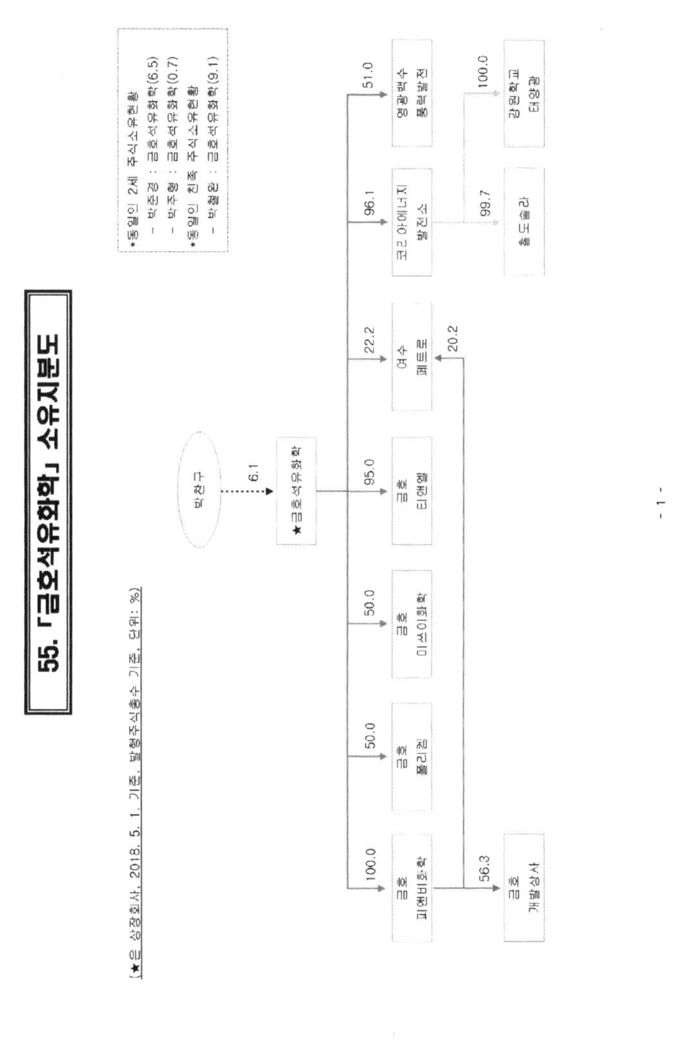

〈그림 56〉 한진중공업그룹 소유지분도, 2018년 5월

[순위] 56위, [계열회사] 7개, [동일인] 조남호

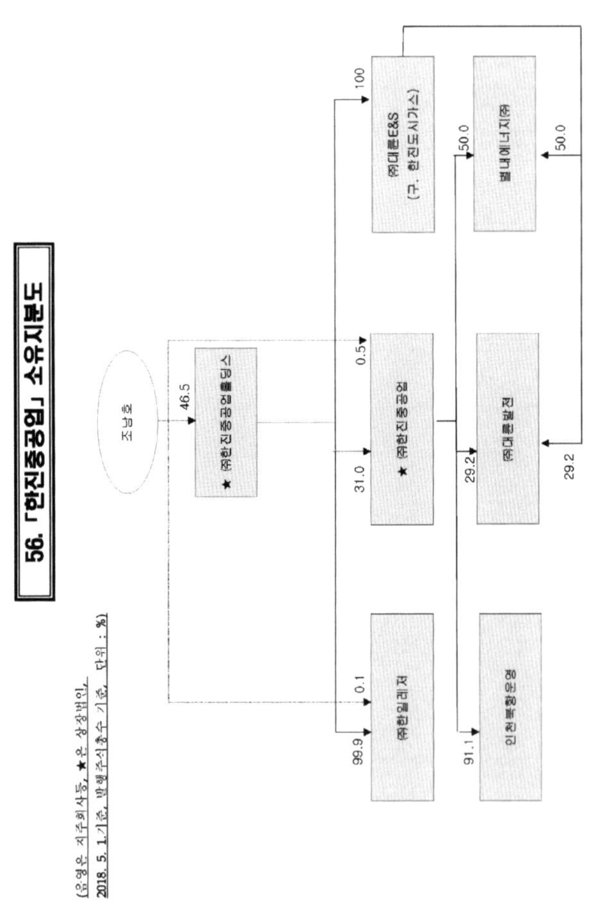

〈그림 57〉 넷마블그룹 소유지분도, 2018년 5월

[순위] 57위, [계열회사] 26개, [동일인] 방준혁

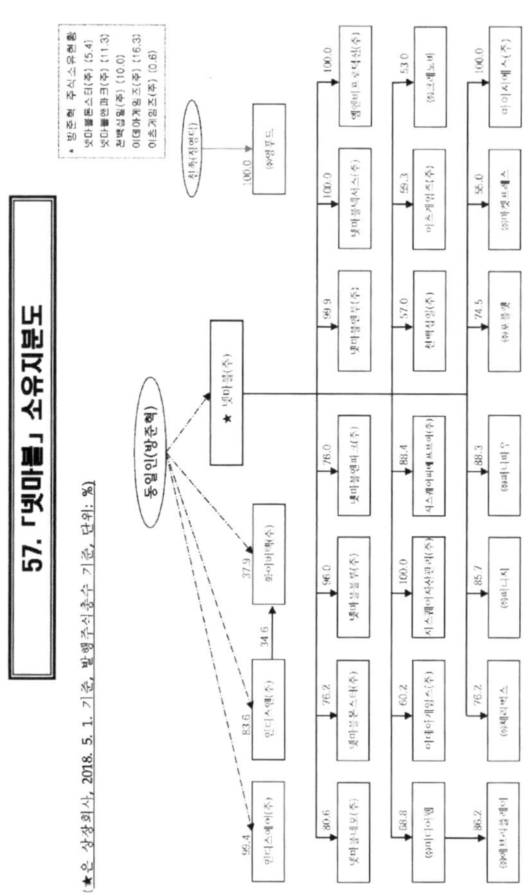

〈그림 58〉 하이트진로그룹 소유지분도, 2018년 5월

[순위] 58위, [계열회사] 12개, [동일인] 박문덕

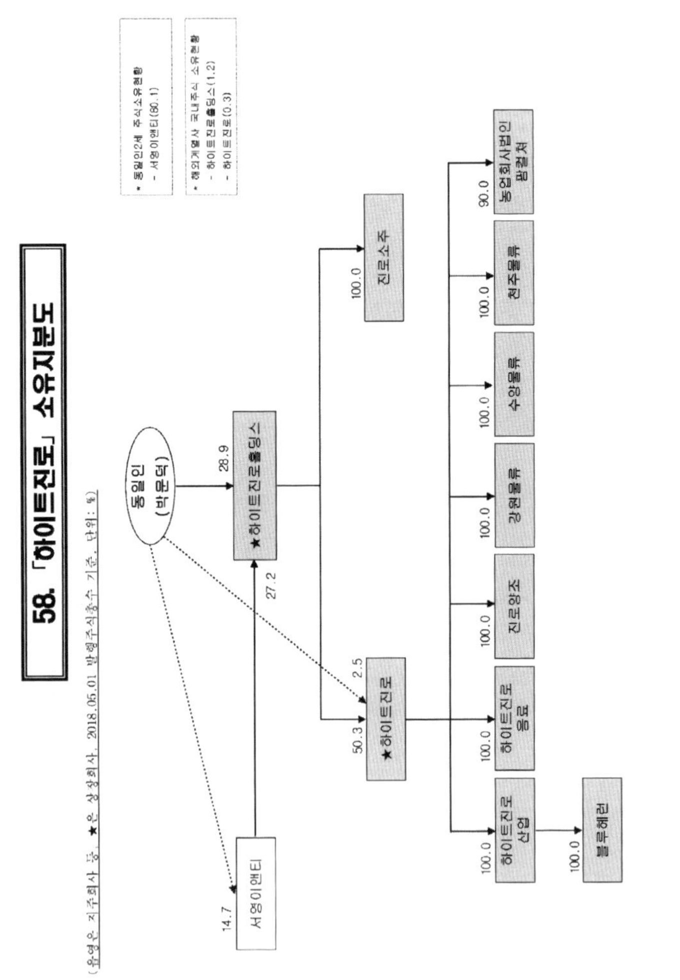

〈그림 59〉 유진그룹 소유지분도, 2018년 5월

[순위] 59위, [계열회사] 71개, [동일인] 유경선

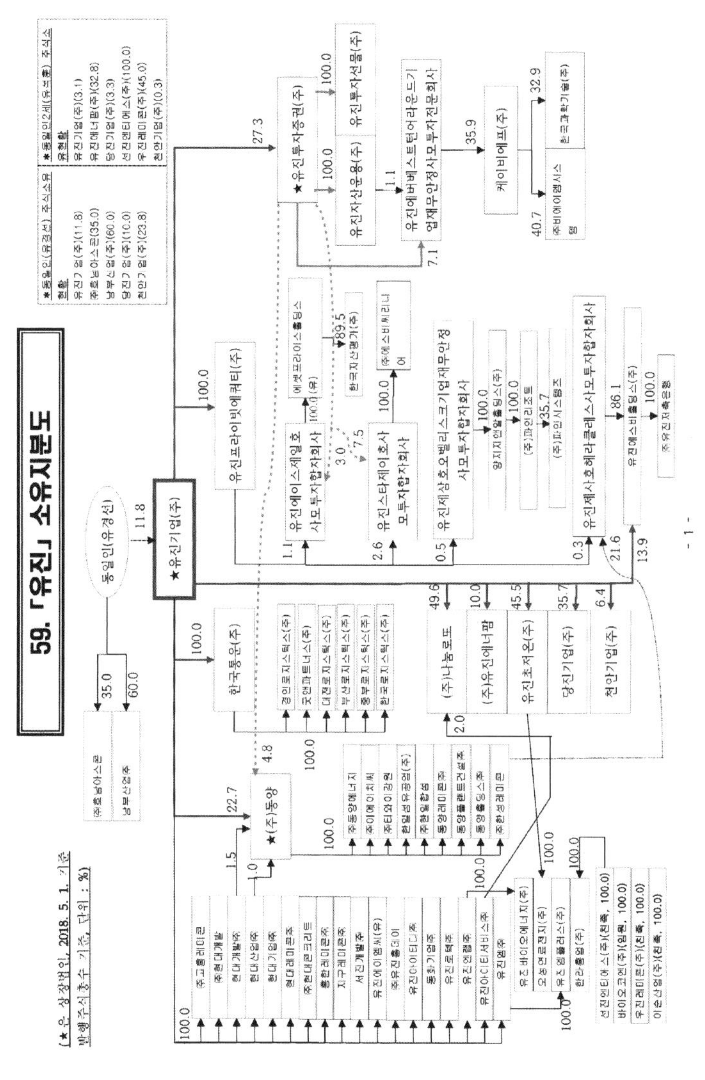

〈그림 60〉 한솔그룹 소유지분도, 2018년 5월

[순위] 60위, [계열회사] 19개, [동일인] 이인희

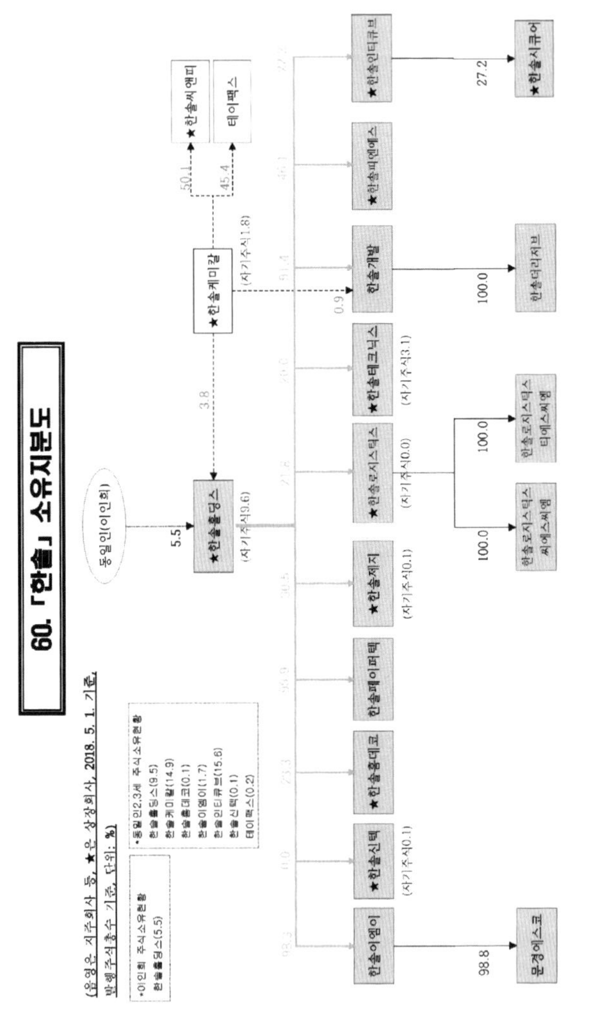

부록 2
대규모기업집단 관련 법률, 1987, 2018년

1. 대규모기업집단 관련 법률, 1987년

* 독점규제 및 공정거래에 관한 법률
  [시행 1987. 4. 1] [법률 제3875호, 1986. 12. 31, 일부 개정]
* 독점규제 및 공정거래에 관한 법률 시행령
  [시행 1987. 4. 1] [대통령령 제12120호, 1987. 4. 1, 일부 개정]

1.1 독점규제 및 공정거래에 관한 법률

제1장 총칙

제1조 (목적)

이 법은 사업자의 시장지배적지위의 남용과 과도한 경제력의 집중을 방지하고, 부당한 공동행위 및 불공정거래행위를 규제하여 공정하고 자유로운 경쟁을 촉진함으로써 창의적인 기업활동을 조장하고 소비자를 보호함과 아울러 국민경제의 균형있는 발전을 도모함을 목적으로 한다.

제2조 (정의)

① 이 법에서 "사업자"라 함은 제조업, 도·소매업, 운수·창고업, 건설업 기타 대통령령이 정하는 사업을 영위하는 자를 말한다. 사업자의 이익을 위한 행위를 하는 임원·종업원·대리인 기타의 자는 사업자단체에 관한 규정의 적용에 있어서는 이를 사업자로 본다.

② 이 법에서 "기업집단"이라 함은 동일인이 다음 각호의 구분에 따라 대통령령이 정하는 기준에 의하여 사실상 그 사업내용을 지배하는 회사(第1項에 規定한 事業외의 事業을 영위하는 會社를 포함한다)의 집단을 말한다. **<신설 1986·12·31>**

1. 동일인이 회사인 경우 그 동일인과 그 동일인이 지배하는 하나이상의 회사의 집단

2. 동일인이 회사가 아닌 경우 그 동일인이 지배하는 2이상의 회사의 집단

③ 이 법에서 "계열회사"라 함은 2이상의 회사가 동일한 기업집단에 속하는 경우에 이들 회사는 서로 상대방의 계열회사라 한다. **<신설 1986·12·31>**

⑤ 이 법에서 "임원"이라 함은 이사·대표이사·업무집행을 하는 무한책임사원·감사나 이에 준하는 자 또는 지배인등 본점이나 지점의 영업전반을 총괄적으로 처리할 수 있는 상업사용인을 말한다.

⑦ 이 법에서 "시장지배적사업자"라 함은 동종 또는 유사한 상품이나 용역의 공급에 있어서 다음 각호의 1에 해당하는 경우로서 대통령령이 정하는 기준에 해당하는 사업자를 말한다.

1. 경쟁사업자가 존재하지 아니하거나 실질적인 경쟁이 행하여지고 있지 아니한 경우
2. 경쟁사업자와의 관계에서 당해 사업분야에 있어서 압도적인 지위를 점하고 있는 경우
3. 2이상의 사업자중 소삭의 사업자가 그 전체로서 당해 사업분야에 있어서 압도적인 지위를 점하고 있는 경우

제3장 기업결합의 제한 및 경제력집중의 억제

제7조 (기업결합의 제한)

① 자본금 또는 자산총액의 규모가 대통령령이 정하는 기준에 해당하는 회사(第1號의 規定에 의하여 다른 會社의 株式을 취득 또는 所有하는 경우에는 會社외의 者를 포함한다)는 직접 또는 계열회사나 당해 회사와 대통령령으로 정하는 특수한 관계에 있는 자(이하 "특수관계인"이라 한다)를 통하여 일정한 거래분야에 있어서 경쟁을 실질적으로 제한하는 다음 각호의 1에 해당하는 행위(이하 "企業結合"이라 한다)를 하여서는 아니된다. 다만, 산업합리화 또는 국제경쟁력의 강화를 위하여 필요하다고 경제기획원장관이 인정하는 경우에는 그러하지 아니하다. <개정 1986·12·31>

1. 다른 회사의 주식(持分을 포함한다. 이하 같다)의 취득 또는 소유
2. 임원 또는 종업원(계속하여 會社의 業務에 종사하는 者로서 任員외의 者를 말한다. 이하 같다)에 의한 다른 회사의 임원지위의 겸임(이하 "任員의 兼任"이라 한다)
3. 다른 회사와의 합병
4. 다른 회사의 영업의 전부 또는 주요부분의 양수, 임차 또는 경영의 수임,

다른 회사의 영업용고정자산의 전부 또는 주요부분의 양수(이하 "營業의 讓受"라 한다)

5. 새로운 회사설립에의 참여

③ 제1항 단서의 규정에 의하여 경제기획원장관이 산업합리화 또는 국제경쟁력의 강화를 위하여 기업결합을 인정하고자 할 때에는 미리 주무부장관과 협의하여야 한다. 이 경우에 산업합리화 또는 국제경쟁력의 강화에 관한 입증은 당해 사업자가 하여야 한다.

④ 회사는 강요 기타 불공정한 방법으로 기업결합을 하여서는 아니된다.

제7조의2 (지주회사의 설립 금지 등)

① 누구든지 주식의 소유를 통하여 국내회사의 사업내용을 지배하는 것을 주된 사업으로 하는 회사(이하 "持株會社"라 한다)를 설립할 수 없으며 이미 설립된 회사는 국내에서 지주회사로 전환하여서는 아니된다.

② 제1항의 규정은 다음 각호의 1에 해당하는 경우에는 이를 적용하지 아니한다.

1. 법률에 의하여 설립하는 경우

2. 외자도입법에 의한 외국인투자사업을 영위하기 위하여 설립하는 경우로서 대통령령이 정하는 바에 의하여 경제기획원장관의 승인을 얻은 경우

[본조 신설 1986·12·31]

제7조의3 (상호출자의 금지 등)

① 일정규모이상의 자산총액등 대통령령으로 정하는 기준에 해당하는 기업집단(이하 "大規模企業集團"이라 한다)에 속하는 회사로서 금융업 및 보험업을 영위하는 회사외의 회사는 자기의 주식을 취득 또는 소유하고 있는 계열회사의 주식을 취득 또는 소유하여서는 아니된다. 다만, 다음 각호의 1에 해당하는 경우에는 그러하지 아니하다.

1. 회사의 합병 또는 영업전부의 양수

2. 담보권의 실행 또는 대물변제의 수령

3. 실권주의 인수

4. 계열회사가 아닌 회사가 새롭게 계열회사로 되는 경우

② 제1항 단서의 규정에 의하여 출자를 한 회사는 당해 주식을 취득 또는 소유한 날로부터 6월이내에 이를 처분하여야 한다. 다만, 자기의 주식을 취득

또는 소유하고 있는 계열회사가 그 주식을 처분한 때에는 그러하지 아니하다.

③ 대규모기업집단에 속하는 회사로서 중소기업창업지원법에 의한 중소기업창업투자회사는 국내계열회사주식을 취득 또는 소유하여서는 아니된다.

[본조 신설 1986·12·31]

제7조의4 (출자총액의 제한)

① 제7조의3제1항의 규정에 의한 회사(中小企業創業投資會社를 제외한다)는 취득 또는 소유하고 있는 다른 국내회사주식의 장부가격의 합계액(이하 "出資總額"이라 한다)이 당해 회사 순자산액에 100분의 40을 곱한 금액(이하 "出資限度額"이라 한다)을 초과하여서는 아니된다. 다만, 다음 각호의 1에 해당하는 경우에는 그러하지 아니하다.

1. 공업발전법 또는 조세감면규제법에 의한 합리화계획 또는 합리화기준에 따라 주식을 취득 또는 소유하는 경우. 다만, 취득 또는 소유한 날로부터 4년이내에 한하되 경제기획원장관은 필요하다고 인정할 경우 3년이내의 범위안에서 이를 연장할 수 있다.

2. 취득 또는 소유하고 있는 주식에 대한 신주의 배정 또는 당해 주식에 대한 주식배당으로 신주를 취득 또는 소유하는 경우. 다만, 취득 또는 소유한 날로부터 1년이내에 한한다.

3. 담보권의 실행 또는 대물변제의 수령에 의하여 주식을 취득 또는 소유하는 경우. 다만, 취득 또는 소유한 날로부터 1년이내에 한한다.

② 제1항에서 순자산액이라 함은 직전사업연도의 대차대조표에 표시된 자산의 총계에서 부채의 총계 및 국고보조금과 직전사업연도종료일 현재 당해 회사에 대하여 출자하고 있는 계열회사의 출자금액(所有株式數에 1株當 額面價額을 곱한 금액)을 공제한 금액을 말한다. 다만, 직전사업연도 종료일이후 신주의 발행, 합병 또는 전환사채의 전환으로 순자산이 증가되는 경우에는 그 증가된 금액에서 당해 회사에 대한 계열회사의 출자금액을 공제한 금액을 합하여 계산한다.

③ 제1항의 규정을 적용함에 있어 회사의 순자산액이 감소되어 다른 회사에 대한 출자총액이 출자한도액을 초과하는 경우에는 초과한 날로부터 1연간은 초과한 날의 출자총액을 출자한도액으로 본다.

④ 제3항의 기간이 경과한 후 순자산액이 더욱 감소하는 경우에는 그 감소한 날로부터 1연간은 그 감소전의 출자한도액을 출자한도액으로 본다. 그 기

간 경과 후 출자한도액이 다시 감소하는 경우에도 또한 같다.

⑤ 제2항 단서의 규정에 의하여 순자산액이 증가함으로 인하여 출자한도액이 제3항 및 제4항에서 출자한도액으로 보는 금액을 초과하게 된 때에는 제3항 및 제4항의 규정은 이를 적용하지 아니한다.

⑥ 대규모기업집단에 속하는 회사는 공인회계사의 회계감사를 받아야 하며, 경제기획원장관은 순자산액을 계산함에 있어서 공인회계사의 감사의견에 따라 수정한 대차대조표를 사용하여야 한다.

[본조 신설 1986·12·31]

제7조의5 (금융·보험회사의 의결권 제한)

대규모기업집단에 속하는 회사로서 금융업 및 보험업을 영위하는 회사는 취득 또는 소유하고 있는 국내계열회사주식에 대하여 의결권을 행사할 수 없다.

[본조 신설 1986·12·31]

제8조 (기업결합의 신고)

① 제7조제1항의 규정에 의한 자가 다음 각호의 1에 해당하는 경우에는 대통령령이 정하는 바에 의하여 이를 경제기획원장관에게 신고하여야 한다. 다만, 제1호 또는 제5호에 해당하는 경우로서 제2항의 신고를 한 경우에는 그러하지 아니하다.

1. 회사가 다른 회사의 발행주식총수(商法 第370條의 規定에 의한 議決權없는 株式은 제외한다. 이하 같다)의 100분의 20이상을 소유하게 되는 경우

2. 회사외의 자가 상호 경쟁관계에 있는 2이상의 회사의 주식을 각기 100분의 20이상 소유하게 되는 경우로서 경쟁관계에 있는 회사중의 하나이상이 제7조제1항에 규정된 회사인 경우

3. 회사의 임원 또는 종업원이 경쟁관계에 있는 다른 회사의 임원의 겸임을 한 경우

4. 회사가 제7조제1항제3호 또는 제4호에 해당하는 행위를 하고자 하는 경우

5. 회사가 새로 설립되는 회사주식의 100분의 20이상을 인수하고자 하는 경우

② 대규모기업집단에 속하는 회사가 다음 각호의 1에 해당하는 경우에는

대통령령이 정하는 바에 의하여 이를 경제기획원장관에게 신고하여야 한다.

1. 계열회사 또는 특수관계인과 합하여 다른 회사주식의 100분의 20이상을 소유하게 되는 경우

2. 계열회사 또는 특수관계인과 합하여 새로 설립되는 회사주식의 100분의 20이상을 인수하고자 하는 경우

[전문 개정 1986·12·31]

제8조의2 (주식소유 현황 등의 신고)

① 제7조의3제1항에 규정된 회사는 대통령령이 정하는 바에 의하여 다른 국내회사의 주식소유현황 및 당해 회사의 주주현황과 재무상황을 경제기획원장관에게 신고하여야 한다. 다만, 제8조제6항의 대리인이 이를 신고한 경우에는 그러하지 아니하다.

② 경제기획원장관은 대규모기업집단에 속하는 회사로서 금융업 및 보험업을 영위하는 회사의 국내계열회사주식 소유현황을 재무부장관에게 요구할 수 있다. 이 경우 재무부장관은 요구받은 자료를 경제기획원장관에게 통보하여야 한다.

[본조 신설 1986·12·31]

제8조의3 (대규모기업집단의 지정 등)

① 경제기획원장관은 대통령령이 정하는 바에 의하여 대규모기업집단을 지정하고 동기업집단에 속하는 회사에 이를 통지하여야 한다.

② 제7조의3·제7조의4·제7조의5·제8조제2항 및 제8조의2의 규정은 제1항의 통지가 있은 날로부터 이를 적용한다.

③ 제2항의 규정에 불구하고 제1항의 규정에 의한 대규모기업집단의 지정당시 제1항의 규정에 의한 통지를 받은 회사가 통지당시 제7조의3제1항 또는 제7조의4제1항의 규정에 위반하고 있는 경우에는 다음 각호에 따른다.

1. 제7조의3제1항의 규정을 위반하고 있는 경우에는 통지가 있은 날로부터 1연간은 동항의 규정을 적용하지 아니한다.

2. 제7조의4제1항의 규정을 위반하고 있는 경우에는 통지가 있은 날로부터 1연간은 통지가 있은 날의 출자총액을 출자한도액으로 본다. 다만, 순자산액이 증가하여 출자한도액이 출자한도액으로 보는 금액을 초과하게 된 때에는 그러하지 아니하다.

④ 경제기획원장관은 회사 또는 당해 회사의 특수관계인에 대하여 제1항의 기업집단의 지정을 위하여 필요한 자료의 제출을 요청할 수 있다.

[본조 신설 1986·12·31]

1.2 독점규제 및 공정거래에 관한 법률 시행령

제1장 총칙

제2조의2 (기업집단의 범위)

법 제2조제2항에서 "동일인이 대통령령이 정하는 기준에 의하여 사실상 그 사업내용을 지배하는 회사"라 함은 동일인이 단독으로 또는 다음 각호의 1에 해당하는 관계에 있는 자와 합하여, 당해 회사의 발행주식(지분을 포함한다. 이하 같다)총수의 100분의 30 이상을 소유하고 있는 회사(최다출자자인 경우에 한한다.)이거나 기타 임원의 임면등으로 당해 회사의 경영에 대하여 영향력을 행사하고 있다고 인정되는 회사를 말한다. 다만, 금융업·보험업을 영위하는 회사가 금융업·보험업을 영위하거나 보험자산의 효율적인 운용·관리를 위하여 관계법령에 의한 승인등을 얻어 주식을 취득 또는 소유하고 있는 회사의 경우에는 법 제7조의5의 규정을 적용함에 있어서 이를 당해 회사에 포함하지 아니한다.

1. 배우자, 8촌이내의 혈족, 4촌이내의 인척.

다만, 주식 또는 재산의 소유관계등에 비추어 당해 회사의 사업내용을 지배한다고 인정할 수 없는 경우에는 그러하지 아니하다.

2. 동일인 및 동일인과 제1호에 규정한 관계에 있는 자가 임원의 과반수이거나 출연금의 100분의 50이상을 출연하였거나 그중 1인이 설립자로 되어 있는 비영리법인, 조합 또는 단체

3. 동일인 및 제1호·제2호에 규정한 자가 발행주식총수의 100분의 30이상을 소유하고 있는 회사

4. 동일인 및 제2호·제3호에 규정한 자의 사용인(법인의 경우 임원, 개인인 경우 상업사용인·고용계약에 의한 피용인 및 개인의 금전이나 재산에 의하여 생계를 유지하는 자를 말한다)

[본조 신설 1987·4·1]

제12조 (기업결합의 제한 대상)

① 법 제7조제1항에서 "대통령령이 정하는 기준에 해당하는 회사"라 함은 납입자본금이 10억원 이상이거나 총자산이 50억원 이상인 회사를 말한다. 다만, 정부투자기관관리기본법 제2조의 규정에 의한 정부투자기관을 제외한다. <개정 1987·4·1>

② 법 제7조제1항에서 "회사외의 자"라 함은 개인·비영리법인·조합 또는 단체를 말한다. <개정 1987·4·1>

제12조의2 (특수관계인의 범위)

법 제7조제1항에서 "대통령령으로 정하는 특수한 관계에 있는 자"라 함은 다음 각호의 1에 해당하는 자로서 회사외의 자를 말한다.

1. 법 제2조제2항의 규정에 의하여 당해 회사의 사업내용을 사실상 지배하는 자
2. 제1호에 규정된 자와 제2조의2 각호의 1에 해당하는 관계에 있는 자

[본조 신설 1987·4·1]

제14조 (지주회사의 범위)

법 제7조의2의 규정에 의한 지주회사는 다른 회사의 사업내용을 지배할 목적으로 소유하는 주식의 대차대조표상의 장부가액의 합계액이 당해회사 자산총액의 100분의 50이상인 회사로 한다. 다만, 당해회사의 출자규모, 출자목적, 출자비율등을 고려하여 다른 회사의 사업내용을 지배하는 것을 주된 사업으로 하는 회사가 아니라고 경제기획원장관이 인정하는 경우에는 그러하지 아니하다.

[본조 신설 1987·4·1]

제15조 (대규모기업집단의 범위)

법 제7조의3제1항의 규정에 의한 대규모기업집단은 당해 기업집단에 속하는 회사들의 대규모기업집단지정 직전 사업년도의 대차대조표상의 자산총액(금융업 또는 보험업을 영위하는 회사의 경우에는 자본총액 또는 자본금중 큰 금액)의 합계액이 4천억원이상인 기업집단으로 한다. 다만, 금융업 또는 보험업만을 영위하는 회사가 법 제2조제2항에서 규정한 동일인인 경우의 기업집단을 제외한다.

[전문 개정 1987·4·1]

제15조의2 (대규모기업집단의 지정)

① 경제기획원장관은 법 제8조의3제1항의 규정에 의하여 매년 1회 제15조의 기준에 해당하는 기업집단을 대규모기업집단으로 새로 지정하거나 대규모기업집단으로 지정된 기업집단이 당해 기준에 해당하지 아니하게 되는 경우에는 대규모기업집단 지정에서 제외한다.

② 경제기획원장관은 제1항의 규정에 의하여 대규모기업집단으로 지정하거나 지정에서 제외하는 경우에는 즉시 그 사실을 당해 대규모기업집단에 속하는 회사와 법 제2조제2항의 규정에 의하여 당해 대규모기업집단에 속하는 회사의 사업내용을 사실상 지배하는 동일인에게 서면으로 통지하여야 한다. 당해 대규모기업집단에 속하는 회사에 변동이 있는 경우에도 같다.

[본조 신설 1987·4·1]

제16조의3 (주식소유 현황 등의 신고)

① 법 제8조의2제1항의 규정에 의한 신고를 하고자 하는 자는 매년 3월말까지 다음 각호의 사항을 기재한 신고서를 경제기획원장관에게 제출하여야 한다. 다만, 대규모기업집단으로 지정된 당해년도에 있어서는 제15조의2제2항의 규정에 의한 통지를 받은 날로부터 30일이내에 신고서를 제출하여야 한다.

1. 당해 회사의 명칭·자본금 및 자산총액등 회사의 개요
2. 계열회사 및 특수관계인이 소유하고 있는 당해 회사의 주식수
3. 당해 회사의 순자산액·출자한도액 및 출자총액

② 제1항의 신고서에는 다음 각호의 서류를 첨부하여야 한다.

1. 당해회사의 소유주식 명세서
2. 계열회사와의 상호출자 현황표
3. 당해회사의 직전사업년도의 영업보고서·대차대조표·손익계산서 및 공인회계사의 감사의견

[본조 신설 1987·4·1]

2. 대규모기업집단 관련 법률, 2018년

* 독점규제 및 공정거래에 관한 법률
[시행 2018. 6. 12] [법률 제15694호, 2018. 6. 12, 일부 개정]
* 독점규제 및 공정거래에 관한 법률 시행령
[시행 2019. 1. 8] [대통령령 제29476호, 2019. 1. 8, 일부 개정]

2.1 독점규제 및 공정거래에 관한 법률

제1장 총칙

제1조 (목적)

이 법은 사업자의 시장지배적지위의 남용과 과도한 경제력의 집중을 방지하고, 부당한 공동행위 및 불공정거래행위를 규제하여 공정하고 자유로운 경쟁을 촉진함으로써 창의적인 기업활동을 조장하고 소비자를 보호함과 아울러 국민경제의 균형있는 발전을 도모함을 목적으로 한다.

제2조 (정의)

이 법에서 사용하는 용어의 정의는 다음과 같다.

1. "사업자"라 함은 제조업, 서비스업, 기타 사업을 행하는 자를 말한다. 사업자의 이익을 위한 행위를 하는 임원·종업원·대리인 기타의 자는 사업자단체에 관한 규정의 적용에 있어서는 이를 사업자로 본다.

1의2. "지주회사"라 함은 주식(持分을 포함한다. 이하 같다)의 소유를 통하여 국내회사의 사업내용을 지배하는 것을 주된 사업으로 하는 회사로서 자산총액이 대통령령이 정하는 금액이상인 회사를 말한다. 이 경우 주된 사업의 기준은 대통령령으로 정한다.

1의3. "자회사"라 함은 지주회사에 의하여 대통령령이 정하는 기준에 따라 그 사업내용을 지배받는 국내회사를 말한다.

1의4. "손자회사"란 자회사에 의하여 대통령령으로 정하는 기준에 따라 사업내용을 지배받는 국내회사를 말한다.

2. "기업집단"이라 함은 동일인이 다음 각목의 구분에 따라 대통령령이 정하는 기준에 의하여 사실상 그 사업내용을 지배하는 회사의 집단을 말한다.

가. 동일인이 회사인 경우 그 동일인과 그 동일인이 지배하는 하나이상의 회사의 집단

나. 동일인이 회사가 아닌 경우 그 동일인이 지배하는 2이상의 회사의 집단

3. "계열회사"라 함은 2이상의 회사가 동일한 기업집단에 속하는 경우에 이들 회사는 서로 상대방의 계열회사라 한다.

3의2. "계열출자"란 기업집단 소속 회사가 계열회사의 주식을 취득 또는 소유하는 행위를 말한다.

3의3. "계열출자회사"란 계열출자를 통하여 다른 계열회사의 주식을 취득 또는 소유하는 계열회사를 말한다.

3의4. "계열출자대상회사"란 계열출자를 통하여 계열출자회사가 취득 또는 소유하는 계열회사 주식을 발행한 계열회사를 말한다.

3의5. "순환출자"란 3개 이상의 계열출자로 연결된 계열회사 모두가 계열출자회사 및 계열출자대상회사가 되는 계열출자 관계를 말한다.

3의6. "순환출자회사집단"이란 기업집단 소속 회사 중 순환출자 관계에 있는 계열회사의 집단을 말한다.

3의7. "채무보증"이란 기업집단에 속하는 회사가 다음 각 목의 어느 하나에 해당하는 국내금융기관의 여신과 관련하여 국내계열회사에 대하여 행하는 보증을 말한다.

가. 「은행법」에 따른 은행

나. 「한국산업은행법」에 따른 한국산업은행

다. 「한국수출입은행법」에 따른 한국수출입은행

라. 「중소기업은행법」에 따른 중소기업은행

마. 「보험업법」에 따른 보험회사

바. 「자본시장과 금융투자업에 관한 법률」에 따른 투자매매업자·투자중개업자 및 종합금융회사

사. 그 밖에 대통령령으로 정하는 금융기관

5. "임원"이라 함은 이사·대표이사·업무집행을 하는 무한책임사원·감사나

이에 준하는 자 또는 지배인등 본점이나 지점의 영업전반을 총괄적으로 처리할 수 있는 상업사용인을 말한다.

7. "시장지배적사업자"라 함은 일정한 거래분야의 공급자나 수요자로서 단독으로 또는 다른 사업자와 함께 상품이나 용역의 가격·수량·품질 기타의 거래조건을 결정·유지 또는 변경할 수 있는 시장지위를 가진 사업자를 말한다. 시장지배적사업자를 판단함에 있어서는 시장점유율, 진입장벽의 존재 및 정도, 경쟁사업자의 상대적 규모등을 종합적으로 고려한다.

10. "금융업 또는 보험업"이라 함은「통계법」제22조(표준분류)제1항의 규정에 의하여 통계청장이 고시하는 한국표준산업분류상 금융 및 보험업을 말한다. 다만, 제8조의2제2항제5호에 따른 일반지주회사는 금융업 또는 보험업을 영위하는 회사로 보지 아니한다.

제3장 기업결합의 제한 및 경제력집중의 억제

제7조 (기업결합의 제한)

① 누구든지 직접 또는 대통령령이 정하는 특수한 관계에 있는 자(이하 "特殊關係人"이라 한다)를 통하여 다음 각호의 1에 해당하는 행위(이하 "企業結合"이라 한다)로서 일정한 거래분야에서 경쟁을 실질적으로 제한하는 행위를 하여서는 아니된다. 다만, 자산총액 또는 매출액의 규모(系列會社의 資産總額 또는 賣出額을 合算한 규모를 말한다)가 대통령령이 정하는 규모에 해당하는 회사(이하 "大規模會社"라 한다)외의 자가 제2호에 해당하는 행위를 하는 경우에는 그러하지 아니하다.

1. 다른 회사의 주식의 취득 또는 소유

2. 임원 또는 종업원(계속하여 會社의 業務에 종사하는 者로서 任員외의 者를 말한다. 이하 같다)에 의한 다른 회사의 임원지위의 겸임(이하 "任員兼任"이라 한다)

3. 다른 회사와의 합병

4. 다른 회사의 영업의 전부 또는 주요부분의 양수·임차 또는 경영의 수임이나 다른 회사의 영업용고정자산의 전부 또는 주요부분의 양수(이하 "營業讓受"라 한다)

5. 새로운 회사설립에의 참여. 다만, 다음 각목의 1에 해당하는 경우는 제외한다.

가. 특수관계인(大統領令이 정하는 者를 제외한다)외의 자는 참여하지 아니하는 경우

나. 「상법」 제530조의2(會社의 分割 · 分割合併)제1항의 규정에 의하여 분할에 의한 회사설립에 참여하는 경우

② 다음 각호의 1에 해당한다고 공정거래위원회가 인정하는 기업결합에 대하여는 제1항의 규정을 적용하지 아니한다. 이 경우 해당요건을 충족하는지에 대한 입증은 당해 사업자가 하여야 한다.

1. 당해 기업결합외의 방법으로는 달성하기 어려운 효율성 증대효과가 경쟁제한으로 인한 폐해보다 큰 경우

2. 상당기간 내차대조표상의 자본총계가 납입자본금보다 작은 상태에 있는 등 회생이 불가한 회사와의 기업결합으로서 대통령령이 정하는 요건에 해당하는 경우

④ 기업결합이 다음 각 호의 어느 하나에 해당하는 경우에는 일정한 거래분야에서 경쟁을 실질적으로 제한하는 것으로 추정한다.

1. 기업결합의 당사회사(제1항제5호의 경우에는 회사설립에 참여하는 모든 회사를 말한다. 이하 같다)의 시장점유율(系列會社의 市場占有率을 合算한 占有率을 말한다. 이하 이 條에서 같다)의 합계가 다음 각 목의 요건을 갖춘 경우

가. 시장점유율의 합계가 시장지배적사업자의 추정요건에 해당할 것

나. 시장점유율의 합계가 당해거래분야에서 제1위일 것

다. 시장점유율의 합계와 시장점유율이 제2위인 회사(當事會社를 제외한 會社중 第1位인 會社를 말한다)의 시장점유율과의 차이가 그 시장점유율의 합계의 100분의 25이상일 것

2. 대규모회사가 직접 또는 특수관계인을 통하여 행한 기업결합이 다음 각 목의 요건을 갖춘 경우

가. 「중소기업기본법」에 의한 중소기업의 시장점유율이 3분의 2이상인 거래분야에서의 기업결합일 것

나. 당해기업결합으로 100분의 5이상의 시장점유율을 가지게 될 것

⑤ 제1항의 규정에 의한 일정한 거래분야에서 경쟁을 실질적으로 제한하는 기업결합과 제2항의 규정에 의하여 제1항의 규정을 적용하지 아니하는 기업결합에 관한 기준은 공정거래위원회가 정하여 이를 고시할 수 있다.

제7조의2 (주식의 취득 또는 소유의 기준)

이 법의 규정에 의한 주식의 취득 또는 소유는 취득 또는 소유의 명의와 관계없이 실질적인 소유관계를 기준으로 한다.

제8조의3 (상호출자제한기업집단의 지주회사 설립 제한)

제14조제1항 전단에 따라 지정된 상호출자제한기업집단(이하 "상호출자제한기업집단"이라 한다)에 속하는 회사를 지배하는 동일인 또는 해당 동일인의 특수관계인이 지주회사를 설립하거나 지주회사로 전환하려는 경우에는 다음 각 호에 해당하는 채무보증을 해소하여야 한다.

1. 지주회사와 자회사간의 채무보증

2. 지주회사와 다른 국내계열회사(당해 持株會社가 支配하는 子會社를 제외한다)간의 채무보증

3. 자회사 상호간의 채무보증

4. 자회사와 다른 국내계열회사(당해 子會社를 支配하는 持株會社 및 당해 持株會社가 支配하는 다른 子會社를 제외한다)간의 채무보증

제9조 (상호출자의 금지 등)

① 상호출자제한기업집단에 속하는 회사는 자기의 주식을 취득 또는 소유하고 있는 계열회사의 주식을 취득 또는 소유하여서는 아니된다. 다만, 다음 각 호의 어느 하나에 해당하는 경우에는 그러하지 아니하다.

1. 회사의 합병 또는 영업전부의 양수

2. 담보권의 실행 또는 대물변제의 수령

② 제1항 단서의 규정에 의하여 출자를 한 회사는 당해주식을 취득 또는 소유한 날부터 6월이내에 이를 처분하여야 한다. 다만, 자기의 주식을 취득 또는 소유하고 있는 계열회사가 그 주식을 처분한 때에는 그러하지 아니하다.

③ 상호출자제한기업집단에 속하는 회사로서 「중소기업창업 지원법」에 의한 중소기업창업투자회사는 국내 계열회사주식을 취득 또는 소유하여서는 아니된다.

제9조의2 (순환출자의 금지)

② 상호출자제한기업집단에 속하는 회사는 순환출자를 형성하는 계열출자를 하여서는 아니 된다. 상호출자제한기업집단 소속 회사 중 순환출자 관계에

있는 계열회사의 계열출자대상회사에 대한 추가적인 계열출자[계열출자회사가 「상법」 제418조제1항에 따른 신주배정 또는 제462조의2제1항에 따른 주식배당(이하 "신주배정등"이라 한다)에 따라 취득 또는 소유한 주식 중에서 신주배정등이 있기 전 자신의 지분율 범위의 주식, 순환출자회사집단에 속하는 계열회사 간 합병에 의한 계열출자는 제외한다] 또한 같다. 다만, 다음 각 호의 어느 하나에 해당하는 경우에는 그러하지 아니하다.

1. 회사의 합병·분할, 주식의 포괄적 교환·이전 또는 영업전부의 양수
2. 담보권의 실행 또는 대물변제의 수령
3. 계열출자회사가 신주배정등에 의하여 취득 또는 소유한 주식 중에서 다른 주주의 실권 등에 의하여 신주배정등이 있기 전 자신의 지분율 범위를 초과하여 취득 또는 소유한 계열출자대상회사의 주식이 있는 경우
4. 「기업구조조정 촉진법」 제9조제1항에 따라 부실징후기업의 관리절차를 개시한 회사에 대하여 같은 법 제24조제2항에 따라 금융채권자협의회가 의결하여 동일인(친족을 포함한다)의 재산출연 또는 부실징후기업의 주주인 계열출자회사의 유상증자 참여(채권의 출자전환을 포함한다)를 결정한 경우
5. 「기업구조조정 촉진법」 제2조제2호의 금융채권자가 같은 법 제2조제7호에 따른 부실징후기업과 기업개선계획의 이행을 위한 약정을 체결하고 금융채권자협의회의 의결로 동일인(친족을 포함한다)의 재산출연 또는 부실징후기업의 주주인 계열출자회사의 유상증자 참여(채권의 출자전환을 포함한다)를 결정한 경우

③ 제2항 단서에 따라 계열출자를 한 회사는 다음 각 호의 어느 하나에 해당하는 기간 내에 취득 또는 소유한 해당 주식(제2항제3호부터 제5호까지의 규정에 따른 경우는 신주배정등의 결정, 재산출연 또는 유상증자 결정이 있기 전 지분율 초과분을 말한다)을 처분하여야 한다. 다만, 순환출자회사집단에 속한 다른 회사 중 하나가 취득 또는 소유하고 있는 계열출자대상회사의 주식을 처분하여 제2항의 계열출자에 의하여 형성 또는 강화된 순환출자가 해소된 경우에는 그러하지 아니하다.

1. 제2항제1호 또는 제2호에 따라 계열출자를 한 회사는 해당 주식을 취득 또는 소유한 날부터 6개월
2. 제2항제3호에 따라 계열출자를 한 회사는 해당 주식을 취득 또는 소유한 날부터 1년
3. 제2항제4호 또는 제5호에 따라 계열출자를 한 회사는 해당 주식을 취득

또는 소유한 날부터 3년

제10조의2 (계열회사에 대한 채무보증의 금지)

상호출자제한기업집단에 속하는 회사(금융업 또는 보험업을 영위하는 회사는 제외한다)는 채무보증을 하여서는 아니 된다. 다만, 다음 각 호의 어느 하나에 해당하는 채무보증의 경우에는 그러하지 아니하다.

1. 「조세특례제한법」에 따른 합리화기준에 따라 인수되는 회사의 채무와 관련된 채무보증

2. 기업의 국제경쟁력 강화를 위하여 필요한 경우 등 대통령령으로 정하는 경우에 대한 채무보증

제11조 (금융회사 또는 보험회사의 의결권 제한)

상호출자제한기업집단에 속하는 회사로서 금융업 또는 보험업을 영위하는 회사는 취득 또는 소유하고 있는 국내계열회사주식에 대하여 의결권을 행사할 수 없다. 다만, 다음 각 호의 어느 하나에 해당하는 경우에는 그러하지 아니하다.

1. 금융업 또는 보험업을 영위하기 위하여 주식을 취득 또는 소유하는 경우

2. 보험자산의 효율적인 운용·관리를 위하여 「보험업법」 등에 의한 승인 등을 얻어 주식을 취득 또는 소유하는 경우

3. 당해 국내 계열회사(상장법인에 한한다)의 주주총회에서 다음 각 목의 어느 하나에 해당하는 사항을 결의하는 경우. 이 경우 그 계열회사의 주식중 의결권을 행사할 수 있는 주식의 수는 그 계열회사에 대하여 특수관계인중 대통령령이 정하는 자를 제외한 자가 행사할 수 있는 주식수를 합하여 그 계열회사 발행주식총수(「상법」 제344조의3제1항 및 제369조제2항·제3항의 의결권 없는 주식의 수는 제외한다)의 100분의 15를 초과할 수 없다.

가. 임원의 선임 또는 해임

나. 정관 변경

다. 그 계열회사의 다른 회사로의 합병, 영업의 전부 또는 주요부분의 다른 회사로의 양도

제11조의2 (대규모 내부거래의 이사회 의결 및 공시)

① 제14조제1항 전단에 따라 지정된 공시대상기업집단(이하 "공시대상기업

집단"이라 한다)에 속하는 회사는 특수관계인을 상대방으로 하거나 특수관계인을 위하여 대통령령으로 정하는 규모 이상의 다음 각 호의 어느 하나에 해당하는 거래행위(이하 "大規模內部去來"라 한다)를 하려는 때에는 미리 이사회의 의결을 거친 후 이를 공시하여야 한다. 제2항에 따른 주요내용을 변경하려는 때에도 또한 같다.

1. 가지급금 또는 대여금 등의 자금을 제공 또는 거래하는 행위
2. 주식 또는 회사채 등의 유가증권을 제공 또는 거래하는 행위
3. 부동산 또는 무체재산권 등의 자산을 제공 또는 거래하는 행위
4. 주주의 구성 등을 고려하여 대통령령으로 정하는 계열회사를 상대방으로 하거나 동 계열회사를 위하여 상품 또는 용역을 제공 또는 거래하는 행위

② 공시대상기업집단에 속하는 회사는 제1항에 따라 공시를 할 때 거래의 목적·상대방·규모 및 조건 등 대통령령으로 정하는 주요내용을 포함하여야 한다.

③ 공정거래위원회는 제1항의 규정에 의한 공시와 관련되는 업무를 「자본시장과 금융투자업에 관한 법률」 제161조(주요사항보고서의 제출)에 따른 신고수리기관에 위탁할 수 있다. 이 경우 공시의 방법·절차 기타 필요한 사항은 공시와 관련되는 업무를 위탁받은 신고수리기관과의 협의를 거쳐 공정거래위원회가 이를 정한다.

④ 공시대상기업집단에 속하는 회사 중 금융업 또는 보험업을 영위하는 회사가 약관에 따라 정형화된 거래로서 대통령령으로 정하는 기준에 해당하는 거래행위를 하는 경우에는 제1항에도 불구하고 이사회의 의결을 거치지 아니할 수 있다. 이 경우 그 거래내용은 공시하여야 한다.

⑤ 제1항의 경우에 상장법인이 「상법」 제393조의2(이사회내 위원회)에 따라 설치한 위원회(「자본시장과 금융투자업에 관한 법률」 제9조제3항에 따른 사외이사가 3인 이상 포함되고, 사외이사의 수가 위원총수의 3분의 2 이상인 경우에 한정한다)에서 의결한 경우에는 이사회의 의결을 거친 것으로 본다.

제11조의3 (비상장회사 등의 중요 사항 공시)

① 공시대상기업집단에 속하는 회사 중 자산총액 등이 대통령령으로 정하는 기준에 해당하는 회사(금융업 또는 보험업을 영위하는 회사는 제외한다)로서 상장법인을 제외한 회사는 다음 각 호의 어느 하나에 해당하는 사항을 공시하여야 한다. 다만, 제11조의2에 따라 공시되는 사항은 제외한다.

1. 최대주주와 주요주주(「자본시장과 금융투자업에 관한 법률」 제9조제1항제2호에 따른 주요주주를 말한다)의 주식보유현황 및 그 변동사항, 임원의 변동 등 회사의 소유지배구조와 관련된 중요사항으로서 대통령령이 정하는 사항

2. 자산·주식의 취득, 증여, 담보제공, 채무인수·면제 등 회사의 재무구조에 중요한 변동을 초래하는 사항으로서 대통령령이 정하는 사항

3. 영업양도·양수, 합병·분할, 주식의 교환·이전 등 회사의 경영활동과 관련된 중요한 사항으로서 대통령령이 정하는 사항

② 제11조의2(대규모내부거래의 이사회 의결 및 공시)제2항 및 제3항의 규정은 제1항의 규정에 의한 공시에 관하여 이를 준용한다.

제11조의4 (기업집단 현황 등에 관한 공시)

① 공시대상기업집단에 속하는 회사 중 자산총액 등이 대통령령으로 정하는 기준에 해당하는 회사는 그 기업집단의 다음 각 호의 어느 하나에 해당하는 사항으로서 대통령령으로 정하는 사항을 공시하여야 한다.

1. 일반 현황

2. 주식소유 현황

3. 지주회사등이 아닌 계열회사 현황[지주회사등의 자산총액 합계액이 기업집단 소속 회사의 자산총액(금융업 또는 보험업을 영위하는 회사의 경우에는 자본총액 또는 자본금 중 큰 금액으로 한다) 합계액의 100분의 50 이상인 경우로 한정한다]

4. 2개의 계열회사가 서로의 주식을 취득 또는 소유하고 있는 상호출자 현황

5. 순환출자 현황

6. 채무보증 현황

7. 취득 또는 소유하고 있는 국내계열회사주식에 대한 의결권 행사(금융업 또는 보험업을 영위하는 회사의 주식에 대한 의결권 행사는 제외한다) 여부

8. 특수관계인과의 거래 현황

② 제1항에 따른 공시에 관하여는 제11조의2(대규모내부거래의 이사회 의결 및 공시)제3항을 준용한다.

③ 제1항에 따른 공시의 시기·방법 및 절차에 관하여 제2항에 규정된 것 외에 필요한 사항은 대통령령으로 정한다.

제12조 (기업결합의 신고)

① 자산총액 또는 매출액의 규모가 대통령령이 정하는 기준에 해당하는 회사(제3호에 해당하는 기업결합을 하는 경우에는 대규모회사에 한하며, 이하 이 조에서 "기업결합신고대상회사"라 한다) 또는 그 특수관계인이 자산총액 또는 매출액의 규모가 대통령령이 정하는 기준에 해당하는 다른 회사(이하 이 조에서 "상대회사"라 한다)에 대하여 제1호부터 제4호까지의 어느 하나에 해당하는 기업결합을 하거나 기업결합신고대상회사 또는 그 특수관계인이 상대회사 또는 그 특수관계인과 공동으로 제5호의 기업결합을 하는 경우에는 대통령령이 정하는 바에 따라 공정거래위원회에 신고하여야 한다. 기업결합신고대상회사 외의 회사로서 상대회사의 규모에 해당하는 회사 또는 그 특수관계인이 기업결합신고대상회사에 대하여 제1호부터 제4호까지의 어느 하나에 해당하는 기업결합을 하거나 기업결합신고대상회사 외의 회사로서 상대회사의 규모에 해당하는 회사 또는 그 특수관계인이 기업결합신고대상회사 또는 그 특수관계인과 공동으로 제5호의 기업결합을 하는 경우에도 또한 같다.

1. 다른 회사의 발행주식총수[「상법」 제370조(의결권 없는 주식)의 규정에 의한 의결권없는 주식을 제외한다. 이하 같다]의 100분의 20(상장법인의 경우에는 100분의 15) 이상을 소유하게 되는 경우
2. 다른 회사의 발행주식을 제1호에 따른 비율 이상으로 소유한 자가 당해회사의 주식을 추가로 취득하여 최다출자자가 되는 경우
3. 임원겸임의 경우(계열회사의 임원을 겸임하는 경우를 제외한다)
4. 제7조(기업결합의 제한)제1항제3호 또는 제4호에 해당하는 행위를 하는 경우
5. 새로운 회사설립에 참여하여 그 회사의 최다출자자가 되는 경우

② 제1항에 규정된 기업결합신고대상회사 및 상대회사의 자산총액 또는 매출액의 규모는 각각 기업결합일 전부터 기업결합일 후까지 계속하여 계열회사의 지위를 유지하고 있는 회사의 자산총액 또는 매출액을 합산한 규모를 말한다. 다만, 제7조(기업결합의 제한)제1항제4호의 규정에 의한 영업양수의 경우에 영업을 양도(영업의 임대, 경영의 위임 및 영업용고정자산의 양도를 포함한다)하는 회사의 자산총액 또는 매출액의 규모는 계열회사의 자산총액 또는 매출액을 합산하지 아니한 규모를 말한다.

제13조 (주식소유 현황 등의 신고)

① 공시대상기업집단에 속하는 회사는 대통령령으로 정하는 바에 따라 해당 회사의 주주의 주식소유현황·재무상황 및 다른 국내회사 주식의 소유현황을 공정거래위원회에 신고하여야 한다.

② 상호출자제한기업집단에 속하는 회사는 대통령령으로 정하는 바에 따라 채무보증 현황을 국내금융기관의 확인을 받아 공정거래위원회에 신고하여야 한다.

③ 제12조제11항 단서의 규정은 제1항 및 제2항의 신고에 관하여 이를 준용한다.

제14조 (상호출자제한기업집단 등의 지정 등)

① 공정거래위원회는 대통령령으로 정하는 바에 따라 산정한 자산총액이 5조원 이상인 기업집단을 대통령령으로 정하는 바에 따라 공시대상기업집단으로 지정하고, 지정된 공시대상기업집단 중 일정규모 이상의 자산총액 등 대통령령으로 정하는 기준에 해당하는 기업집단을 대통령령으로 정하는 바에 따라 상호출자제한기업집단으로 지정한다. 이 경우 지정된 기업집단에 속하는 회사에 지정 사실을 대통령령으로 정하는 바에 따라 통지하여야 한다.

② 제9조, 제9조의2, 제10조의2, 제11조, 제11조의2부터 제11조의4까지, 제13조 및 제23조의2는 제1항 후단에 따른 통지(제14조의2제3항에 따른 계열회사 편입 통지를 포함한다)를 받은 날부터 적용한다.

③ 제2항에도 불구하고 제1항에 따라 상호출자제한기업집단으로 지정되어 상호출자제한기업집단에 속하는 회사로 통지를 받은 회사 또는 제14조의2제1항에 따라 상호출자제한기업집단의 계열회사로 편입되어 상호출자제한기업집단에 속하는 회사로 통지를 받은 회사가 통지받은 당시 제9조제1항·제3항 또는 제10조의2를 위반하고 있는 경우에는 다음 각 호의 구분에 따른다.

1. 제9조(相互出資의 禁止등)제1항 또는 제3항의 규정을 위반하고 있는 경우[취득 또는 소유하고 있는 주식을 발행한 회사가 새로 계열회사로 편입되어 제9조 (相互出資의 禁止등)제3항의 규정을 위반하게 되는 경우를 포함한다]에는 지정일 또는 편입일부터 1년간은 동항의 규정을 적용하지 아니한다.

3. 제10조의2를 위반하고 있는 경우(채무보증을 받고 있는 회사가 새로 系列會社로 編入되어 위반하게 되는 경우를 포함한다)에는 지정일 또는 편입일부터 2년간은 같은 조를 적용하지 아니한다. 다만, 각 호 외의 부분에 따른 회

사에 「채무자 회생 및 파산에 관한 법률」에 따른 회생절차가 개시된 경우에는 회생절차의 종료일까지, 각 호 외의 부분에 따른 회사가 회생절차가 개시된 회사에 대하여 채무보증을 하고 있는 경우에는 그 채무보증에 한하여 채무보증을 받고 있는 회사의 회생절차의 종료일까지는 같은 조를 적용하지 아니한다.

④ 공정거래위원회는 회사 또는 해당 회사의 특수관계인에 대하여 제1항에 따른 기업집단의 지정을 위하여 회사의 일반 현황, 회사의 주주 및 임원 구성, 특수관계인 현황, 주식소유 현황 등 대통령령으로 정하는 자료의 제출을 요청할 수 있다.

⑤ 공시대상기업집단에 속하는 회사(청산 중에 있거나 1년 이상 휴업 중인 회사를 제외한다)는 공인회계사의 회계감사를 받아야 하며, 공정거래위원회는 공인회계사의 감사의견에 따라 수정한 대차대조표를 사용하여야 한다.

제14조의2 (계열회사의 편입 및 제외 등)

① 공정거래위원회는 공시대상기업집단의 계열회사로 편입하거나 계열회사에서 제외하여야 할 사유가 발생한 경우에는 해당 회사(해당 회사의 특수관계인을 포함한다. 이하 이 조에서 같다)의 요청이나 직권으로 계열회사에 해당하는지 여부를 심사하여 계열회사로 편입하거나 계열회사에서 제외하고 그 내용을 해당 회사에 통지하여야 한다.

② 공정거래위원회는 제1항의 규정에 의한 심사를 위하여 필요하다고 인정하는 경우에는 해당 회사에 대하여 주주 및 임원의 구성, 채무보증관계, 자금대차관계, 거래관계 기타 필요한 자료의 제출을 요청할 수 있다.

③ 공정거래위원회는 제1항의 규정에 의하여 심사를 요청받은 경우에는 30일이내에 그 심사결과를 요청한 자에게 통지하여야 한다. 다만, 공정거래위원회가 필요하다고 인정할 때에는 60일을 초과하지 아니하는 범위안에서 그 기간을 연장할 수 있다.

제14조의3 (계열회사의 편입·통지일의 의제)

공정거래위원회는 제14조제4항 또는 제14조의2제2항에 따른 요청을 받은 자가 정당한 이유없이 자료제출을 거부하거나 허위의 자료를 제출함으로써 공시대상기업집단의 소속회사로 편입되어야 함에도 불구하고 편입되지 아니한 경우에는 대통령령으로 정하는 날에 그 공시대상기업집단의 소속회사로 편입·통지된 것으로 본다.

제14조의4 (관계기관에 대한 자료의 확인 요구 등)

공정거래위원회는 제9조, 제9조의2, 제10조의2, 제11조, 제13조, 제14조 또는 제14조의2의 시행을 위하여 필요하다고 인정하는 경우에는 다음 각 호의 어느 하나의 기관에 대하여 공시대상기업집단의 국내계열회사 주주의 주식소유현황, 채무보증 관련자료, 가지급금·대여금 또는 담보의 제공에 관한 자료, 부동산의 거래 또는 제공에 관한 자료 등 필요한 자료의 확인 또는 조사를 요청할 수 있다.

1. 「금융위원회의 설치 등에 관한 법률」에 의하여 설립된 금융감독원

3. 제2조제3호의7 각 목에 따른 국내금융기관

4. 기타 금융 또는 주식의 거래에 관련되는 기관으로서 대통령령이 정하는 기관

제14조의5 (공시대상기업집단의 현황 등에 관한 정보 공개)

① 공정거래위원회는 과도한 경제력 집중을 방지하고 기업집단의 투명성 등을 제고하기 위하여 공시대상기업집단에 속하는 회사에 대한 다음 각 호의 정보를 공개할 수 있다.

1. 공시대상기업집단에 속하는 회사의 일반현황, 지배구조현황 등에 관한 정보로서 대통령령으로 정하는 정보

2. 공시대상기업집단에 속하는 회사간 또는 공시대상기업집단에 속하는 회사와 그 특수관계인 간의 출자, 채무보증, 거래관계 등에 관한 정보로서 대통령령으로 정하는 정보

② 공정거래위원회는 제1항 각 호에 규정된 정보의 효율적 처리 및 공개를 위하여 정보시스템을 구축·운영할 수 있다.

③ 제1항 및 제2항에 규정된 사항 외의 정보공개에 관하여는 「공공기관의 정보공개에 관한 법률」이 정하는 바에 따른다.

제5장 불공정거래행위 및 특수관계인에 대한 부당한 이익 제공의 금지

제23조의2 (특수관계인에 대한 부당한 이익 제공 등 금지)

① 공시대상기업집단(동일인이 자연인인 기업집단으로 한정한다)에 속하는 회사는 특수관계인(동일인 및 그 친족에 한정한다. 이하 이 조에서 같다)이나 특수관계인이 대통령령으로 정하는 비율 이상의 주식을 보유한 계열회사와

다음 각 호의 어느 하나에 해당하는 행위를 통하여 특수관계인에게 부당한 이익을 귀속시키는 행위를 하여서는 아니 된다. 이 경우 각 호에 해당하는 행위의 유형 또는 기준은 대통령령으로 정한다.

1. 정상적인 거래에서 적용되거나 적용될 것으로 판단되는 조건보다 상당히 유리한 조건으로 거래하는 행위

2. 회사가 직접 또는 자신이 지배하고 있는 회사를 통하여 수행할 경우 회사에 상당한 이익이 될 사업기회를 제공하는 행위

3. 특수관계인과 현금, 그 밖의 금융상품을 상당히 유리한 조건으로 거래하는 행위

4. 사업능력, 재무상태, 신용도, 기술력, 품질, 가격 또는 거래조건 등에 대한 합리적인 고려나 다른 사업자와의 비교 없이 상당한 규모로 거래하는 행위

② 기업의 효율성 증대, 보안성, 긴급성 등 거래의 목적을 달성하기 위하여 불가피한 경우로서 대통령령으로 정하는 거래는 제1항제4호를 적용하지 아니한다.

③ 제1항에 따른 거래 또는 사업기회 제공의 상대방은 제1항 각 호의 어느 하나에 해당할 우려가 있음에도 불구하고 해당 거래를 하거나 사업기회를 제공받는 행위를 하여서는 아니 된다.

④ 특수관계인은 누구에게든지 제1항 또는 제3항에 해당하는 행위를 하도록 지시하거나 해당 행위에 관여하여서는 아니 된다.

2.2 독점규제 및 공정거래에 관한 법률 시행령

제1장 총칙

제2조 (지주회사의 기준)

① 「독점규제 및 공정거래에 관한 법률」(이하 "법"이라 한다) 제2조제1호의2 전단에서 "자산총액이 대통령령이 정하는 금액 이상인 회사"란 다음 각 호의 회사를 말한다.

1. 해당 사업연도에 새로이 설립되었거나 합병 또는 분할 · 분할합병 · 물적분할(이하 "분할"이라 한다)을 한 회사의 경우에는 각각 설립등기일 · 합병등기일 또는 분할등기일 현재의 대차대조표상 자산총액이 5천억원 이상인 회사

2. 제1호 외의 회사의 경우에는 직전 사업연도 종료일(사업연도 종료일 이전의 자산총액을 기준으로 지주회사 전환신고를 하는 경우에는 해당 전환신고 사유의 발생일) 현재의 대차대조표상의 자산총액이 5천억원 이상인 회사

② 법 제2조(정의)제1호의2 후단에 따른 주된 사업의 기준은 회사가 소유하고 있는 자회사의 주식(지분을 포함한다. 이하 같다)가액의 합계액(제1항 각 호의 자산총액 산정 기준일 현재의 대차대조표상에 표시된 가액을 합계한 금액을 말한다)이 해당 회사 자산총액의 100분의 50이상인 것으로 한다.

③ 법 제2조(정의)제1호의3에서 "대통령령이 정하는 기준"이란 다음 각 호의 요건을 충족하는 것을 말한다.

1. 지주회사의 계열회사(「중소기업창업 지원법」에 따라 설립된 중소기업창업투자회사 또는 「여신전문금융업법」에 따른 신기술사업금융업자가 창업투자 목적 또는 신기술사업자 지원 목적으로 다른 국내회사의 주식을 취득함에 따른 계열회사를 제외한다)일 것

2. 지주회사가 소유하는 주식이 제11조(특수관계인의 범위)제1호 또는 제2호에 규정된 각각의 자중 최다출자자가 소유하는 주식과 같거나 많을 것

④ 법 제2조(정의)제1호의4에서 "대통령령으로 정하는 기준"이란 다음 각 호의 요건을 충족하는 것을 말한다.

1. 자회사의 계열회사일 것

2. 자회사가 소유하는 주식이 제11조(특수관계인의 범위)제1호 또는 제2호에 규정된 각각의 자 중 최다출자자가 소유하는 주식과 같거나 많을 것

⑤ 공정거래위원회는 3년마다 국민경제 규모의 변화, 지주회사에 해당되는 회사의 자산총액 변화, 지주회사에 해당되는 회사 간 자산총액 차이 등을 고려하여 제1항 각 호에 따른 자산총액의 타당성을 검토한 후 자산총액의 조정 등 필요한 조치를 할 수 있다.

제3조 (기업집단의 범위)

법 제2조제2호 각 목 외의 부분에서 "대통령령이 정하는 기준에 의하여 사실상 그 사업내용을 지배하는 회사"란 다음 각 호의 어느 하나에 해당하는 회사를 말한다.

1. 동일인이 단독으로 또는 다음 각 목의 어느 하나에 해당하는 자(이하 "동일인관련자"라 한다)와 합하여 해당 회사의 발행주식(「상법」 제344조의3 제1항에 따른 의결권 없는 주식을 제외한다. 이하 이 조, 제3조의2, 제17조의5, 제17조의8 및 제18조에서 같다) 총수의 100분의 30이상을 소유하는 경우로서 최다출자자인 회사

가. 배우자, 6촌 이내의 혈족, 4촌이내의 인척(이하 "친족"이라 한다)

나. 동일인이 단독으로 또는 동일인관련자와 합하여 총출연금액의 100분의 30이상을 출연한 경우로서 최다출연자가 되거나 동일인 및 동일인관련자 중 1인이 설립자인 비영리법인 또는 단체(법인격이 없는 사단 또는 재단을 말한다. 이하 같다)

다. 동일인이 직접 또는 동일인관련자를 통하여 임원의 구성이나 사업운용등에 대하여 지배적인 영향력을 행사하고 있는 비영리법인 또는 단체

라. 동일인이 이 호 또는 제2호의 규정에 의하여 사실상 사업내용을 지배하는 회사

마. 동일인 및 동일인과 나목 내지 라목의 관계에 해당하는 자의 사용인(법인인 경우에는 임원, 개인인 경우에는 상업사용인 및 고용계약에 의한 피용인을 말한다)

2. 다음 각목의 1에 해당하는 회사로서 당해 회사의 경영에 대하여 지배적인 영향력을 행사하고 있다고 인정되는 회사

가. 동일인이 다른 주요 주주와의 계약 또는 합의에 의하여 대표이사를 임면하거나 임원의 100분의 50이상을 선임하거나 선임할 수 있는 회사

나. 동일인이 직접 또는 동일인관련자를 통하여 당해 회사의 조직변경 또는 신규사업에의 투자등 주요 의사결정이나 업무집행에 지배적인 영향력을

행사하고 있는 회사

다. 동일인이 지배하는 회사(동일인이 회사인 경우에는 동일인을 포함한다. 이하 이 목에서 같다)와 당해 회사간에 다음의 1에 해당하는 인사교류가 있는 회사

(1) 동일인이 지배하는 회사와 당해 회사간에 임원의 겸임이 있는 경우

(2) 동일인이 지배하는 회사의 임・직원이 당해 회사의 임원으로 임명되었다가 동일인이 지배하는 회사로 복직하는 경우(동일인이 지배하는 회사 중 당초의 회사가 아닌 회사로 복직하는 경우를 포함한다)

(3) 당해 회사의 임원이 동일인이 지배하는 회사의 임・직원으로 임명되었다가 당해 회사 또는 당해 회사의 계열회사로 복직하는 경우

라. 통상적인 범위를 초과하여 동일인 또는 동일인관련자와 자금・자산・상품・용역 등의 거래를 하고 있거나 채무보증을 하거나 채무보증을 받고 있는 회사, 기타 당해 회사가 동일인의 기업집단의 계열회사로 인정될 수 있는 영업상의 표시행위를 하는 등 사회통념상 경제적 동일체로 인정되는 회사

제3조의2 (기업집단으로부터의 제외)

① 공정거래위원회는 다음 각 호의 어느 하나에 해당하는 회사로서 동일인이 그 사업내용을 지배하지 아니한다고 인정되는 경우에는 제3조의 규정에 불구하고 이해관계자의 요청에 의하여 당해 회사를 동일인이 지배하는 기업집단의 범위에서 제외할 수 있다.

1. 출자자간의 합의・계약 등에 의하여 다음 각목의 자외의 자가 사실상 경영을 하고 있다고 인정되는 회사

가. 동일인이 임명한 자

나. 동일인과 제3조(기업집단의 범위)제1호가목 또는 마목의 관계에 있는 자

2. 다음 각 목의 요건(이하 “친족독립경영인정기준”이라 한다)을 모두 갖춘 회사로서 동일인의 친족이 당해 회사를 독립적으로 경영하고 있다고 인정되는 회사

가. 동일인이 지배하는 기업집단으로부터 제외를 요청한 각 회사(이하 “친족측계열회사”라 한다)에 대하여 동일인 및 동일인관련자[친족측계열회사를 독립적으로 경영하는 자(이하 “독립경영친족”이라 한다) 및 독립경영친족

의 요청에 의하여 공정거래위원회가 동일인관련자의 범위로부터 분리를 인정하는 자를 제외한다]가 소유하고 있는 주식의 합계가 각 회사의 발행주식 총수의 100분의 3(「자본시장과 금융투자업에 관한 법률」 제9조제15항제3호에 따른 주권상장법인(이하 "주권상장법인"이라 한다)이 아닌 회사의 경우에는 100분의 10)미만일 것

나. 동일인이 지배하는 각 회사(동일인이 지배하는 기업집단에서 친족측계열회사를 제외한 회사를 말하며, 이하 "비친족측계열회사"라 한다)에 대하여 독립경영친족 및 독립경영친족과 제3조(기업집단의 범위)제1호 각 목의 어느 하나에 해당하는 관계에 있는 자(동일인관련자의 경우에는 가목의 규정에 의하여 그 범위로부터 분리된 자에 한한다)가 소유하고 있는 주식의 합계가 각 회사의 발행주식 총수의 100분의 3(주권상장법인이 아닌 회사의 경우에는 100분의 15)미만일 것

다. 비친족측계열회사와 친족측계열회사간에 임원의 상호 겸임이 없을 것

라. 비친족측계열회사와 친족측계열회사간에 채무보증이나 자금대차가 없을 것. 다만, 법 제10조의2제1호에 따른 채무보증 및 거래에 수반하여 정상적으로 발생한 것으로 인정되는 채무보증이나 자금대차를 제외한다.

마. 다음의 어느 하나에 해당하는 거래(기업집단의 범위에서 제외된 날을 기준으로 하여 그 직전 3년 및 직후 3년간의 거래에 한정한다)와 관련하여 법 제23조제1항제7호, 같은 조 제2항 또는 법 제23조의2 위반으로 비친족측계열회사, 친족측계열회사, 동일인 또는 친족이 공정거래위원회로부터 시정조치(시정권고 또는 경고를 포함한다)를 받거나 과징금을 부과받은 사실이 없을 것

1) 비친족측계열회사와 친족측계열회사 간의 거래

2) 비친족측계열회사와 독립경영친족(그 친족으로서 독립경영친족의 요청에 따라 동일인관련자의 범위에서 분리를 인정하는 자를 포함한다) 간의 거래

3) 친족측계열회사와 동일인(그 친족 중 독립경영친족의 요청에 따라 동일인관련자의 범위에서 분리를 인정하는 자를 제외한 나머지 자를 포함한다) 간의 거래

2의2. 다음 각 목의 요건(이하 "임원독립경영인정기준"이라 한다)을 모두 갖춘 회사로서 동일인과 제3조제1호마목의 관계에 해당되는 자가 해당 회사

를 독립적으로 경영하고 있다고 인정되는 회사

가. 동일인이 지배하는 기업집단으로부터 제외를 요청한 각 회사(이하 "임원측계열회사"라 한다)를 독립적으로 경영하는 자(이하 "독립경영임원"이라 한다)가 동일인과 제3조제1호마목의 관계에 있기 전부터 사실상 사업내용을 지배하는 회사(그 회사가 사업내용을 지배하는 회사를 포함한다)일 것

나. 임원측계열회사에 대하여 동일인 및 동일인관련자(독립경영임원 및 독립경영임원의 요청에 따라 공정거래위원회가 동일인관련자의 범위에서 분리를 인정하는 자를 제외한다)가 출자하고 있지 아니할 것

다. 동일인이 지배하는 각 회사(동일인이 지배하는 기업집단에서 임원측계열회사를 제외한 회사를 말하며, 동일인이 법인인 경우 동일인을 포함한다. 이하 "비임원측계열회사"라 한다)에 대하여 독립경영임원 및 독립경영임원과 제3조제1호 각 목의 어느 하나에 해당하는 관계에 있는 자(동일인관련자의 경우에는 나목에 따라 그 범위에서 분리를 인정하는 자에 한정한다)가 출자하고 있지 아니할 것

라. 비임원측계열회사와 임원측계열회사 간에 독립경영임원 외에 임원의 상호 겸임이 없을 것

마. 비임원측계열회사와 임원측계열회사 간에 채무보증이나 자금대차가 없을 것

바. 동일인이 지배하는 기업집단으로부터 제외를 요청한 날을 기준으로 직전 1년간의 각 비임원측계열회사의 총매출 및 총매입 거래액 중에서 전체 임원측계열회사에 대한 매출 및 매입 거래액이 차지하는 비율이 각각 100분의 50 미만일 것. 각 임원측계열회사의 총매출 및 총매입 거래액 중에서 전체 비임원측계열회사에 대한 매출 및 매입 거래액이 차지하는 비율의 경우에도 또한 같다.

3. 「채무자 회생 및 파산에 관한 법률」에 의한 파산선고를 받아 파산절차가 진행중인 회사

4. 「기업구조조정 투자회사법」 제2조제2호의 규정에 의한 약정체결기업에 해당하는 회사로서 다음 각 목의 요건을 갖춘 회사

가. 동일인 및 동일인관련자가 소유하고 있는 주식중 당해 회사 발행주식총수의 100분의 3(주권상장법인이 아닌 회사의 경우에는 100분의 10)을 초과하여 소유하고 있는 주식에 대한 처분 및 의결권행사에 관한 권한을 채권금융기관(「은행법」 그밖의 법률에 의한 금융기관으로서 당해 회사에 대하여 신용

공여를 한 금융기관을 말한다)에 위임할 것

나. 동일인 및 동일인관련자가 가목의 규정에 의한 위임계약의 해지권을 포기하기로 특약을 할 것

5. 「채무자 회생 및 파산에 관한 법률」에 따른 회생절차개시결정을 받아 회생절차가 진행중인 회사로서 다음 각 목의 요건을 갖춘 회사

가. 동일인 및 동일인관련자가 소유하고 있는 주식중 당해 회사 발행주식총수의 100분의 3(주권상장법인이 아닌 회사의 경우에는 100분의 10)을 초과하여 소유하고 있는 주식에 대한 처분 및 의결권행사에 관한 권한을 「채무자 회생 및 파산에 관한 법률」 제74조에 따른 관리인에게 위임하되 정리절차가 종료된 후에는 당해 권한을 회사가 승계하게 할 것

나. 동일인 및 동일인관련자가 가목의 규정에 의한 위임계약의 해지권을 포기하기로 특약을 할 것

② 공정거래위원회는 다음 각 호의 어느 하나에 해당하는 회사에 대하여는 제3조에도 불구하고 이해관계자의 요청에 따라 동일인이 지배하는 기업집단의 범위에서 이를 제외할 수 있다. 다만, 제2호의2 또는 제4호에 따른 회사의 경우 법 제23조의2를 적용할 때에는 기업집단의 범위에 속하는 것으로 본다.

1. 다음 각 목의 어느 하나에 해당하는 자가 「사회기반시설에 대한 민간투자법」에 따라 설립된 민간투자사업법인(이하 이 항에서 "민간투자사업법인"이라 한다)의 발행주식총수의 100분의 20 이상을 소유하고 있는 경우 그 민간투자사업법인. 다만, 다른 회사와 상호출자가 없고, 출자자 외의 자로부터의 채무보증이 없는 경우로 한정한다.

가. 국가 또는 지방자치단체

나. 「공공기관의 운영에 관한 법률」 제5조에 따른 공기업

다. 특별법에 따라 설립된 공사·공단 그 밖의 법인

2. 다음 각 목의 어느 하나에 해당하는 회사 중 최다출자자가 2인 이상으로서 해당 출자자가 임원의 구성이나 사업운용 등에 지배적인 영향력을 행사하지 아니한다고 인정되는 회사. 이 경우 최다출자자가 소유한 주식을 산정할 때 동일인 또는 동일인관련자가 소유한 해당 회사의 주식을 포함한다.

가. 동일한 업종을 경영하는 2 이상의 회사가 사업구조조정을 위하여 그 회사의 자산을 현물출자하거나 합병, 그 밖에 이에 준하는 방법으로 설립한 회사

나. 민간투자사업법인으로서 「사회기반시설에 대한 민간투자법」 제4조제

1호부터 제4호까지의 어느 하나에 해당하는 방식으로 민간투자사업을 추진하는 회사

2의2. 제2호나목에 해당하는 회사로서 다음 각 목의 요건을 모두 갖춘 회사. 다만, 해당 회사가 「사회기반시설에 대한 민간투자법」 제13조에 따라 사업시행자로 지정된 날부터 같은 법 제15조제1항에 따라 주무관청의 승인을 받아 같은 조 제2항에 따라 고시된 실시계획에 따른 사업(같은 법 제21조제7항에 따라 고시된 부대사업은 제외한다)을 완료하여 같은 법 제22조제1항에 따른 준공확인을 받기 전까지의 기간으로 한정한다.

가. 해당 회사의 최다출자자가 임원의 구성이나 사업운용 등에 대하여 지배적인 영향력을 행사하지 아니한다고 인정될 것. 이 경우 최다출자자가 소유한 주식을 산정할 때 동일인 또는 동일인관련자가 소유한 해당 회사의 주식을 포함한다.

나. 해당 회사(해당 회사가 그 사업내용을 지배하는 회사를 포함한다)가 동일인이 지배하는 회사(동일인이 회사인 경우에는 동일인을 포함한다. 이하 이 호에서 같다)에 출자하고 있지 아니할 것

다. 해당 회사(해당 회사가 그 사업내용을 지배하는 회사를 포함한다)와 동일인이 지배하는 회사 간에 채무보증 관계가 없을 것. 다만, 해당 회사(해당 회사가 그 사업내용을 지배하는 회사는 제외한다. 이하 이 목에서 같다)에 출자한 동일인이 지배하는 회사가 해당 회사에 대하여 채무보증을 제공하는 경우는 제외한다.

라. 동일인 또는 동일인관련자가 해당 회사의 주식을 취득 또는 소유하여 제3조의 요건에 해당하게 된 날 이후 해당 회사(해당 회사가 그 사업내용을 지배하는 회사를 포함한다. 이하 이 목에서 같다)와 동일인(그 친족을 포함한다) 간에 또는 해당 회사와 동일인이 지배하는 회사 간에 법 제23조제1항제7호, 같은 조 제2항 또는 제23조의2를 위반하여 해당 회사, 동일인(그 친족을 포함한다) 또는 동일인이 지배하는 회사가 공정거래위원회로부터 시정조치(시정권고 또는 경고를 포함한다)를 받거나 과징금을 부과받은 사실이 없을 것

3. 다음 각 목의 어느 하나에 해당하는 회사로서 회사설립등기일부터 10년 이내이고 동일인이 지배하는 회사(동일인이 회사인 경우 동일인을 포함한다)와 출자 또는 채무보증 관계가 없는 회사

가. 「산업교육진흥 및 산학연협력촉진에 관한 법률」 제2조제8호에 따른

산학연협력기술지주회사 및 같은 조 제9호에 따른 자회사

나. 「벤처기업육성에 관한 특별조치법」 제2조제8항에 따른 신기술창업전문회사 및 같은 법 제11조의2제4항제2호에 따른 자회사

4. 가목 또는 나목에 따른 중소기업 또는 벤처기업(이하 이 호에서 "중소벤처기업"이라 한다)으로서 다목부터 바목까지의 요건을 모두 갖춘 회사

가. 「중소기업기본법」 제2조에 따른 중소기업 중 연간 매출액에 대한 연간 연구개발비(「조세특례제한법 시행령」 별표 6 제1호에 따른 연구개발비를 말한다. 이하 이 목에서 같다)의 비율이 100분의 5 이상인 중소기업. 이 경우 연간 매출액 및 연간 연구개발비는 다목에 따른 요건해당일이 속하는 사업연도의 직전 사업연도의 매출액(손익계산서에 표시된 매출액을 말한다) 및 연구개발비로 하며, 같은 목에 따른 요건해당일이 속하는 사업연도에 사업을 개시한 경우에는 사업개시일부터 그 요건해당일까지의 매출액 및 연구개발비를 연간 매출액 및 연간 연구개발비로 환산한 금액으로 한다.

나. 「벤처기업육성에 관한 특별조치법」 제2조제1항에 따른 벤처기업

다. 동일인 또는 동일인관련자가 중소벤처기업의 사업내용을 지배하는 자와 합의하여 그 중소벤처기업의 주식을 취득 또는 소유하여 제3조의 요건에 해당하게 된 경우로서 그 요건해당일부터 7년 이내일 것

라. 중소벤처기업(중소벤처기업이 그 사업내용을 지배하는 회사를 포함한다. 이하 이 호에서 같다)이 동일인이 지배하는 회사(동일인이 회사인 경우 동일인을 포함한다)에 출자하고 있지 아니할 것

마. 중소벤처기업과 동일인이 지배하는 회사(동일인이 회사인 경우 동일인을 포함한다) 간에 채무보증 관계가 없을 것

바. 다목에 따른 요건해당일 이후 중소벤처기업과 동일인(그 친족을 포함한다) 간에 또는 중소벤처기업과 동일인이 지배하는 회사 간에 법 제23조(불공정거래행위의 금지)제1항제7호, 같은 조 제2항 또는 제23조의2(특수관계인에 대한 부당한 이익제공 등 금지) 위반으로 중소벤처기업, 동일인(그 친족을 포함한다) 또는 동일인이 지배하는 회사가 공정거래위원회로부터 시정조치(시정권고 또는 경고를 포함한다)를 받거나 과징금을 부과받은 사실이 없을 것

③ 공정거래위원회는 제1항 또는 제2항의 규정에 의하여 동일인이 지배하는 기업집단의 범위에서 제외된 회사가 그 제외요건에 해당하지 아니하게 된 경우에는 직권 또는 이해관계자의 요청에 의하여 그 제외결정을 취소할 수 있

다. 다만, 제1항제2호의 규정에 의하여 동일인이 지배하는 기업집단의 범위에서 제외된 회사의 경우에는 그 제외된 날부터 3년 이내(제1항제2호마목의 경우에는 5년 이내)에 제외요건에 해당하지 아니하게 된 경우에 한한다.

④ 제1항제2호 또는 제1항제2호의2에 따라 동일인이 지배하는 기업집단으로부터의 제외를 요청하려는 자는 다음 각 호의 서류를 공정거래위원회에 제출하여야 한다. 이 경우 공정거래위원회는 「전자정부법」 제36조제1항에 따른 행정정보의 공동이용을 통하여 비친족측계열회사 및 친족측계열회사 또는 비임원측계열회사 및 임원측계열회사의 법인 등기사항증명서를 확인하여야 한다.

1. 제1항제2호가목·나목 및 같은 항 제2호의2가목부터 다목까지의 경우에는 주주명부. 이 경우 「자본시장과 금융투자업에 관한 법률 시행령」 제176조의9제1항에 따른 유가증권시장에 주권을 상장한 법인의 경우에는 명의개서대행기관의 확인서를 첨부하여야 한다.

3. 제1항제2호라목 및 같은 항 제2호의2마목의 경우에는 공인회계사의 확인을 받은 채무보증 및 자금대차 현황

4. 제1항제2호마목의 경우에는 동일인이 지배하는 기업집단으로부터 제외를 요청한 날을 기준으로 직전 3년간 비친족측계열회사와 친족측계열회사 간의 자금, 유가증권, 자산, 상품 및 용역에 관한 세부 거래내역

5. 제1항제2호의2바목의 경우에는 공인회계사의 확인을 받은 비임원측계열회사와 임원측계열회사 간의 거래내역

⑤ 제2항 각 호 외의 부분 본문에 따라 동일인이 지배하는 기업집단으로부터의 제외를 요청하려는 자 중 같은 항 제4호가목에 따른 중소기업은 같은 목에 따른 연간 매출액에 대한 연간 연구개발비의 비율 현황에 대하여 공인회계사의 확인을 받은 서류를 공정거래위원회에 제출하여야 한다.

⑥ 제1항제2호에 따라 동일인이 지배하는 기업집단으로부터 제외된 각 회사는 비친족측계열회사와의 자금, 유가증권, 자산, 상품 및 용역에 관한 세부 거래내역을 동일인이 지배하는 기업집단으로부터 제외된 날부터 3년간 매년 제출하여야 한다.

⑦ 공정거래위원회는 제1항제2호에 따라 동일인이 지배하는 기업집단으로부터 제외된 회사가 제6항에 따른 자료를 제출하지 아니하거나 거짓의 자료를 제출하는 경우에는 그 제외결정을 취소할 수 있다.

제3조의3 (동일인관련자로부터의 제외)

① 공정거래위원회는 제3조(기업집단의 범위)제1호나목에도 불구하고 동일인 및 동일인관련자가 임원의 구성이나 사업운용 등에 대하여 지배적인 영향력을 행사하지 아니한다고 인정되는 경우에는 이해관계자의 요청에 따라 해당 비영리법인 또는 단체를 동일인관련자에서 제외할 수 있다.

② 공정거래위원회는 제1항에 따라 동일인관련자에서 제외된 비영리법인 또는 단체가 그 제외요건에 해당하지 아니하게 된 경우에는 직권 또는 이해관계자의 요청에 의하여 그 제외 결정을 취소할 수 있다.

제3장 기업결합의 제한 및 경제력집중의 억제

제11조 (특수관계인의 범위)

법 제7조(기업결합의 제한)제1항 본문에서 "대통령령이 정하는 특수한 관계에 있는 자"라 함은 회사 또는 회사외의 자와 다음 각호의 1에 해당하는 자를 말한다.

1. 당해 회사를 사실상 지배하고 있는 자
2. 동일인관련자. 다만, 제3조의2(기업집단으로부터의 제외)제1항의 규정에 의하여 동일인관련자로부터 분리된 자를 제외한다.
3. 경영을 지배하려는 공동의 목적을 가지고 당해 기업결합에 참여하는 자

제12조 (자산총액 또는 매출액의 기준)

① 법 제7조제1항 각 호 외의 부분 단서 및 법 제12조제1항 각 호 외의 부분 전단에서 "자산총액"이란 기업결합일이 속하는 사업연도의 직전 사업연도 종료일 현재의 대차대조표에 표시된 자산총액을 말한다. 다만, 금융업 또는 보험업을 영위하는 회사의 경우에는 직전 사업연도 종료일 현재의 대차대조표에 표시된 자본총액(대차대조표에 표시된 자산총액에서 부채액을 뺀 금액을 말한다. 이하 같다)과 자본금 중 큰 금액을 말한다.

② 제1항의 경우에 기업결합일이 속하는 사업연도중에 신주 및 사채의 발행으로 자산총액이 증가된 경우에는 직전 사업연도 종료일 현재의 대차·대조표에 표시된 자산총액에 그 증가된 금액을 합한 금액을 자산총액으로 본다.

③ 법 제7조제1항 각 호 외의 부분 단서 및 법 제12조제1항 각 호 외의 부분 전단에서 "매출액"이란 기업결합일이 속하는 사업연도의 직전 사업연도의

손익계산서에 표시된 매출액을 말한다. 다만, 금융업 또는 보험업을 영위하는 회사의 경우에는 직전사업연도의 손익계산서에 표시된 영업수익을 말한다.

제12조의2 (대규모회사의 기준)

법 제7조(기업결합의 제한)제1항 단서에서 "대통령령이 정하는 규모에 해당하는 회사"라 함은 자산총액 또는 매출액의 규모가 2조원이상인 회사를 말한다.

제12조의3 (특수관계인의 범위의 예외)

법 제7조제1항제5호 가목, 법 제8조의2제1항제1호 및 법 제11조제3호 후단에서 "대통령령이 정하는 자"라 함은 제11조제3호에 규정된 자를 말한다.

제17조의5 (채무보증 금지 대상의 제외 요건)

① 법 제10조의2제1호에서 "인수되는 회사의 채무와 관련된 채무보증"이란 다음 각 호의 어느 하나에 해당하는 경우를 말한다.

1. 주식양도 또는 합병등의 방법으로 인수되는 회사의 인수시점의 채무나 인수하기로 예정된 채무에 대하여 인수하는 회사 또는 그 계열회사가 행하는 보증

2. 인수되는 회사의 채무를 분할인수함에 따라 인수하는 채무에 대하여 계열회사가 행하는 보증

② 법 제10조의2제2호에서 "기업의 국제경쟁력 강화를 위하여 필요한 경우 등 대통령령으로 정하는 경우에 대한 채무보증"이란 다음 각 호의 어느 하나에 해당하는 경우를 말한다.

1. 「한국수출입은행법」 제18조(업무)제1항제1호 및 제2호의 규정에 의하여 자본재 기타 상품의 생산 또는 기술의 제공과정에서 필요한 자금을 지원하기 위하여 한국수출입은행이 행하는 대출 또는 이와 연계하여 다른 국내금융기관이 행하는 대출에 대한 보증

2. 해외에서의 건설 및 산업설비공사의 수행, 수출선박의 건조, 용역수출 기타 공정거래위원회가 인정하는 물품수출과 관련하여 국내금융기관이 행하는 입찰보증 · 계약이행보증 · 선수금환급보증 · 유보금환급보증 · 하자보수보증 또는 납세보증에 대한 보증

3. 국내의 신기술 또는 도입된 기술의 기업화와 기술개발을 위한 시설 및

기자재의 구입등 기술개발사업을 위하여 국내금융기관으로부터 지원받은 자금에 대한 보증

4. 인수인도조건수출 또는 지급인도조건수출 어음의 국내금융기관매입 및 내국신용장 개설에 대한 보증

5. 다음 각목의 1에 해당하는 사업과 관련하여 국내 금융기관의 해외지점이 행하는 여신에 대한 보증

가. 「외국환거래법」의 규정에 의한 해외직접투자

나. 해외 건설 및 용역사업자가 행하는 외국에서의 건설 및 용역사업

다. 기타 공정거래위원회가 인정하는 외국에서의 사업

6. 「채무자 회생 및 파산에 관한 법률」에 따른 회생절차개시를 법원에 신청한 회사의 제3자 인수와 직접 관련된 보증

7. 「사회기반시설에 대한 민간투자법」 제4조제1호 내지 제4호의 규정에 의한 방식으로 민간투자사업을 영위하는 계열회사에 출자를 한 경우로서 국내금융기관이 당해계열회사에 행하는 여신에 대한 보증

8. 「공기업의 경영구조 개선 및 민영화에 관한 법률」 제2조에 따른 회사가 구조개편을 위하여 분할되는 경우에 그 회사가 계열회사가 아닌 회사에 행한 보증을 분할로 인하여 신설되는 회사가 인수하는 것과 직접 관련하여 그 회사가 그 신설회사에 대하여 행하는 재보증

제17조의8 (대규모 내부거래의 이사회 의결 및 공시)

② 법 제11조의2(대규모내부거래의 이사회 의결 및 공시)제1항의 규정에 의하여 이사회 의결 및 공시대상이 되는 대규모내부거래행위는 거래금액[법 제11조의2(대규모내부거래의 이사회 의결 및 공시)제1항제4호의 경우에는 분기에 이루어질 거래금액의 합계액을 말한다]이 그 회사의 자본총계 또는 자본금중 큰 금액의 100분의 5 이상이거나 50억원 이상인 거래행위로 한다.

③ 법 제11조의2(대규모내부거래의 이사회 의결 및 공시)제1항제4호에서 "대통령령으로 정하는 계열회사"란 동일인이 단독으로 또는 동일인의 친족[제3조의2(기업집단으로부터의 제외)제1항에 따라 동일인관련자로부터 분리된 자는 제외한다. 이하 이 항에서 같다]과 합하여 발행주식 총수의 100분의 20 이상을 소유하고 있는 계열회사 또는 그 계열회사의 「상법」 제342조의2(자회사에 의한 모회사주식의 취득)에 따른 자회사인 계열회사를 말한다. 다만, 다음 각 호의 어느 하나에 해당하는 회사는 제외한다.

1. 동일인이 자연인이 아닌 기업집단에 소속된 회사

2. 지주회사의 자회사, 손자회사와 증손회사

④ 법 제11조의2(대규모내부거래의 이사회 의결 및 공시)제2항의 규정에 의한 공시의 주요내용은 다음 각호와 같다.

1. 거래의 목적 및 대상

2. 거래의 상대방(특수관계인이 직접적인 거래상대방이 아니더라도 특수관계인을 위한 거래인 경우에는 당해특수관계인을 포함한다)

3. 거래의 금액 및 조건

4. 거래상대방과의 동일 거래유형의 총거래잔액

5. 제1호 내지 제4호에 준하는 사항으로서 공정거래위원회가 정하여 고시하는 사항

⑤ 법 제11조의2(대규모내부거래의 이사회 의결 및 공시)제4항의 규정에 의하여 이사회의 의결을 거치지 아니하고 할 수 있는 거래행위는 다음 각호의 요건을 갖춘 거래행위로 한다.

1. 「약관의 규제에 관한 법률」 제2조(정의)의 규정에 의한 약관에 의한 거래행위일 것

2. 당해회사의 일상적인 거래분야에서의 거래행위일 것

⑥ 이 영에서 규정된 사항 외에 대규모내부거래 이사회 의결 및 공시의 방법・절차・시기에 관한 세부사항은 공정거래위원회가 정하여 고시할 수 있다.

제17조의10 (비상장회사 등의 중요사항 공시)

① 법 제11조의3제1항 각 호 외의 부분 본문에서 “대통령령으로 정하는 기준에 해당하는 회사”란 직전 사업연도말 현재 자산총액이 100억원 미만인 회사로서 청산 중이거나 1년 이상 휴업 중인 회사를 제외한 회사를 말한다.

② 법 제11조의3제1항제1호에서 “대통령령이 정하는 사항”이란 다음 각호의 어느 하나에 해당하는 것을 말한다.

1. 최대주주(동일인이 단독으로 또는 동일인관련자와 합산하여 최다출자자가 되는 경우에는 그 동일인 및 동일인관련자를 포함한다)의 주식보유현황 및 그 보유주식비율이 그 법인의 발행주식총수의 100분의 1 이상 변동이 있는 때에는 그 변동사항

2. 임원의 구성현황 및 그 변동사항

③ 법 제11조의3(비상장회사 등의 중요사항 공시)제1항제2호에서 “대통령

령이 정하는 사항"이라 함은 다음 각 호의 어느 하나에 해당하는 것을 말한다.

1. 최근 사업연도말 현재 자산총액의 100분의 10 이상의 고정자산의 취득 또는 처분[「자본시장과 금융투자업에 관한 법률」에 따른 신탁계약(그 법인이 운용지시권한을 가지는 경우에 한한다) 또는 같은 법에 따른 사모집합투자기구(그 법인이 자산운용에 사실상의 영향력을 행사하는 경우에 한한다)를 통한 취득 · 처분을 포함한다]에 관한 결정이 있는 때에는 그 결정사항

2. 자기자본의 100분의 5 이상의 다른 법인(계열회사를 제외한다)의 주식 및 출자증권의 취득 또는 처분에 관한 결정이 있는 때에는 그 결정사항

3. 자기자본의 100분의 1 이상의 증여를 하거나 받기로 한 때에는 그 결정사항

4. 자기자본의 100분의 5 이상의 타인을 위한 담보제공 또는 채무보증(계약 등의 이행보증 및 납세보증을 위한 채무보증을 제외한다)에 관한 결정이 있는 때에는 그 결정사항

5. 자기자본의 100분의 5 이상의 채무를 면제 또는 인수하기로 결정하거나 채무를 면제받기로 결정한 때에는 그 결정사항

6. 증자 또는 감자(減資)에 관한 결정이 있는 때에는 그 결정사항

7. 전환사채 또는 신주인수권부사채의 발행에 관한 결정이 있는 때에는 그 결정사항

④ 법 제11조의3(비상장회사 등의 중요사항 공시)제1항제3호에서 "대통령령이 정하는 사항"이라 함은 다음 각 호의 어느 하나에 해당하는 것을 말한다.

1. 「상법」 제374조 · 제522조 · 제527조의2 · 제527조의3 · 제530조의2의 규정에 따른 결정이 있는 때에는 그 결정사항

2. 「상법」 제360조의2의 규정에 따른 주식의 포괄적 교환에 관한 결정이 있거나 「상법」 제360조의15의 규정에 따른 주식의 포괄적 이전에 관한 결정이 있는 때에는 그 결정사항

3. 「상법」 제517조 또는 다른 법률에 따른 해산사유가 발생한 때에는 그 해산사유

4. 「채무자 회생 및 파산에 관한 법률」에 따른 회생절차의 개시 · 종결 또는 폐지의 결정이 있는 때에는 그 결정사항

6. 「기업구조조정 촉진법」에 따른 관리절차의 개시 · 중단 또는 해제결정이 있는 때에는 그 결정사항

⑤ 제1항 내지 제4항의 규정을 적용함에 있어서 최근 사업연도말 현재 자

산총액, 자기자본은 매 사업연도 종료 후 3월이 경과한 날부터 그 다음 사업연도 종료 후 3월이 되는 날까지의 기간 동안 적용하고, 새로 설립된 회사로서 최근 사업연도의 대차대조표가 없는 경우에는 최근 사업연도말 현재 자산총액 및 자기자본 대신 설립 당시의 납입자본금을 기준으로 한다.

⑥ 이 영에서 규정된 사항 외에 주권상장법인이 아닌 회사의 법 제11조의3(비상장회사 등의 중요사항 공시)에 따른 공시의 방법·절차·시기에 관한 세부사항은 공정거래위원회가 정하여 고시할 수 있다.

제17조의11 (기업집단 현황 등에 관한 공시)

① 법 제11조의4제1항 각 호 외의 부분에서 "대통령령으로 정하는 기준에 해당하는 회사"란 직전 사업연도말 현재 자산총액이 100억원 미만인 회사로서 청산 중이거나 1년 이상 휴업 중인 회사를 제외한 회사를 말한다.

② 법 제11조의4제1항 각 호 외의 부분에서 "대통령령으로 정하는 사항"이란 다음 각 호의 사항을 말한다.

1. 공시대상기업집단에 속하는 회사의 명칭, 사업내용, 재무현황, 계열회사의 변동 내역, 그 밖에 공정거래위원회가 정하여 고시하는 일반현황

2. 공시대상기업집단에 속하는 회사의 임원현황

3. 공시대상기업집단에 속하는 회사의 소유지분현황

4. 공시대상기업집단에 속하는 회사 간 출자현황

4의2. 공시대상기업집단에 속하는 지주회사등이 아닌 계열회사 현황[지주회사등의 자산총액 합계액이 기업집단 소속회사의 자산총액(금융업 또는 보험업을 영위하는 회사의 경우에는 자본총액 또는 자본금 중 큰 금액으로 한다) 합계액의 100분의 50 이상인 경우로 한정한다]

4의3. 공시대상기업집단에 속하는 회사 간의 상호출자 현황

4의4. 공시대상기업집단에 속하는 회사 간의 순환출자 현황

4의5. 공시대상기업집단에 속하는 회사 간의 채무보증 현황

4의6. 공시대상기업집단에 속하는 금융업 또는 보험업을 영위하는 회사의 법 제11조에 따른 의결권 행사 여부(금융업 또는 보험업을 영위하는 회사의 주식에 대한 의결권 행사는 제외한다)

5. 공시대상기업집단에 속하는 회사와 그 특수관계인 간 자금·자산 및 상품·용역을 제공하거나 거래한 현황

6. 사업기간(상장회사는 사업분기, 비상장회사는 사업연도) 동안 계열회사

와 이루어진 상품 또는 용역의 거래금액이 그 사업기간 매출액의 100분의 5 이상이거나 50억원 이상인 경우 그 계열회사와의 상품 또는 용역의 거래내역

③ 제2항에 따른 사항은 분기별로 공시하여야 한다. 다만, 공정거래위원회가 정하여 고시하는 사항은 연 1회 또는 연 2회 공시할 수 있다.

④ 제1항부터 제3항까지에서 규정한 사항 외에 기업집단현황 등에 관한 공시의 방법, 절차 또는 시기에 관한 세부 사항은 공정거래위원회가 정하여 고시한다.

제20조 (주식소유 현황 등의 신고)

① 법 제13조제1항에 따른 신고를 하려는 회사는 매년 5월 31일까지 다음 각 호의 사항을 기재한 신고서를 공정거래위원회에 제출하여야 한다. 다만, 새로 공시대상기업집단으로 지정된 기업집단에 속하는 회사의 경우 지정된 해당 연도에 대해서는 제21조제5항에 따른 통지를 받은 날부터 30일 이내에 신고서를 제출하여야 한다.

1. 당해 회사의 명칭·자본금 및 자산총액등 회사의 개요
2. 계열회사 및 특수관계인이 소유하고 있는 당해 회사의 주식수
3. 해당 회사의 국내회사 주식소유현황

② 제1항의 신고서에는 다음 각 호의 서류를 첨부하여야 한다.

1. 당해회사의 소유주식 명세서
2. 계열회사와의 상호출자 현황표
3. 당해 회사의 직전사업연도의 감사보고서

③ 법 제13조제1항에 따라 공시대상기업집단에 속하는 회사는 주식취득등으로 소속회사의 변동사유가 발생한 경우에는 다음 각 호의 구분에 따른 날부터 30일 이내에 그 변동내용을 기재한 신고서를 공정거래위원회에 제출하여야 한다.

1. 주식을 소유하게 되거나 주식소유비율이 증가한 경우: 제18조(기업결합의 신고 등)제8항제1호 각 목에 따른 날
2. 임원 선임의 경우: 임원을 선임하는 회사의 주주총회 또는 사원총회에서 임원의 선임이 의결된 날
3. 새로운 회사설립에 참여한 경우: 회사의 설립등기일
4. 제1호부터 제3호까지에 해당하지 아니하는 경우: 주요 주주와의 계약·합의 등에 의하여 해당 소속회사의 경영에 대하여 지배적인 영향력을 행사할

수 있게 된 날

④ 법 제13조제2항에 따른 신고를 하려는 회사는 매년 5월 31일까지 해당 회사의 채무보증 금액을 기재한 신고서에 다음 각 호의 서류를 첨부하여 공정거래위원회에 제출하여야 한다. 다만, 새로 상호출자제한기업집단으로 지정된 기업집단에 속하는 회사의 경우 지정된 해당 연도에 대해서는 제21조제5항에 따른 통지를 받은 날부터 30일 이내에 신고서를 제출하여야 한다.

1. 해당 회사의 계열회사에 대한 채무보증명세서 및 직전 1년간의 채무보증 변동내역
2. 해당 회사가 계열회사로부터 받은 채무보증명세서 및 직전 1년간의 채무보증 변동내역
3. 해당 회사의 채무보증 금액과 제1호 및 제2호의 내용을 확인하기 위하여 법 제2조제3호의7 각 목의 어느 하나에 해당하는 국내금융기관이 공정거래위원회가 정하는 서식에 따라 작성한 확인서

제21조 (공시대상기업집단 및 상호출자제한기업집단의 지정 등)

① 공시대상기업집단은 해당 기업집단에 속하는 국내 회사들의 공시대상기업집단 지정 직전사업연도의 대차대조표상의 자산총액(금융업 또는 보험업을 영위하는 회사의 경우에는 자본총액 또는 자본금 중 큰 금액으로 하며, 새로 설립된 회사로서 직전사업연도의 대차대조표가 없는 경우에는 지정일 현재의 납입자본금으로 한다. 이하 이 조에서 같다)의 합계액이 5조원 이상인 기업집단으로 한다. 다만, 다음 각 호의 어느 하나에 해당하는 기업집단은 공시대상기업집단에서 제외한다.

1. 금융업 또는 보험업만을 영위하는 기업집단
2. 금융업 또는 보험업을 영위하는 회사가 동일인인 경우의 기업집단
3. 해당 기업집단에 속하는 회사 중 다음 각 목의 어느 하나에 해당하는 회사의 자산총액의 합계액이 기업집단 전체 자산총액의 100분의 50 이상인 기업집단. 다만, 다음 각 목의 어느 하나에 해당하는 회사를 제외한 회사의 자산총액의 합계액이 5조원 이상인 기업집단은 제외한다.

가. 「채무자 회생 및 파산에 관한 법률」에 따른 회생절차의 개시가 결정되어 그 절차가 진행 중인 회사

나. 「기업구조조정 촉진법」에 따른 관리절차의 개시가 결정되어 그 절차가 진행 중인 회사

4. 「공공기관의 운영에 관한 법률」 제4조에 따른 공공기관, 「지방공기업법」 제2조제1항에 따른 지방직영기업, 지방공사 또는 지방공단이 동일인인 기업집단

② 상호출자제한기업집단의 범위에 관하여는 제1항을 준용한다. 이 경우 제1항 각 호 외의 부분 본문 및 단서 중 "공시대상기업집단"은 각각 "상호출자제한기업집단"으로, 제1항 각 호 외의 부분 본문 및 같은 항 제3호 중 "5조원"은 각각 "10조원"으로 본다.

③ 공정거래위원회는 3년마다 국민경제 규모의 변화, 상호출자제한기업집단으로 지정된 기업집단의 자산총액 변화, 상호출자제한기업집단으로 지정된 기업집단 간 자산총액 차이 등을 고려하여 제2항에 따른 자산총액 합계액의 타당성을 검토한 후 자산총액 합계액의 조정 등 필요한 조치를 할 수 있다.

④ 공정거래위원회는 법 제14조제1항 전단에 따라 매년 5월 1일(부득이한 경우에는 5월 15일)까지 제1항 또는 제2항의 기준에 새로 해당하는 기업집단을 공시대상기업집단 또는 상호출자제한기업집단으로 지정하여야 하고, 공시대상기업집단 또는 상호출자제한기업집단으로 지정된 기업집단이 제1항 또는 제2항의 기준에 해당하지 아니하게 되는 경우에는 공시대상기업집단 또는 상호출자제한기업집단에서 제외하여야 한다.

⑤ 공정거래위원회는 제4항에 따라 공시대상기업집단 또는 상호출자제한기업집단을 새로 지정하거나 지정 제외하는 경우에는 즉시 그 사실을 해당 기업집단에 속하는 회사와 해당 기업집단의 동일인에게 통지하여야 한다.

⑥ 공정거래위원회는 제4항 및 제5항에 따른 지정·통지 후 해당 기업집단에 속하는 회사에 변동이 있는 경우에는 해당 회사와 해당 기업집단의 동일인에게 변동내용을 통지하여야 한다.

⑦ 법 제14조제4항에서 "회사의 일반 현황, 회사의 주주 및 임원 구성, 특수관계인 현황, 주식소유 현황 등 대통령령으로 정하는 자료"란 다음 각 호의 자료를 말한다.

1. 회사의 일반 현황
2. 회사의 주주 및 임원 구성
3. 특수관계인 현황
4. 주식소유 현황
5. 「채무자 회생 및 파산에 관한 법률」에 따른 회생절차의 개시가 결정되어 그 절차가 진행 중인 소속회사와 「기업구조조정 촉진법」에 따른 관리절차의

개시가 결정되어 그 절차가 진행 중인 소속회사 현황

6. 감사보고서. 다만, 「주식회사 등의 외부감사에 관한 법률」에 따른 외부감사를 받지 아니하는 회사의 경우에는 세무조정계산서를 말하며, 세무조정계산서도 없는 경우에는 결산서를 말한다.

7. 제1호부터 제6호까지의 자료를 확인하기 위하여 공정거래위원회가 제출을 요청하는 자료

⑧ 법 제14조의3에서 "대통령령으로 정하는 날"이란 다음 각 호의 어느 하나에 해당하는 날을 말한다.

1. 공시대상기업집단의 지정 당시 그 소속회사로 편입되어야 함에도 불구하고 편입되지 아니한 회사의 경우에는 그 공시대상기업집단의 지정·통지를 받은 날

2. 공시대상기업집단의 지정 이후 그 소속회사로 편입되어야 함에도 불구하고 편입되지 아니한 회사의 경우에는 그 공시대상기업집단에 속하여야 할 사유가 발생한 날이 속하는 달의 다음 달 1일

⑨ 공정거래위원회는 제4항에 따라 공시대상기업집단 또는 상호출자제한기업집단으로 지정된 기업집단이 다음 각 호의 어느 하나에 해당하는 경우에는 그 사유가 발생한 때에 공시대상기업집단 또는 상호출자제한기업집단에서 제외할 수 있다. 이 경우 해당 기업집단에 속하는 회사와 해당 기업집단의 동일인에게 지정 제외 통지를 하여야 한다.

1. 지정일 이후에 해당 기업집단에 소속된 회사 중 제1항제3호가목 또는 나목에 해당되는 회사의 최근 지정일 직전사업연도의 대차대조표상의 자산총액의 합계액이 기업집단 전체 자산총액의 100분의 50 이상이 된 경우. 다만, 제1항제3호가목 또는 나목에 해당되는 회사를 제외한 회사의 자산총액의 합계액이 공시대상기업집단의 경우 3조5천억원 이상, 상호출자제한기업집단의 경우 7조원 이상인 기업집단은 제외한다.

2. 소속회사의 변동으로 해당 기업집단에 소속된 국내회사들의 자산총액의 합계액이 공시대상기업집단의 경우 3조5천억원 미만, 상호출자제한기업집단의 경우 7조원 미만으로 감소한 경우

제21조의3 (공시대상기업집단의 현황 등에 관한 정보 공개의 범위)

① 법 제14조의5제1항제1호에서 "대통령령으로 정하는 정보"란 다음 각 호의 어느 하나에 해당하는 정보를 말한다.

1. 공시대상기업집단에 속하는 회사의 명칭, 사업내용, 주요 주주, 임원, 재무상황, 그 밖의 일반현황

2. 공시대상기업집단에 속하는 회사의 이사회 및 「상법」 제393조의2에 따라 이사회에 설치된 위원회의 구성·운영, 주주총회에서의 의결권 행사 방법, 그 밖의 지배구조현황

② 법 제14조의5제1항제2호에서 "대통령령으로 정하는 정보"란 다음 각 호의 어느 하나에 해당하는 정보를 말한다.

1. 공시대상기업집단에 속하는 회사 간 또는 공시대상기업집단에 속하는 회사와 그 특수관계인 간의 주식소유현황 등 출자와 관련된 현황

2. 상호출자제한기업집단에 속하는 회사 간의 채무보증 현황

3. 공시대상기업집단에 속하는 회사 간 또는 공시대상기업집단에 속하는 회사와 그 특수관계인 간의 자금, 유가증권, 자산, 상품, 용역, 그 밖의 거래와 관련된 현황

제5장 불공정거래행위 및 특수관계인에 대한 부당한 이익 제공의 금지

제38조 (특수관계인에 대한 부당한 이익 제공 등 금지)

② 법 제23조의2(특수관계인에 대한 부당한 이익제공 등 금지)제1항 각 호 외의 부분 전단에서 "특수관계인이 대통령령으로 정하는 비율 이상의 주식을 보유한 계열회사"란 동일인이 단독으로 또는 동일인의 친족[제3조의2(기업집단으로부터의 제외)제1항에 따라 동일인관련자로부터 분리된 자는 제외한다]과 합하여 발행주식 총수의 100분의 30(주권상장법인이 아닌 회사의 경우에는 100분의 20) 이상을 소유하고 있는 계열회사를 말한다.

③ 법 제23조의2(특수관계인에 대한 부당한 이익제공 등 금지)제1항 각 호에 따른 행위의 유형 또는 기준은 별표 1의3과 같다.

④ 법 제23조의2(특수관계인에 대한 부당한 이익제공 등 금지)제2항에서 "대통령령으로 정하는 거래"란 별표 1의4에 따른 거래를 말한다.

참고문헌

* 공정거래위원회 홈페이지(www.ftc.go.kr) 자료

'99년도 대규모기업집단 지정' (1999.4.6).
'2000년도 대규모기업집단 지정' (2000.4.17).
'2001년도 대규모기업집단 지정' (2001.4.2).
'2002년도 출자총액제한대상 기업집단 지정' (2002.4.3).
'2003년도 상호출자제한기업집단 등 지정' (2003.4.2).
'2004년도 상호출자제한기업집단 등 지정' (2004.4.2).
'2005년도 상호출자제한기업집단 등 지정' (2005.4).
'2006년도 상호출자제한기업집단 등 지정' (2006.4.14).
'2007년도 상호출자제한기업집단 등 지정' (2007.4.13).
'2008년도 상호출자제한기업집단 등 지정' (2008.4.4).
'공정위, 자산 5조원 이상 48개 상호출자제한기업집단 지정' (2009.4.1).
'공정위, 자산 5조원 이상 53개 상호출자제한기업집단 지정' (2010.4.1).
'공정위, 자산 5조원 이상 상호출자제한기업집단으로 55개 지정' (2011.4.5).
'공정위, 자산 5조원 이상 상호출자제한기업집단으로 63개 지정' (2012.4.12).
'공정위, 자산 5조원 이상 상호출자제한기업집단 62개 지정' (2013.4.1).
'공정위, 자산 5조원 이상 상호출자제한기업집단 63개 지정' (2014.4.1.).
'공정위, 자산 5조원 이상 상호출자제한기업집단 61개 지정' (2015.4.1.).
'공정위, 65개 상호출자제한기업집단 지정' (2016.4.1.).
'공정위, 31개 상호출자제한기업집단 지정' (2017.5.1.).
'공정위, 57개 공시대상기업집단 지정' (2017.9.1.).
'공정위, 60개 공시대상기업집단 지정' (2018.5.1.).
'대규모기업집단 소속회사 수 현황 (1987-1999)'.
'대규모기업집단 자산총액 현황 (1987-1999)'.
'대규모기업집단 자본총액·자본금 등 현황 (1987-1999)'.

'대기업집단의 소유지분구조 공개' (2004.12.28).
'2005년 대기업집단의 소유지배구조에 관한 정보공개' (2005.7.13).
'2006년 대규모기업집단 소유지배구조에 대한 정보공개' (2006.7.31).

‘2007년 대규모기업집단 소유지분구조에 대한 정보공개’ (2007.9.3).
‘2008년 대규모기업집단 소유지분구조에 대한 정보공개’ (2008.11.6).
‘2009년 대기업집단 주식소유 현황 등 정보공개’ (2009.10.23).
‘2010년 대기업집단 주식소유 현황 등 정보공개’ (2010.10.11).
‘2011년 대기업집단 지배구조 현황에 대한 정보 공개’ (2011.11.4).
‘2012년 대기업집단 주식소유 현황 및 소유지분도에 대한 정보 공개’ (2012.6.29).
‘2012년 대기업집단 지배구조 현황에 대한 정보 공개’ (2012.9.27).
‘2013년 대기업집단 주식소유 현황 정보 공개’ (2013.5.30).
‘2014년 대기업집단 주식소유 현황 공개’ (2014.7.10).
‘2015년 대기업집단 주식소유 현황 공개’ (2015.6.30).
‘공정위, 2016년 상호출자제한기업집단 주식소유 현황 공개’ (2016.7.7).
‘공정위, 2017년 공시 대상 기업집단 주식 소유 현황 공개’ (2017.11.30).
‘2018년 공시 대상 기업집단 주식 소유 현황’ (2018.8.27)

‘독점규제 및 공정거래에 관한 법률’.
‘독점규제 및 공정거래에 관한 법률시행령’.
<공정거래백서> (1999, 2001, 2002-2018).
<공정거래위원회 30년사> (2011).

* 기업집단포털(www.egroup.go.kr) 자료

‘기업집단 지정’, ‘집단별 계열사 수 및 자산총액, 재무현황’ (2001-2018).

김동운

동의대학교 경제학과 교수
이메일: dongwoon@deu.ac.kr

한국경영사학회 부회장, 『경영사연구』 편집위원
한국기업경영학회, 한국전문경영인학회, 한국질서경제학회 이사

『한국재벌과 지주회사체제: 34개 재벌의 추세와 특징』(2017)
『한국재벌과 지주회사체제: 34개 재벌의 현황과 자료』(2016)
『한국재벌과 지주회사체제: GS와 LS』(2015)
『한국재벌과 지주회사체제: CJ와 두산』(2013)
『한국재벌과 지주회사체제: LG와 SK』(2011)
『대한민국기업사 2』(공저, 2010)
『Encyclopedia of Business in Today's World』(공저, 2009)
『한국재벌과 개인적 경영자본주의』(2008)
『대한민국기업사 1』(공저, 2008)
『재벌의 경영지배구조와 인맥 혼맥』(공저, 2005)
『A Study of British Business History』(2004)
『The Oxford Encyclopedia of Economic History』(공저, 2003)
『박승직상점, 1882-1951년』(2001)
『한국 5대 재벌 백서, 1995-1997』(공저, 1999)
『한국재벌개혁론』(공저, 1999)

한국의 대규모기업집단

1 9 8 7 - 2 0 1 6

②

초판인쇄 2019년 2월 28일
초판발행 2019년 2월 28일

지은이 김동운
펴낸이 채종준
펴낸곳 한국학술정보㈜
주소 경기도 파주시 회동길 230(문발동)
전화 031) 908-3181(대표)
팩스 031) 908-3189
홈페이지 http://ebook.kstudy.com
전자우편 출판사업부 publish@kstudy.com
등록 제일산-115호(2000. 6. 19)

ISBN 978-89-268-8738-7 93320

책에 대한 더 나은 생각, 끊임없는 고민, 독자를 생각하는 마음으로 보다 좋은 책을 만들어갑니다.